学ぶ人は、
変えて
ゆく人だ。

目の前にある問題はもちろん、

人生の問いや、

社会の課題を自ら見つけ、

挑み続けるために、人は学ぶ。

「学び」で、

少しずつ世界は変えてゆける。

いつでも、どこでも、誰でも、

学ぶことができる世の中へ。

TOEFL iBT® テスト 本番模試 3訂版

旺文社 編

英文監修・アドバイス執筆

五十峰 聖 (いそみね せい)

桜美林大学芸術文化学群特任講師。ウエストバージニア大学より高等教育経営学修士号。ETS Authorized Propell® Facilitator (公認 TOEFL トレーナー) として 2012 年より日本各地の大学・高校，自治体，政府機関，企業等を対象に TOEFL ワークショップを実施している。立命館アジア太平洋大学 (APU) にて約 10 年間に渡りグローバルリーダーの育成に貢献した後に現職へ。旺文社 TOEFL テスト対策書シリーズの執筆・校閲のほか，「海外留学型中期サービスラーニングプログラムの構築と課題」(『サービスラーニングの実践と研究』第 4 号，2022) など論文・記事執筆多数。

装丁デザイン　　内津剛（及川真咲デザイン事務所）
本文デザイン　　尾引美代
編集協力　　　　株式会社シー・レップス，Michael Joyce，渡邉真理子
ナレーション　　Katie Adler，Howard Colefield，Chris Koprowski，Ann Slater，Bill Sullivan
録音　　　　　　ユニバ合同会社
Web模試制作　　株式会社トピックメーカー

※本書に掲載されている英文の内容は，最新の情報でないもの，架空のものや事実と異なるものを含んでいます。ご了承ください。

Preface

　TOEFL iBT テストは，アメリカなど英語圏へ留学する際に必要とされる試験です。留学先での学習や生活を想定したレベルの高い試験で，リーディング，リスニング，スピーキング，ライティングの4つの能力を均等に評価されることから，近年は留学のためだけでなく幅広い利用が可能であるとして注目されています。

　しかし，それだけに，高いスコアを取るのは容易ではありません。本書では，3回分の模擬試験が体験できますが，それにより受験者の皆さんがスコアを伸ばすことができるよう，さまざまな工夫を凝らしました。本書の特長は以下のとおりです。

・1回目の模試を短めに設定することで，まずは気軽に始めて負担感なく試験の感覚をつかめるようにしています。
・試験の主催・運営団体 ETS の公認トレーナーである五十峰聖先生にすべての問題を監修いただき，またハイスコアを目指すための学習アドバイスをご執筆・監修いただきました。
・2回目と3回目の模擬試験は，実際の試験の雰囲気を疑似体験することができる Web 模試でも受験していただくことができます。

　留学を目指している，あるいは TOEFL を使って英語力を伸ばそうとしている読者の皆さんにとって，本書がお役に立てることを願っています。
　最後に，本書を刊行するにあたり多大なご尽力をいただきました五十峰聖先生に，深く感謝申し上げます。

旺文社

Contents

Introduction

Test 1 ウォームアップ模試［解答解説］

※模試の問題は別冊・問題編にあります。

■ 本書の利用法

　本書は，TOEFL iBT テストに関するさまざまな情報を確認して試験に備える Introduction と，3 回のテストから構成されています。以下を参考に本書を活用してください。

Introduction

模試の前に，TOEFL iBT テストについて確認します。まずは試験の基本的な情報，次に ETS 公認トレーナー五十峰聖先生による詳しい解説と学習アドバイスがあります。さらに，パソコン上の操作方法が書かれています。

学習のアドバイスは，各模試の前後や本試験の前にもしっかりと見直しましょう。

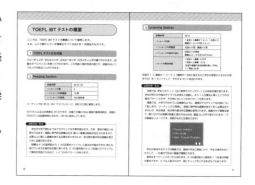

Test 1 　ウォームアップ模試

いよいよ実際に模試を解いてみます。別冊・問題編は取り外して使えるのでとても便利です。

1 回目は，手軽に始められるウォームアップ模試です。まずはこれで感覚をつかみましょう。

※ Test 1 は Web 模試には含まれません。

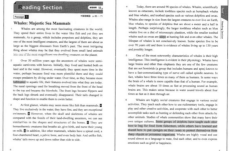

Test 2 ｜ フル模試①

実際のテストの形式で模試に挑戦します。終わったら採点と復習をしましょう。解けなかった問題は，解説やIntroduction の「TOEFL iBT テスト 学習のアドバイス！」を見直すなどして克服できるようにしましょう。

同じ内容を Web 模試で受けることができますので，ぜひ活用してください。

Test 3 ｜ フル模試②

本書の総仕上げとして，もう一度，実際の形式で模試に挑戦します。本番の受験前に自分の実力を確認するつもりで受けてみてください。

同じ内容を Web 模試でも受験できます。

Web特典について

1 Web模試

▶ 内容

本物の TOEFL iBT に近い操作感で，本書に収録された2回のフル模試を受験できます。**TOEFL iBT は PC で行われる試験ですから，事前に試験を PC 上で体験しておくことは必須といえます。ぜひご利用ください。**

▶ 利用方法

❶ パソコンから下記URL にアクセスしてください。
   https://ttds.obunsha.co.jp/

❷ 「旺文社のWeb 特典を利用する」から，「Web模試」を選択してください。

❸ 初めてアクセスした際，メールアドレスによって新しくアカウントを登録するか，またはお持ちのSNSアカウントでログインすることができます。新しくアカウントを作成する場合は，「新規アカウント作成」ボタンをクリックし，画面の指示に従ってください。

❹ 表示された「学習メニュー」最下部にある「新規模試追加」ボタンをクリックし，新規教材登録をしてください。画面の指示に従い，以下の模試受験コードを入力し，「送信」ボタンをクリックしてください。

> **模試受験コード：6430**

❺ 画面の指示に従って「学習メニュー」に戻ると，「学習コース」に模試が追加されています。受験したい模試の「START」ボタンをクリックし，模試を開始してください。

▶ 推奨動作環境

対応OS： Windows OS および Mac OS
　　　　　　※スマートフォンやiPad等ではご利用いただけません。

ブラウザ： ［Windows OSの場合］最新バージョンのEdge, Google Chrome
　　　　　　　　　　　　　　　　およびFirefox

　　　　　　　［Mac OSの場合］　最新バージョンのGoogle Chrome, Firefox
　　　　　　　　　　　　　　　　およびSafari
　　　　　　　　　　　　　　　　※ただしSafariでは録音機能をご利用いただけません。

インターネット環境：ブロードバンド
画面解像度：1024 x 768 以上

▶**注意**

- ●ご利用のパソコンの動作や使用方法に関するご質問は，各メーカーまたは販売店様にお問い合わせください。
- ●このWeb模試サービスの使用により生じた，いかなる事態にも一切責任は負いかねます。
- ●本サービスは予告なく終了することがあります。
- ●Web模試サービスに関してお困りの点がありましたら，Web模試サイト内よりお問い合わせください。

2 PC用ダウンロードコンテンツ

▶**内容**

- ●本書の音声　※音声を聞く方法はダウンロード以外にもあります。p.10をご覧ください。

▶**利用方法**

❶ p.8の「利用方法」の❷で「旺文社のWeb特典を利用する」から「音声などのダウンロード」を選択し，本書をクリックしてください。

❷ 画面の指示に従って下記利用コードを入力し，ログインしてください。

> **利用コード：ngvm0215**　（※すべて半角，アルファベットは小文字）

❸ 利用したいコンテンツの「ダウンロード」ボタンをクリックし，ダウンロードしてください。

❹ ダウンロードしたファイルはZIPファイル形式で圧縮されています。ファイルを展開［解凍］して，コンテンツをご利用ください。パソコン以外の機器には対応していません。

▶**注意**

- ●音声はMP3ファイル形式となっています。ご利用の際にはMP3を再生できる機器・ソフトウェアが必要です。
- ●ご使用機器，音声再生ソフトなどに関する技術的なご質問は，ハードメーカーもしくはソフトメーカーにお願いいたします。
- ●本サービスは予告なく終了することがあります。

音声について

本書に付属の音声は，以下 2 つの形のいずれかでご利用いただけます。Web
模試（p. 8 参照）をご利用いただく場合は，音声は自動的に流れます。

旺文社リスニングアプリ「英語の友」（iOS/Android）

❶「英語の友」公式サイトより，アプリをインストールしてください。
https://eigonotomo.com/

❷ アプリ内のライブラリより本書を選び，「追加」ボタンを押してください。

※本アプリの機能の一部は有料ですが，本書の音声は無料でお聞きいただけます。
※アプリの詳しいご利用方法は「英語の友」公式サイト，あるいはアプリ内のヘルプをご参照ください。
※本サービスは予告なく終了することがあります。

MP3 ファイルのダウンロード

前ページ「Web特典について」の 　2 PC用ダウンロードコンテンツ　 をご覧ください。

▶ 音声の構成

トラック番号	内容
1-13	Test 1 Listening Section 問題
14-15	Test 1 Speaking Section 問題
16	Test 1 Writing Section 問題
17-18	Test 1 Speaking Section 解答例
19-51	Test 2 Listening Section 問題
52-55	Test 2 Speaking Section 問題
56	Test 2 Writing Section 問題
57-60	Test 2 Speaking Section 解答例
61-93	Test 3 Listening Section 問題
94-97	Test 3 Speaking Section 問題
98	Test 3 Writing Section 問題
99-102	Test 3 Speaking Section 解答例

▶ 音声の利用法

- Listening Section では，各設問の後に目安として 30 秒の解答時間が設けられています。実際の試験では，1 問ごとでなくパート全体で解答時間が与えられており，1 問あたり平均すると約 35 秒です。

- Speaking Section では，すべての問題の準備時間と解答時間，および No.2, 3 のリーディング用の時間は用意されていますので，そのまま再生してください。どの問題の音声にもピーという音が 3 箇所に入っています。1 つ目の「ピー」が聞こえたら解答の準備を始めてください。2 つ目の「ピー」が聞こえたら解答を始めてください。3 つ目の「ピー」が聞こえたら解答を終了してください。

- Writing Section の Integrated task では，リーディング用の時間が用意されていますので，ピーという音が聞こえたらそのままパッセージを読んでください。講義の音声が終わったら再びピーという音が聞こえますので，音声を停止して解答を進めてください。

TOEFL® テスト Information

※すべて2024年1月現在の情報です。最新の情報は p.13 にある TOEFL® テスト公式ウェブサイト等でご確認ください。また，旺文社 TOEFL テスト大戦略シリーズのウェブサイト（p. 8 参照）でも，試験の情報や申し込み方法を掲載していますのでご確認ください。

TOEFL テストとは？

TOEFL テストとは，主に北米，イギリス，オーストラリアなど英語圏をはじめとして世界中の大学・機関で活用されている，英語を母語としない人を対象に実施される英語能力試験のことです。この試験は，アメリカの非営利教育機関である ETS によって運営されています。日本では主に 2006 年 7 月より導入された TOEFL iBT® テストが実施されています。

TOEFL iBT テストの構成

TOEFL iBT テストの構成は以下のようになっています。

Reading	2 パッセージ	35 分（※）
Listening	2 会話／3 講義	36 分
Speaking	4 問	16 分
Writing	2 問	29 分（※）

※ ETS による公式発表は，リーディングは 35 分，ライティングは 29 分ですが，本書と付属の Web 模試の解答時間は，実際に行われている試験時間に合わせ，リーディング 36 分，ライティング 30 分に設定しています。

TOEFL iBT テストのスコア

スコアの配点は，右の表のようになっています。スコアは ETS 公式サイト上で確認でき，希望者には印刷されたスコアが後日 ETS より送付されます。なお，TOEFL テストのスコアは受験日から 2 年間有効とされています。

セクション	配点
Reading	0-30
Listening	0-30
Speaking	0-30
Writing	0-30
TOTAL	0-120

受験料

US$245　※試験直前の申し込みでは追加料金がかかります。

申し込み方法

まずは以下の ETS Japan または ETS の TOEFL テスト公式ウェブサイトにアクセスし，試験の最新情報を確認した上で，ETS の TOEFL テスト公式ウェブサイトから申し込みましょう。

■ TOEFL iBTテスト全般の情報について
ETS Japan合同会社　TOEFLテスト日本事務局
https://www.etsjapan.jp/

■ ETSによるTOEFLテスト公式ウェブサイト
https://www.ets.org/toefl/

■ ETSアカウント新規作成・ログイン
受験申し込み，テスト日程・会場，空席の検索，無料のテスト対策教材，受験後のスコア確認，スコア送付依頼
https://www.ets.org/mytoefl/

その他の受験形式

■ 自宅受験 TOEFL iBT® テスト「TOEFL iBT® Home Edition」

2020年4月より，自宅受験 TOEFL iBT Home Edition が始まりました。自宅の慣れた環境で受験できるメリットがありますが，使用機器や環境などに制約があります。留学を希望する大学がこの試験を受け入れている場合は，公式サイト等で詳細を確認した上で，受験を検討するとよいでしょう。

■ 自宅受験 TOEFL® Essentials™ テスト

2021年8月より，TOEFL Essentials テストという新しい試験が始まりました。自宅受験のみ行われます。アカデミックな内容だけでなく日常生活の内容が出題されるなど TOEFL iBTテストとは試験内容が異なり，より短い時間で試験が終了します。留学を希望する大学がこの試験を受け入れている場合は，公式サイト等で詳細を確認した上で，受験を検討するとよいでしょう。

留学準備をはじめよう！

　留学には，いくつも方法があります。大学生で，所属している大学に留学関係の部署がある場合は，まずそこに相談しましょう。交換留学や語学研修のプログラムがあれば，申し込み方法を詳しく教えてもらえます。そういった環境がない場合には，書籍やインターネットを通じて自分で情報収集をしたり，日米教育委員会や British Council といった公的機関，留学予備校などに相談したりするとよいでしょう。英語力の向上をメインとした語学留学には高い語学力は求められませんが，大学への入学や MBA 取得などを目指す場合は，SAT, GMAT といった他の試験のスコアも必要で，出願書類の作成にも時間がかかります。

　留学を目指すにあたり，まずは必要なスコアを提出しなければならない時期を確認して，それに間に合うように TOEFL テストを受験する計画を立てましょう。計画の立て方も人それぞれですので，以下の2例を参考にしてください。

Aさん　行きたい大学のスコアが高い！

　Aさんは必要なスコアが 100 点と高いので，十分な準備が必要と考え，1 年間の準備期間を設定しました。また，1 回で必要なスコアが取れない場合を考慮して，2 ～ 3 回受験する前提で，できるだけ早めに学習を進めるようにしました。

　まず問題を解いてみて現在の自分の実力を確認し，もう少し語彙力があればより余裕を持って解くことができると考えたので，早い段階で語彙対策を始めました。各セクションの対策では，不安のあるライティングに特に注力しましたが，それ以外のセクションも，できるだけ時間をかけて取り組みました。

　1 回目では苦手なライティングが足を引っ張り，わずかに 100 点に届かず悔しい思いをしましたが，2 回目では対策のかいもあって無事に 100 点を取ることができ，希望の大学に留学することができました。

Bさん　行きたい大学は1つだけではない！

　Bさんはいくつか行きたい大学の候補があり，80 点で行ける大学もあれば，100 点を取らないと行けない大学もありました。大学生活が忙しかったこともあり，無理に 100 点を目指さず，期間は半年間に絞って対策をしました。

　まず試験を解いてみて，80 点まではあと少しだと感じたので，得意なリーディングをさらに伸ばすことに特に注力しました。苦手なリスニングやスピーキングは，可能な範囲で学習し，当初よりも少しだけスコアを上げることができたので，それでよしとしました。

　時間的に余裕がなくて 1 回しか受験ができず，100 点は取れませんでしたが，80 点はなんとか超えることができました。80 点で行ける大学にも行きたい気持ちは強かったので，そこへ留学することができて，満足でした。

Introduction

TOEFL iBT テストの概要

ここでは，TOEFL iBT テストの概要について説明します。

なお，ここで紹介している情報はすべて 2024 年 1 月現在のものです。

1 TOEFL テストの全体像

①**リーディング**，②**リスニング**，③**スピーキング**，④**ライティング**の順で行われます。試験はすべてパソコンを使って行われます。メモ用紙と筆記用具が渡され，試験中はいつでもメモを取ることができます。

2 Reading Section

試験時間	35 分（※）
パッセージの数	2
1 パッセージの問題数	10 問
1 パッセージの語数	700 語程度

リーディングは 35 分（※）で 2 パッセージ，合計 20 問に解答します。

※ ETS による公式発表は 35 分ですが，本書と付属の Web 模試の解答時間は，実際に行われている試験時間に合わせ，36 分に設定しています。

出題内容・形式

　学生が大学で読むようなアカデミックな文章を読みます。文系・理系の幅広い分野から出ます。極端に専門的な語彙は出ず，難しい言葉は説明が加えられますので，必要以上に難しい語彙を覚える必要はありませんが，各分野の基本的な語彙は覚えておく必要があります。

　問題は 4 つの選択肢から 1 つの正解をクリックして選ぶのが基本ですが，他にも抜けている文を適切な位置に挿入する，6 つの選択肢から 3 つを選んでドラッグして要約を完成させるなど，いくつかのパターンがあります。

試験時間	36 分
パッセージの数	1 会話＋1 講義が 1 セット, 1 会話＋2 講義が 1 セットの計 2 セット
1 パッセージの問題数	会話は 5 問，講義は 6 問
1 パッセージの音声の長さ	会話は 3 分程度 講義は 3～5 分またはそれ以上
1 セットの解答時間	1 会話＋1 講義：6 分半 1 会話＋2 講義：10 分 （会話や講義の放送時間を除く。平均して 1 問約 35 秒）

会話が 1 つ，講義が 1 つ～2 つ（講師が一方的に話すものと学生の発言が入るものが含まれる）を 1 セットとして，それが 2 セット放送されます。

出題内容・形式

　会話では，学生ともう 1 人（主に教授やカウンセラー）との会話を聞き取ります。学生が何らかの悩みやトラブルを抱えて相談し，もう 1 人が解決に導くというのが基本パターンですが，その他にもいくつかのパターンがあります。

　講義では，大学で行われている講義のように，講師がアカデミックな内容について話します。リーディングと同様に，高度に専門的な語彙を覚えておく必要はありませんが，ある程度，各分野の基本的な語彙は使用されます。講義の中で重要な語で，聞くだけでは理解が困難と思われるものは，画面上に文字で表示されます。（下の画像はイメージです。実際のものとは異なります）

　学生が参加するタイプの講義では，講師が学生に質問したり，学生が意見を述べたりして，一方通行ではない講義が展開されます。

　音声はすべてヘッドホンから流れます。4 つの選択肢から解答を 1 つ選ぶ問題が基本ですが，2 つ以上選ぶものや，表にチェックを入れる形式などもあります。

4 Speaking Section

試験時間	16分
問題数	4問

スピーキングには，スピーキング能力だけが問われる Independent task（独立型タスク）と，リーディングやリスニングの能力も必要とする Integrated task（統合型タスク）の2種類があります。全4問中，No.1 は Independent task，No.2 ～ No.4 は Integrated task です。No.2 と No.3 はリーディング→リスニング→スピーキング，No.4 はリスニング→スピーキングが必要になります。

	リーディング	リスニング	スピーキング (準備／解答)
No.1	－	－	15秒／45秒
No.2	80 ～ 110 語 45 ～ 50 秒程度	150 ～ 180 語 60 ～ 80 秒	30秒／60秒
No.3	80 ～ 110 語 45 ～ 50 秒程度	150 ～ 220 語 60 ～ 90 秒	30秒／60秒
No.4	－	230 ～ 280 語 90 ～ 120 秒	20秒／60秒

出題内容・形式

　No.1 はテーマに沿って自分の考えを述べる問題，No.2, 3 はパッセージを読んでから会話（No.2）や講義（No.3）を聞いて内容をまとめる問題，No.4 は講義を聞いて内容をまとめる問題です。
　試験は面接ではなく，すべてマイクに向かって音声を吹き込む形で行われます。

試験時間	29 分（※）
問題数	2 問

※ ETS による公式発表は 29 分ですが，本書と付属の Web 模試の解答時間は，実際に行われている試験時間に合わせて 30 分に設定しています。

ライティングには 2 種類のタスクがあり，1 問目はリーディングとリスニングの能力も問われる Integrated task，2 問目はリーディングに続いてライティングを行う Academic Discussion task です。

	リーディング・リスニング	解答時間	解答の語数 (めやす)
Integrated task	250 〜 300 語程度のパッセージを 3 分で読み，2 分程度の講義を聞く（リーディング・リスニングの時間は解答時間の 20 分に含まれない）	20 分	150 〜 225 語程度
Academic Discussion task	150 〜 200 語程度のオンラインディスカッションを読む（リーディングの時間も解答時間の 10 分に含まれる）	10 分	100 語以上

出題内容・形式

　Integrated task はパッセージを読み，それに関連する講義を聞いて内容をまとめる問題，Academic Discussion task は教授からのテーマの説明と質問，それに対する学生 2 人の意見を読み，自分の考えを述べる問題です。
　文章はすべてタイプして入力することになっており，手書きは認められません。

TOEFL iBT テスト 学習のアドバイス!

※ここで紹介している情報はすべて2024年1月現在のものです。最新情報はETS公式サイトなどで確認してください。

問題タイプ別攻略法

リーディング 編

1 Basic Comprehension Questions

文字通り基礎的な理解度を測る問題タイプです。これには4つあります。

- **A. Vocabulary**（単語の意味を問う問題）
- **B. Factual Information**
  （詳しい内容について問う問題のうち，明示されていることについて問うもの）
- **C. Negative Factual Information**
  （本文に書かれていない，または間違った情報を探す問題）
- **D. Sentence Simplification**
  （ハイライトされた文を別の言葉で言い換える問題）
- ※ **Reference**（代名詞が指すものを問う問題）も出ることがあります。

以下の点に注意しましょう。

❶ 最初から全部読まない

このタイプの問題はパッセージの一部を対象としている問題ですので，全体の理解がなくても解ける問題がほとんどです。そして必要な情報はほとんどの場合，同じパラグラフ内にあります。よって最初からむやみに読もうとするより，まずは**該当する箇所を探して読む**ようにしましょう。

❷ 参照箇所探しにはキーワードを設定

必要な情報を文中から探し出すには，設問の中にある**ヒント（キーワード）を手がかりに該当箇所を探して読む（スキャニング）**ようにしましょう。そうやって見つけた該当箇所を，じっくり精読して答えを判断します。

❸ 文脈を意識する

単語問題は特に，**文脈に合うもの**を選びましょう。選択肢の中に一見正解と思われる単語がある場合でも，文脈にマッチしなくては正解になりません。また，選択肢に意味がわからない単語がある場合は，わかる単語の正誤を先に判断して，文脈に合わなければ消去するようにしましょう。

2 Inference Questions

Inference とは「推論，推測，推定」のことで，Basic Comprehension とは異なり，はっきりとは文章に書かれていない情報が根拠となります。以下のような問題タイプがあります。

> A. **Inference**
> 　（文中の情報に基づいて，はっきり書かれていないことを推測する問題）
> B. **Rhetorical Purpose**
> 　（筆者がどのような目的で文中の情報，例，順番などを使ったのかを問う問題）
> C. **Insert Text**
> 　（一文を適切な箇所に挿入する問題）

❶ 「選択肢の消去」を徹底

設問文の分析→キーワードの設定→それを探す（スキャニング）→該当箇所とその周辺を読む→選択肢とのマッチングを考え，質問の趣旨と合わないものを消去，という大まかな流れは Basic Comprehension Questions と同じですが，Inference Questions の場合は，**「行間を読む」**必要があります。解答の際は，**「選択肢の消去」**を徹底的に行いましょう。時間がかかったとしても，「この文脈から判断するとこの選択肢にはたどり着かないな」と 1 つでも多く消去していくことで，確実に正解に近づきます。

❷ キーワードが設定できない場合

次のような出題パターンもあり，その場合はキーワードが設定できません。

> *What can be inferred from paragraph 3?*
> *It can be inferred from the passage that ...*
> *What can be inferred about the author?*

このような場合は面倒でも選択肢を 1 つ 1 つ読み，本文の全体的な主旨に合わないもの，またはあまりにも論理の飛躍がありすぎるものなどを消去していきましょう。

❸ 文挿入では代名詞と転換語がカギ

Insert Text Question の場合は，挿入される文に含まれる**代名詞**（it, they, this, that, one など）と**転換語**（furthermore, in addition など）がカギになります。これらがパッセージ内のどの名詞やアイディアの流れとリンクするのかを読み取ることで，論理的に挿入箇所を推測することができます。

3 Reading to Learn Questions

最後の問題タイプはパッセージ中に散らばった情報をまとめ，構成や重要性を理解することを要求される問題です。これには 2 通りあります。

A. Prose Summary
（6 つの中から 3 つの文を選び，文章全体の要約を完成させる問題）
B. Fill in a Table
（情報をカテゴリ別に整理する問題）

❶ 配点が高い

他の問題の配点は素点 1 点ですが，このタイプの問題だけ複数点です。

Prose Summary （正解が 3 つ）	Fill in a Table （正解が 5 つ）	配点
0〜1 つ正解	0〜2 つ正解	0 点
2 つ正解	3 つ正解	1 点
3 つ正解	4 つ正解	2 点
	5 つ正解	3 点

❷ 十分な時間を残す

これらの問題は設問の最後に出題されます。解答時間は 1 パッセージにつき 18 分ですが，この問題タイプには**最低でも 3 分は取れる**ようにしないといけません。最後の 1 分は全体の見直しにとっておきたいので，言い換えれば，それまでの問題は約 14 分以内に解き終えている必要があるわけです。配点が高い分，時間配分を間違えないように気をつけましょう。

❸ 要約とは

Prose Summary においては要約としてふさわしい選択肢を 6 つの中から 3 つ選ばなくてはいけません。つまり残る 3 つは要約に適さないのです。

要約としてふさわしい選択肢
- 全体のメインアイディア，重要な点を含んでいる
- 主要な構成要素（例，比較，時系列，因果関係）を含んでいる
- 文中で十分な量を使って記述されている

要約としてふさわしくない選択肢
- 文中に記述がない
- 情報が詳細すぎる
- 本文の主旨に反する

要約を即座に行うのは難しいとしても，要約にふさわしくない選択肢の特徴を押さえておけば，消去法で効率よく解答できますね。参考にしてください。

また，Prose Summary と Fill in a Table のどちらにおいても，解く際の注意としては，**全体を読んだ「印象」だけで解かない**ようにするということです。あやふやな記憶に頼って解くのはいちばん避けるべきです。問題画面からパッセージ全体の画面に戻ることができますので，自信のない選択肢がある場合は本文に戻って確認するようにしてください。多少時間がかかりますが，だからこそ 3 分，できればそれ以上の時間を，この問題を解くために残す必要があるわけです。

1 Basic Comprehension Questions

基本的な内容や詳細の理解を必要とする問題です。以下のタイプがあります。

A. **Main Idea / Gist-Content**
（主旨が何かを問う問題）
B. **Gist-Purpose**
（講義や会話の全体の目的や意義を問う問題）
C. **Detail**
（話の詳細について問う問題）

以下の点に注意しましょう。

❶ 冒頭から集中

講義の冒頭部分では教授がそのクラスの**目的や概要，強調したいこと**などを先に伝える場合が多くあります。まず，それらの情報をしっかりと集中して聞き，メモをとりましょう。また，後半に進むにつれて話が込み入り，情報量も増えてきます。そんなときには冒頭のメモを見返し，そもそも何の話だったのかを確認する必要があります。

❷ 詳細な情報

特に人名，年号，地名，作品名などに注意しましょう。これらは講義で説明しようとしているアイディアの具体的な補足情報です。その名前や数字自体が設問で問われることはありませんが，それらの**重要性や扱われている理由**などは問われます。常に「この情報は何の例なのか」「何を説明するためなのか」という意識を持ちながら聞くことが重要です。

❸ Problem / Solution を意識

たいていの会話では，学生がキャンパス生活における問題や悩みを抱えていて，それに対して大学のスタッフや先生が相談に乗るという「**問題→解決策**」の展開になります。講義は一見そのような展開ではないようですが，環境破壊が進む，仮説が否定されるといった「問題」とそれに対する「解決策」という視点が解く上で重要になります。**原因は何なのか，どれくらい深刻なのか，解決策はあるのか**，などを意識して，ある程度展開を予測しながら聞きましょう。

2 Pragmatic Understanding Questions

このタイプの問題はトーンや言外の意味などを絡めた実践的な理解が必要とされます。ただの情報収集ではなく，話者の意図や態度といった，いわば人間的な部分を理解することが求められます。これには 2 タイプあります。

> A. **Function** （発言の機能，意図は何か，何をしたいのかを推測する問題）
> B. **Attitude** （話者の態度，感情，好み，確信度を推測する問題）

❶ 修辞疑問文に慣れよう

修辞疑問文（rhetorical question）とは，疑問文の形であっても聞き手に質問をするわけではなく，**話し手が自分の主張を強調するような役割を持つ疑問文**のことです。これは会話や講義の中に多く登場します。例えば，

> *What meaning is there in life if it doesn't bring happiness?*

という文は，「もし幸せをもたらさないとしたら，人生には何の意味があるのだろうか（いや，ない）」という意味で，happiness は人生において重要であるということを強調しています。この意図が設問で問われるとしたら，To emphasize the importance of happiness in life「人生における幸せの重要性を強調するため」などの選択肢が正解になりうるわけです。

❷ 態度の対象

会話や講義において問われる Attitude 問題は「教授の学生に対する態度」「教授のトピックに対する態度」「学生たちのお互いに対する態度」など対象はさまざまです。いずれにしても**どの話者が，誰・何に対してどういう感情や態度を持っているのか**を理解しながら聞くと，出題されたときにスムーズに答えることができます。そのためには agree / disagree を示すようなフレーズ（例：I couldn't agree with you more.「君にこれ以上同意することはできないだろう→君に大賛成だ」）や，プラス・マイナス感情を示す形容詞（hopeful / upset / disappointed など）をよく聞き取りましょう。

また，わかりやすく I'm very excited. などと言わずに，話し方のトーンや会話の前後からその話者の態度を推測するような場合もありますので，話された言葉だけで判断しないように気をつけましょう。

3 Connecting Information Questions

情報の整理，論理展開の理解が求められる問題で，3タイプあります。

> A. **Understanding Organization**
> （講義全体の構成や，ある一部の情報の全体との関係などを問う問題）
> B. **Connecting Content**
> （原因と結果，比較，分類などを問う問題）
> C. **Making Inferences**
> （情報に基づいて結論や予測を推論する問題）

❶ 脱線について

本来の講義トピックから教授が脱線（digression）して別の話になることがよくあります。関係ないように思えても，ちゃんと脱線の意義はあるのです。**後で講義の重要なポイントに結びつく**ので，しっかりとメモをとりましょう。また，脱線する際には断り（Before we talk about ～, let me just talk about something else. I think you'll find it interesting. など）が入りますので，「ああ，これは脱線なんだ」と切り替えてから聞くようにしましょう。

❷ 分類について

講義において，特に理系でこの出題があります。対照的な2つのカテゴリのそれぞれに当てはまる情報を入れるものや，ある事象のプロセス（順番）を完成させなさい，といった形があります。あやふやな記憶に頼るのではなく，**手元のメモをしっかりと参照しながら**答えましょう。またリスニングのこのタイプの問題はリーディングとは違い部分点は与えられませんので，確実に正解しておきたいところです。

❸ Replay Questions について

TOEFL iBT で特徴的なのが，この Replay Questions（別名 Listen Again Questions）です。文字通り**会話や講義の一部の音声が繰り返される**問題です。話者の態度やトーンを問う場合もあれば，関連する事項や推測できることを問う場合もあります。前者の場合には，Attitude 問題同様，情報だけでなくその言い方やトーンなどもしっかりと聞く必要があります。後者の場合，繰り返される部分の情報をメイントピックと結びつけて，両者がどう関係しているのかを考えなくてはいけません。それでも，必要のある部分だけにフォーカスして聞くことができるのは，ある意味やりやすいと言えるでしょう。

スピーキング 編

1 採点の仕組み

❶ 採点者

さまざまなアクセントに対応できるよう，海外で教えた経験がある人などが採点します。1つの解答に対して1人の採点者と機械採点がつきます。また人間の採点者の場合，1人の採点者が4つの解答すべてを採点するわけではなく，受験者1人に対して複数の採点者が担当します。

❷ 採点回数

採点者は1つの解答を2回以上は聞きません。つまり何回も繰り返し聞いてまで皆さんの解答を理解しようとはしてくれないのです。ということは1回聞いただけで理解してもらえるような，**聞きやすい＆わかりやすい解答にする**ことが重要ですね。

❸ 採点の項目

大きな項目は3つあります。

A. **Delivery**
（音声面：明確さ，抑揚，ペース，ためらいの有無，発音など）

B. **Language Use**
（言語面：文法と単語の質と種類の豊富さ，適切さなど）

C. **Topic Development**
（内容面：論理展開，関連性，説明，補足など）

エラーがいくつあるから何点減点というような減点方式ではなく，上記の3項目が総合的に判断されます。各項目のエラーの数よりも，あくまでも全体的なクオリティが判断されるのです。

2 No. 1

❶ 出題形式

No. 1はIndependent taskで，トピックの問いに対して自分の意見を答える問題です。15秒で準備をして，45秒以内に話します。

❷ ポイント

以下の点に注意しましょう。

- 二択形式で出題される
- 社会的なトピックが出題される
- 好みだけでなく「どちらの方がよいと思うか」など価値判断が必要になる

設問の指示に従い，**自分の意見に対して十分な説明・詳細の補足を行う**ことが重要です。自分の意見をサポートすることが基本ですが，二択の特色を生かすことで解答のしかたの幅を広げることもできます。そのパターンで代表的な例が，concession and rebuttal（「確かに…だ」と自分と異なる意見をいったん認めてから，「しかし…」と反論する手法）などのように，**2つの側面を考慮した話の展開**をすることです。これによって，より内容の充実した論理展開をすることができ，高得点につながりやすくなります。

✏ メモをとる！　　No. 1

準備時間が 15 秒しかないので，あまり長いメモはとれません。箇条書きで重要な単語を2つ3つ記し，話す際はそれを手がかりとして解答を進めるようにしましょう。

3 No. 2

❶ 出題形式

No. 2 は Integrated task の最初の出題であり，キャンパスライフに関する Reading / Listening / Speaking のスキルを必要とします。

まず，1 パラグラフ程度のキャンパス生活に関する文章を読みます。よく出題される**「連絡・告知文」**は大学の運営に関する決定または変更事項（例：来学期から必修科目の単位数が増える）について，また**「投書」**の場合は学生新聞における学生からの意見（例：カフェテリアにもっとベジタリアンメニューを増やすべきだ）などの内容です。次に，この文章の内容について男女が会話をします。最後に，30 秒の準備時間の後，60 秒以内で話します。

❷ Reading のポイント

a) 決定・変更・提案内容をメモに記す

これがわからないと話の全容が見えてきません。should, has decided, will be able to などの表現に注意してメモに記しましょう。

b) 理由や影響を 2 つ探す

決定事項や変更，提案には，その理由，もしくはその変更による影響が，2 つ述べられているはずなので，意識して読みましょう。

❸ Listening のポイント

a) 主張を早めにメモに記す

会話の冒頭で話者のどちらかがはっきりとわかるフレーズで主張をします（例：I really don't like this new plan.）ので，それを逃さず記します。

b) 聞き手に惑わされない

主張していない話者は聞き手に回ります。多少の同意や反論などもありますが，それでも聞き手からの情報はまったく記す必要はありません。

c) 話の転換を逃さない

主張する話者は必ず理由を 2 つ述べます。2 つ目を示唆する転換語を聞き取りましょう。例：also / and the other thing is …

❹ Speaking のポイント

a) Reading の要旨を簡単に要約

ごく短い言及で構いません。

b) Listening の話者の主張と 2 つの理由を述べる

理由はできるだけ詳細に述べましょう。

c) 時間配分を間違えない

b) で**理由を 2 つ述べないと不完全な解答となる**ので，時間配分に気をつけましょう。

4 No. 3

❶ 出題形式

No. 3 も形式は No. 2 と同じですが，**授業の一部**という形式となり，扱われるトピックもアカデミックなものになります。その分野は多岐にわたり，life science と呼ばれる生物学，植物学，環境学，動物学などや，social science と呼ばれる考古人類学，コミュニケーション学，経済学，歴史など，大学で学ぶ多くの学術分野が扱われます。

❷ Reading & Listening のポイント

Reading では，ある概念の「定義」や「手順」などの一般的，抽象的な説明が中心となります。続く Listening は，Reading で紹介された概念に対して具体例を含む補足説明になっています。いくつか出題パターンがあります。

Reading	Listening
1 つの概念の紹介 （例：subliminal effect）	1 つの例 （subliminal effect を使ったマーケティング戦略）
1 つの概念の紹介 （例：coaching）	2 つの例 （coaching を取り入れたチームの例と取り入れていないチームの例）
2 つの概念の紹介 （例：verbal and non-verbal communication of animals）	それぞれ 1 つずつの例 （verbal: whale's singing / non-verbal: gorilla's chest beating）

❸ Speaking のポイント

No. 2 と同様，30 秒の準備時間の後は，60 秒の Speaking です。ここで重要なのは Reading / Listening (Lecture) の**両方からの重要な情報をまとめて話す**という作業です。問題文はその問題によって変わりますが，以下のような問題文が多いようです。

> *Using the examples from the talk, explain the concept of ____.*
> *Using the example of ____, explain what is meant by ____.*

ここからもわかるように，**example(s) を詳細に説明**できて，それが**何の概念の説明になっているのか**，その関係性を示す必要があります。

According to the reading ... According to the lecture ... などと，無理にきっちりと分ける必要はありません。あくまでも Reading で説明された概念が何であるのかを具体例を通して説明できればよいのです。

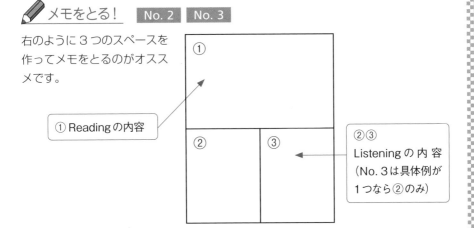

✏️ **メモをとる！** No. 2 No. 3

右のように3つのスペースを
作ってメモをとるのがオスス
メです。

① Reading の内容

②③
Listening の内容
（No. 3は具体例が
1つなら②のみ）

---

5 No. 4

❶ 出題形式

No. 4は Summary と名づけられています。**アカデミックな講義を要約する**問題です。
問題文の文言は，だいたい以下のようになります。

> *Using the examples of _____, summarize the concept*
> *of _____.*

No. 4では出題形式は以下のように決まっています。

- メインアイディア1つ
- そのアイディアを説明する例が2つ

このパターンは，多少の展開の違いはありますが，トピックがどの分野でも変わりませ
ん。No. 3では複数のパターンがあるのに対し，No. 4では **Listening の展開が最初**
からわかっています。それゆえに安心して，聞く準備を整えた状態で集中して音声を聞
くことができます。最後に，20秒の準備時間の後，60秒の解答時間があります。

❷ Listening のポイント

よく出題されるものの 1 つに「方法」があります。techniques, methods, ways などという単語が使われ，何かを達成する手段が説明されます。例えば，以下のようなパターンがあります。

> Main idea: 水彩画の色をより鮮やかに引き出すために，水彩画家はさまざまな手法を使う
> Technique #1: ワックスを塗って絵の具を弾くことで色を引き立たせる
> Technique #2: 塩をまくと絵の具が花のような模様を作る

❸ Speaking のポイント

内容の構成はいたってシンプルです。

> ● Main idea　　● 1st example　　● 2nd example

この 3 つを時間内に収めるように，時間配分に気をつけながら説明する必要があります。明確な基準はありませんが，2 つ目の example まで入りきらないと不完全な解答になってしまいますので，10 秒／ 20 秒／ 20 秒の配分を理想としましょう。遅くとも残り 15 〜 20 秒になったら 2 つ目の example に入らなくてはいけません。

✏️ メモをとる！　No. 4

具体例の詳しさがスコアに影響しますので，②③はできるだけたくさん書くようにしましょう。

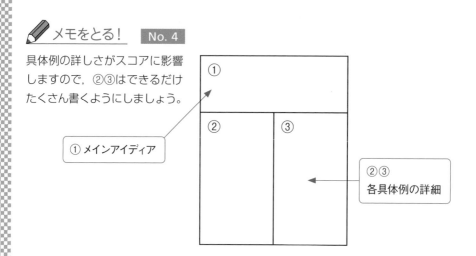

① メインアイディア

②③
各具体例の詳細

1 セクション概要

❶ 出題形式

2 つの課題が出題されます。

> A. Integrated task
> （読んで，聞いて，書く）
>
> B. Academic Discussion task
> （他者の意見を参考にしつつ，自分の意見を書く）

パソコンでエッセイを作成します。スペルチェックなどの機能はありませんが，カット，ペーストなどは可能です。作成中に画面上に語数が表示され，その時点での語数がわかります。

❷ 採点者

書いたものに対して，機械と人間による採点が行われます。機械採点は言語面を，人間採点は内容面を主に見て，それぞれの合計点の平均値が算出されます。

❸ 採点の項目

Integrated task と Academic Discussion task で採点基準は若干変わってきますが，共通する項目はあります。

> A. Organization （構成）
> B. Supporting Details （補足，説明，詳細）
> C. Language Use
> （文法と単語の質と種類の豊富さ，適切さ）
> D. Topic Development
> （内容の展開，関連性，充実度）

また，スピーキング同様，全体的な観点から採点されますので，文法だけ，内容だけ，など切り分けて評価されるわけではありません。言い換えると，全体的に適切な内容になっていれば，多少のスペルミスや文法ミスがあったとしても満点を取ることは可能です。

2 Integrated task

❶ 出題形式

a) Reading（3分）

パッセージでは，アカデミックなトピックに関して主張が1つ提示され，その論拠となるポイントが3つ展開されます。3分たつとListening画面に切り替わり，パッセージは読めなくなります。（Listeningが終わってWritingの画面に切り替わると，パッセージは再び表示されます）

b) Listening（約2分）

Readingで書かれている主張に対して教授が意見を述べます。通常はReadingに対して反対の立場を取ります。

c) Writing（20分）

教授の主張がReadingの主張にどのように反論しているかを要約します。受験者個人の意見は関係ありませんので，書かないよう注意しましょう。画面の半分にReadingのパッセージが再表示され，もう半分にエッセイを書くスペースがあるので，そこにエッセイを作成します。

❷ 必要な語数

Integrated taskにおいては150〜225語をめやすに書きます。これを下回っても上回ってもペナルティはありませんが，極端に少ないとそれだけ必要な情報が足らないことになり，あまりスコアの伸びが期待できませんので，注意しましょう。

❸ エッセイの書き方

あくまでも**Listeningで主張されていたポイントを中心にエッセイを展開する**ことが重要です。そしてそれらがどのようにReadingと対立するかを示すことができれば，問題が要求している点について確実に答えることができます。これを50:50の割合で書くとListeningの内容が薄くなってしまうので，注意しましょう。つまりReading vs. Listeningにするというよりは，Listeningの要点とReadingとの対立点を明らかにすることを第一に考えましょう。

また，summarizing skillが試されるテストですので，**できるだけ自分の言葉で言い換えたりまとめたりする**ことが重要です。特にReadingのパッセージは，画面でずっと見ることができる分，丸々写してしまう人が多いようですので，気をつけましょう。あくまでも要点を書く，というコンセプトを忘れずに！

 **メモをとる！** 　**Integrated task**

Reading は簡単なメモでよいので，Listening の内容をできるだけ詳しくメモしておきましょう。

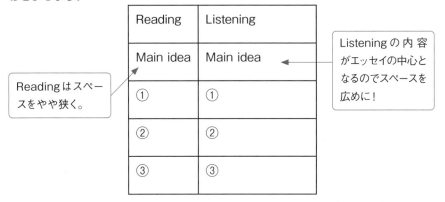

Reading	Listening
Main idea	Main idea
①	①
②	②
③	③

Reading はスペースをやや狭く。

Listening の内容がエッセイの中心となるのでスペースを広めに！

3　Academic Discussion task

❶ 出題形式

実際の大学の授業でよくある，オンラインでのディスカッションを模した出題形式です。具体的には，①教授からのトピックの説明と質問の投げかけ，②それに対する2人の学生からの異なる意見，がまず提示されます。それらを読んで理解した上で，自分の意見を10分以内に書きます。

❷ 必要な語数

めやすは100語以上とされています。❶のトピックと学生の意見を読む時間も含めて解答時間が10分なので，実際にかけられる時間はそれ以下，8分ぐらいになるでしょう。その時間内に100語以上を書くことが要求されます。それを下回ることによるペナルティはありませんが，文字数が少ないと内容も薄いということになり，スコアの伸びがあまり期待できないので注意しましょう。

❸ エッセイの書き方

このタスクにおいて求められることは，大きく分けて3つあります。
① Express your opinion：自分の意見を述べる
② Support your opinion：自分の意見をサポートする（詳細，例などで意見を展開する）
③ Contribute to the discussion：ディスカッションに貢献する（他の参加者の意見

を取り入れて批評する）

①と②に関しては，学校で習うような通常の英文エッセイと共通します。**ただ意見を述べるだけでなく，読者を納得させるような説得力のあるエッセイを書く**ことを意識しましょう。どうして自分はそのように思うのか，その意見に至る過程を説明することが必要です。それが個人的体験によるものなのか，誰か身近な人から聞いたことがあるのか，ちょうどそのようなことがニュースで取り上げられていたのか，などの詳細を入れて説明する必要がありますね。

③については，通常の英文エッセイとはやや違うので気をつけましょう。「ディスカッションに貢献する」とはどういうことか。例えば実際の教室で議論をしている様子を思い浮かべてみてください。教授からの投げかけに対して誰かが発言します。しかし次にあなたがまったく関連のない意見を述べたとします。周りの人はおそらくポカンとするでしょうし，先生から見れば「この学生は議論の流れをまったく理解していないな」と評価されてしまうでしょう。よってディスカッションに貢献しているとは言えないのです。

言うなれば，ここでいう貢献とは「議論のポイントに関連するアイディアを述べる」と同時に，**「他者の意見も踏まえた上で発言する」**ということも含まれます。もちろん前述のように書く時間も短いので，あまり深い議論は難しいかもしれませんが，以下のポイントを考慮しながら書くようにするとよいでしょう。

- 新しい意見を述べる必要はない（述べてもよい）
- 他の学生のどちらか（または両方）の意見に触れ，それをとっかかりとして展開する
- 明確に自分の意見を述べる

絶対にこのパターンで書かなくてはいけない，というものはありませんが，採点基準（ルーブリック）によると，高得点なエッセイほど clearly expressed contribution to the online discussion という文言が入ってきます。まだ書き慣れていない人は，まずは自分の意見を明確に述べて展開することに集中し，慣れている人や，より高得点を目指す人は，ディスカッションへの貢献という点をより意識して書く練習を行いましょう。

 メモをとる！　Academic Discussion task

Academic Discussion task におけるメモとりに関しては，時間がないのであまり多くのことはできません。しかしディスカッションの論点がずれないように，最低限のポイントを押さえるとよいでしょう。練習の段階では以下のような表を使ってみることをオススメします。

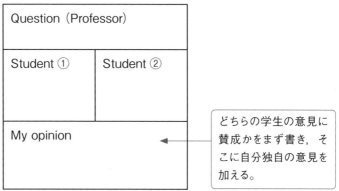

Question（Professor）	
Student ①	Student ②
My opinion	

どちらの学生の意見に賛成かをまず書き，そこに自分独自の意見を加える。

高得点へのBuildup！

高得点を狙うために，普段からさまざまな学習を取り入れて「ビルドアップ（積み重ね）」をしましょう。以下に紹介するのは，それぞれの分野でのスキルアップ方法です。特に，スコア100超えを目指す人は，**Advanced Tips!** を読み込んで実践しましょう！

単語・文法 編

❶ 語彙はどうやって増やせばいいのか

TOEFL iBT はアメリカの大学の授業で使うレベルの題材がベースですので，さまざまなアカデミック分野の，それなりのレベルの語彙力が要求されます。その勉強のしかたについていくつかアドバイスします。

▶**分野別に覚えよう**：単語は，やみくもにバラバラに覚えるだけでは効率が悪いものです。分野別に学習することを重視しましょう。例えば心理学の題材があるなら，同じ分野の他の題材も使用して，使われている語彙をまとめましょう。もちろん毎日同じ分野だけでは飽きてしまうので，日によって変えるとよいでしょう。

▶**まずは使用した教材から**：単語集を買うのももちろん必要ですが，まずは自分が解いた題材に含まれる単語を習得するのが最優先です。その際，わからない単語を片っ端から全部調べるのではなく，間違いの原因となった単語，つまりその単語がわからなかったせいで正解を選べなかった単語を優先させます。

▶**複数の刺激を使おう**：どのような単語学習法が適しているかは人によって違います。単語がリストになっている単語集を使う方法が最も適している人もいます。あるいは，アプリで音声を聞きながら，リスニング力アップを兼ねて語彙を増やすのが合っている人もいます。1〜2パラグラフ程度の長文を音読しながら覚えるのが最も効果的という人もいるでしょう。いずれにしても大事なのは，読むだけでなく音声も聞く，リスト型単語集が得意でも，ときにはリーディング教材を活用するなど，複数の手段を使うことです。そうすることでさまざまな刺激を受け，学習効果を高めることができ，さらには複数のスキルを向上させることも可能です。いろいろ試してみることをぜひオススメします。

単語の意味を日本語で覚えるのではなく, synonym（同意語, 類義語）で覚えるように
しましょう。そのためには thesaurus（シソーラス＝類義語辞典）を活用することをオス
スメします。オンラインでも thesaurus.com などの無料サイトで気軽に調べることがで
きます。例えば abandon という単語には desert, discard, discontinue, ditch などの
たくさんの類義語があります。自分にとって覚えやすい, そしてあまり難易度の高すぎな
い類義語をいくつか記しておけば, それらの単語も同じグループとしてまとめて覚えるこ
とができるので一石二鳥ですね。

類義語検索の注意点としては, 調べる単語の品詞に注意することです。同じ単語でも
品詞が変わると意味も変わるので, 類義語のニュアンスも変わってきます。本文でその
単語がどのように使われているのかを確認しましょう。

❷ アウトプットに必要な文法を意識しよう！

TOEFL iBT では文法セクションはありません。とはいえ文法は, リーディングやリス
ニングの内容理解において重要であるのは言うまでもなく, アウトプットにおいても非
常に重要な役割を果たします。

▶**スピーキングにおける文法**：スピーキングは発音など音声面が重要視されがちです
が, 正しい文法で話すことも同様に大事です。慣れないうちは難しい構文を使おうとす
るのではなく, まずはミスを減らすことでスコアアップにつなげます。特に三単現の s,
動詞の時制と活用など初歩的な文法項目は, 絶対に間違わないように普段から意識しま
しょう。

▶**ライティングにおける文法**：ライティングは文字として見えるため, 使われている語
彙, 文法, 文構造などがより採点者の目に留まりやすくなります。スピーキング同様ミ
スを減らすことに加え, ライティングでも接続詞を使って複文にしたり, 関係代名詞で
文をつなぐなど, 使う文をより長く複雑な構成にすることで, より高く評価されますの
で, それを目標としましょう。

スピーキングにおいてより洗練された解答にするために, 複文を意識的に使うよう
に日頃から心がけましょう。具体的には as や while などの接続詞をまずは無理な
く使えるようにしましょう。また, although, despite, in spite of などの逆接を示
す転換語を文頭に持ってくる話し方は, but で節をつなぐよりも印象がアップしま

す。同時に，使用する形容詞や副詞なども増やすように心がけましょう。

例：

We practiced hard for the tournament, but our team lost.
→ Despite our hard work and efforts we put in for the tournament, our team unfortunately ended up losing.

ライティングの Academic Discussion task においては，自分の意見を主観的に述べるので，主語を I にして問題ありません。しかし，I を使わない客観的なセンテンスを盛り込むことで，より洗練された多角的な表現ができることをアピールできます。具体的には allow, enable, encourage, force といった「〜させる」系の動詞を使うことをオススメします。しばしば動名詞（〜ing）が主語になります。

例：

If I cook at home, I can save money.
→ Eating at home allows me to reduce expenses.
If I study hard, I can get into a university I want to go to.
→ Studying hard will enable me to enroll in a university that I wish to attend.

リーディングスキル 編

リーディングの対策には，大きく分けて**「量」をこなすことで力をつける多読**と，**「質」を向上させる精読**の2つがあります。

▶**多読（extensive reading）**：文字通りたくさん読むことです。当たり前のようですが，たくさん読まない人は読解力が上がりません。さらに，読解力がない人はそれだけ情報処理力に欠けるので，リスニング力も上がりません。まずはたくさんの英語の文章を継続して読むようにしましょう。そのポイントを以下に挙げますが，カギは気楽に続けることです。

多読を行う際の注意点
- 自分の現在の英語力よりもちょっと難しいと感じるものを選ぶ。
- 毎日続けられる題材を選ぶ。アカデミックな題材が無理なら，自分の興味のある分野の題材でOK。推理小説のように先が気になるものもよい。
- 量が多すぎない題材を選ぶ。
- 持ち運びができる本，電子書籍，ウェブ記事など，ちょっとした合間にすぐ読めるものにする。

- 辞書を使わない。わからない単語があっても気にせず，文脈からだいたいの意味を推測する程度にしておき，とりあえず先に進むように心がける。
- 1回にまとめてたくさん読むのではなく，少しずつ読む。また，毎日読めないとしても，できるだけ間隔を空けずに読むようにする。

可能であれば，歴史やサイエンス系の短い記事に毎日目を通す習慣をつけましょう。アメリカでは有名な National Public Radio（NPR）や Voice of America（VOA）などにはさまざまな分野の記事があり，ポッドキャストで音声が聞けるものもありますので，活用しましょう。

▶ **精読（intensive reading）**：こちらは逆に，1つの題材をじっくりと深く読むことです。まずはパラグラフ・リーディングから始めます。1つのパラグラフの中で，以下の点を分析するようにして読みます。

- どのような転換語が使われ，どのような流れと構成になっているのか
- 出てくる代名詞は何を指しているのか
- 筆者の意見が表れている箇所はどこか，またそれに対する反論はあるか
- 具体例はどこか

それが終わったら次のパラグラフに進みます。題材としては，ある程度長めのアカデミックなものが適切ですが，CNN や BBC などのニュースでも大丈夫です。ポイントは，多く読むのではなく，詳細に分析的に読む癖をつけることです。

Advanced Tips!

上級者はただ記事などを読むだけでなく，読んだ題材に対して批評的な思考（critical thinking）を同時に身につけることも重要です。元の記事に関して「この点についてはどう思うか」「こういう場合も考えたことはあるか」など，読者に対して考えるポイントを広げてくれる記事を読む習慣をつけるとよいでしょう。The New York Times の The Learning Network という学習用サイトには Activities for Students というセクションがあります。厳選された記事に対して，考えるポイントやディスカッションクエスチョンが網羅されていますので，スポーツや芸能など好きな分野の記事を読みながら，より深く，批評的に考えることができます。ぜひともトライしてみてください。

私は日頃から，「リスニングは筋トレだ！」と言っています。筋肉同様，トレーニングを継続する必要があります。当然，トレーニングを怠るとリスニング力は落ちます。具体的には，ただ聞くだけでなく，「目」「口」「頭」「耳」「手」など複数のスキルを複合させたトレーニングメニューが特に効果があります。

▶**音読（目・口）**：聞いた音声はすべて必ず口に出して音読する，これは基本中の基本です。学習参考書など，まとまったスクリプトが用意されている教材を利用しましょう。何回か繰り返して音読し，徐々にスピードを上げてスラスラ読めるようにしましょう。

▶**暗唱（目・口・頭）**：音読が終わったら，徐々に頭の中に文章をインプットしていきましょう。1 センテンスもしくはカンマまでなどある程度のまとまりごとに，暗唱，つまり英文を見ずに声に出すことをしながら覚えていくのです。昔，学校で古文や有名な文，憲法などを暗唱した覚えはありませんか。目で見て確認して，その後に見ないでそらんじて口で覚える。それを繰り返します。

▶**シンクロナイズド・リーディング（目・耳・口）**：synchronized（合わせた）音読，つまり音声と合わせて音読します。英文の音声を聞き，スクリプトを見ながら音読します。その際，音声に合わせることが目的ですから，速すぎたり遅すぎたりしてはいけません。集中して音声を聞き，合わせるように音読することで耳に負荷がかかり，ただひたすら聞くよりもよいトレーニングになります。

▶**リピーティング，シャドーイング（耳・口・頭）**：これらと次のディクテーションはスクリプトを見ずに練習します。リピーティングは，1 センテンスあるいは適当なかたまりごとに音声を止めながら行い，その部分を完全に再現することを目標にします。うまく言えない場合はまた戻って繰り返します。
これに対してシャドーイングは，音声を止めずに流したまま行います。音声に少し遅れながらついていくのです。どちらの練習もスピード感覚と短期記憶のトレーニングに最適です。最近ではリピーティングやシャドーイング用に編集された動画や音声がYouTube などに上がったりしていますので，自分で音声を止める必要もなく，手軽に練習できます。また無料のアプリでも音声練習ができるものがありますので，自分にとって使いやすいものを選んで練習するとよいでしょう。

▶**ディクテーション（耳・手）**：聞きながら書き取る練習です。長い題材を全部聞いて

書くのは相当大変なので，よく聞けなかった箇所や 1 パラグラフのみなど，ある程度，範囲や時間を絞って行いましょう。書いてすぐスクリプトを見てチェックするのではなく，何回も繰り返してこれ以上聞いてももうわからない，という状態になってからスクリプトを確認するようにしましょう。

Advanced Tips!

学習用の教材では，繰り返し練習していくと上級者にとっては飽きたり簡単に思えたりするかもしれません。その場合はぜひともアカデミックな題材を扱うオンラインの音声を利用するとよいでしょう。とはいえ長い講義を延々と聞くわけにはいかないでしょうから，短めで速度が速いポッドキャストなどがよいでしょう。Scientific American というサイトでは Science, Quickly というポッドキャストを無料で聞くことができます。速度も速く，内容も面白くて挑戦しがいがありますので，ぜひとも楽しみながら，聞く，繰り返すなどの練習を行ってみてください。

スピーキングスキル 編

スピーキング力を向上させるには，英語ネイティブの友人を作るなどしてたくさん話すことだけが対策だと思っていませんか。実はそれ以外にも，日頃から自分で簡単にできる対策がいろいろあるのです。Independent task と Integrated task それぞれに必要な準備，そして共通して心がけることがあります。

❶ Independent task 用の準備

▶**ネタ帳の準備**：日頃からさまざまな物事に対して二択（賛成・反対，メリット・デメリットなど）で考える癖をつけておくようにしましょう。そしてある程度の題材（＝話すネタ）を手帳やノートにまとめる習慣をつけましょう。長い文章を書く必要はなく，箇条書きでアイディアを書き記すぐらいで OK です。なるべく具体的な人名・地名・作品名や数字などを含めるようにしましょう。例えばソーシャルメディアの情報に関してのネタをまとめておくと：

〈social media〉
（＋）fast, worldwide, timely, easy to share
（−）fake, unreliable, bullying, trending topics only

実際に話さなくても，これを見ながら話の展開をなんとなくイメージトレーニングするだけで，しっかりとした準備になるのです。

▶**日本語でのスピーチ**：まだ英語で話すのに慣れていない人は，まずは日本語で構わないので，45秒以内に自分の考えを話すという作業に慣れましょう。簡単に思うかもしれませんが，やってみるとなかなか大変であると気づくでしょう。私もときどきクラスで学生にやってもらいますが，多くの場合，時間内にまとめられず支離滅裂な内容で終わってしまうのです。これは言語を問わず，時間を意識したスピーチ（timed speech）の練習が足りないからです。また英語の問題だけでなく，「話をどうつなげるか」も重要です。これは continuity（連続性，一貫性）と呼ばれるスピーキングの評価においては重要な項目です。言語を問わず，論理的な話の展開を常に意識して練習しましょう。

❷ Integrated task 用の準備

▶**動詞のバラエティを増やす**：Integrated task においては主語が "I" ではなく，the professor だったり，the article だったりします。そしてそれらが説明，主張，例示していることを話す必要があるわけですね。ただ単に The professor says ... や The article says ... では語彙の豊富さに欠けていて印象が悪くなり，スコアも伸びません。「説明」に必要な語彙，特に動詞のバラエティを増やすために，日頃から単語をまとめておきましょう。スピーキングで使える単語帳を作ってもよいでしょう。

> **The professor _says_ ...**
> illustrates（説明する）/ defines（定義する）
> expresses（表現する）/ identifies（特定する）

❸ Independent / Integrated に共通する準備

▶**音読**：とにかく声に出して英語を読むという作業を，毎日継続する必要があります。発声することが目的なので，ブツブツと唱えるのではなく，ある程度の大きさの声が出せる環境を選びましょう。楽しく音読できる題材で構いませんが，Independent 用には口語的な題材，例えば有名人のスピーチや映画やドラマのセリフなどの一部を読み，Integrated 用には学術用語の定義や説明文を読むなどするとよいでしょう。

▶**発音・イントネーションの向上**：苦手な発音（例：RとLの違い，thなど）が判明していればそれを重点的に練習しましょう。辞書アプリやオンライン辞書でも音声は確認できますし，音声とイラストが載っている発音練習サイトもたくさんあります。また，YouTube などにもネイティブスピーカーによる発音やイントネーションのレッスン

動画が多数上がっていますので，楽しみながら練習してみてください。イントネーションに関しては自然な流れの英語を聞いて読む練習が効果的ですので，「リスニングスキル編」で触れたシンクロナイズド・リーディング，リピーティング，シャドーイングがオススメです。

▶**描写力を磨こう**：どのような話し方をするにも，アイディアや物事について「描写するスキル」（descriptive skills）を磨くことが重要になってきます。このスキルにおいては，使用する語句の量，質，バラエティ，そして状況に合う適切な表現かどうかが問われます。例えば以下の例を読むと明らかでしょう。

> 描写的でない例： I ate a meal at a restaurant downtown.
> 描写的な例： I ate a <u>delicious</u>, <u>exquisite</u> meal at a French restaurant <u>with a</u>
> <u>relaxing atmosphere</u> downtown.

どんな食事だったのか，どんなレストランだったのか，相手がその情景を思い浮かべやすいように話すと，より effective speaker になることができます。そのための練習メニューとしては，

> ①雑誌やネットの記事から，さまざまな分野の写真を集める
> ②それぞれの写真について，1分間でその内容を説明する
> ③一度説明したものや人についても，別の形容詞を使ったり詳細を足したりして何度でも説明する

という練習がオススメです。もし描写力が足りないと感じた場合には，類義語辞典（thesaurus）を使って，他に使える単語がないかを探しましょう。

Advanced Tips!

コロケーション（collocation）とは，自然な単語の組み合わせを指します。これを身につけることは，英語に限らず外国語を学ぶ人にとって難しい一面でもありますが，より高度なスピーキングスキルの獲得を目指すにはぜひとも必要です。
例えば天気予報で For today's weather, we might expect <u>heavy showers and strong winds</u>.（今日の天候は，大雨と強風が予想されます）と表現されたとします。ネイティブの方にとってはこれが自然な組み合わせなのですね。しかしこれを間違って strong showers and heavy winds と言ってしまうと，ネイティブの方は「言い

たいことはわかるけど，ちょっと表現的におかしいよね」と感じるわけです。
コロケーションを習得するためには，さまざまな英語の記事を読んだり，よいスピーカー（TED Talks など）が使う言葉に注意して聞いたりする必要があります。また，オンラインで無料の collocation dictionary が利用できますので，気になった単語を検索してみて，どの単語との組み合わせが自然なのかを確かめてみましょう。

ライティングスキル 編

ライティングの力を伸ばすためには，もちろん実際にエッセイをたくさん書くことが最重要なのですが，日頃から少しずつできることもあります。電車の中などちょっとした時間にできることと，時間に余裕があってパソコンでエッセイを作成できる場合にすることを使い分けるとよいでしょう。

▶**ネタ帳の作成**：スピーキング同様，Academic Discussion task で使えるネタを日頃からストックしておくことが重要です。スピーキングの Independent task の質問やネット上の同様のトピックについて，概略（賛成か反対か，理由 1，理由 2）を考えておきましょう。What is …? や How do you …? など自分でアイディアを出す問題形式や，Do you agree or disagree …? や Some people believe … Others believe … What is your …? のような二択タイプのトピックなどにも対応できるよう練習しておきましょう。

▶ **10分ライティング**：Academic Discussion task では短時間で自分の意見を書く必要があるので，10 分ライティングを行いましょう。これは 10 分で 1 つのエッセイを完成させる練習です。トピックを読み，自分でアウトラインを考える時間も含めて 10 分とすると，厳密には書く時間自体はそれ以下になります。トピックは一般的なライティング用のトピックをネットで探してきても，TOEFL のスピーキングの Independent task のトピックを利用しても構いません。また，実際の Academic Discussion task では他者の意見を参考にした上で自分の意見を書く必要がありますが，ここでは自分の意見と，その理由，事例や詳細を足しながら展開する練習を行いましょう。

▶**ノートテイキングの練習**：Integrated task においてはリスニングから得た情報が重要になります。エッセイを書くことだけに気をとられて対策を怠りがちですが，しっかりとしたメモをとるスキルが必要です。日頃からリスニング題材を聞き，重要なポイ

ントをノートに簡潔に記す練習を行いましょう。Integrated task 用の音声でなくとも，1 〜 2 分程度のアカデミックな講義の音声であれば何でも OK です。一般の英語教材や参考書，またオンライン記事などの音声でも，同等の長さのアカデミック題材であれば利用できます。

Advanced Tips!

TOEFL のスコアアップだけでなく，海外の大学・大学院で勉強する際に重要なスキルが summarizing skills（要約するスキル）です。これが上達するとスピーキング・ライティングの Integrated task はもちろん，論文を書く際に先行研究をまとめたり abstract（要旨）を書いたりするのにも役立ちます。もちろんすぐに身につくスキルではありませんが，普段の練習のときから 2 点心がけておきましょう。
①原文の半分ぐらいの長さになるようにまとめる
②なるべく原文の単語を使わずに他の単語で言い換える
また，要点を外しては summary にならないので，リーディングを行う際にも「どの部分が一番重要なのか」「どこを削ってはいけないのか」ということを常に念頭に置いておきましょう。

ライティングとスピーキングの基本

英語におけるアカデミックライティング，特に自分の主張を述べるには，ある程度決まった「型」を使うことができます。もちろん自由に展開しても問題はありませんが，どのように主張すればよいかがまだわからない人は，まずは定型を使う練習をするとよいでしょう。どのようなものなのか，ここで確認しておきましょう。

❶ まず，意見をはっきりさせる

自分の意見を明確に決めましょう。「賛成か反対か」と聞かれたら，「どちらにもよいところがある」などとせず，**どちらなのかをはっきりと決め，そこから外れないように**します。自分の正直な意見では決められないかもしれませんが，正直な意見を述べることは求められていません。自分が書きやすい意見をどちらか一方に決めましょう。

❷ 全体の構成

以下は，5 パラグラフで書く構成の例です。

①まず **Introduction** で自分の意見とその理由を述べます。日本人学習者に多いミスは，長すぎる Introduction を書いてしまうことです。Introduction は意見と理由だけをごく短く書けば十分です。

② Introduction で述べた自分の意見を掘り下げるのが **Body** です。5 パラグラフで書く構成の場合，2 つ〜3 つの Body を書くのが妥当と考えられます。1 つの Body では 1 つの内容を書くのが原則なので，あれこれ話を広げてしまわないよう注意しましょう。

③最後に，**Conclusion** でもう一度，自分の意見を述べます。これまでに述べたことを総括すればよく，新たな内容は必要ありません。Introduction と似てしまいがちですが，できるだけ異なる語句や表現を使って書きましょう。

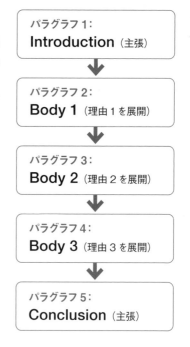

パラグラフ1：
Introduction（主張）

パラグラフ2：
Body 1（理由1を展開）

パラグラフ3：
Body 2（理由2を展開）

パラグラフ4：
Body 3（理由3を展開）

パラグラフ5：
Conclusion（主張）

❸ 各パラグラフの内容

各パラグラフではまず，そのパラグラフで言いたい内容をはっきりと述べます。次に，それに対して理由や詳しい説明などを加えます。さらに，それを補う具体例（自分の経験，研究結果や統計データなど）を続けます。重要なのは，主張＝抽象的な内容から始めて，段階的に具体的な内容を書いていくことです。

●論理展開のイメージ

なお，具体例を書く際，事実の中で適切な例を考えるのが理想的ですが，思いつかない場合は，事実でないものを事実のように書く（自分の体験談など）のも１つのテクニックです。採点されるのは論理展開の適切さですので，事実の正確さは問われていません。

❹ ライティングとスピーキングでの実践

ライティングの Academic Discussion task では，前述の論理展開のイメージを参考に論を展開するとよいでしょう。スピーキングの Independent task も左ページの構成をベースに展開することができますが，時間が限られていることもあり，最後の Conclusion は必須ではありません。また，ライティングと異なり，最初から最後まで完璧な構成で話すことが求められているわけでもありません。結論をまとめきれないまま終わったり，完璧な構成にはなっていなかったりしても，十分な論理展開がされていれば，高いスコアを取れる可能性があります。

ライティング・スピーキングの Integrated task に関しては自分の意見を主張する課題ではないため，必ずしも上記のような構成になりませんが，結論から詳細，抽象から具体へという流れは同様です。また，この結論から詳細，抽象から具体へという流れは英語の基本であるため，リーディングやリスニングでも役立ち，特にリーディングでは，その点に注意することで文章の流れをつかみやすくなります。

キャンパス会話に注意！

TOEFL テストでは，アカデミックな文章や講義の難しさが特に目立ち，リスニングやスピーキングにおける，キャンパスを舞台とした会話の対策がおろそかになってしまいがちです。しかし，もちろんそれでは高いスコアは望めませんので，対策が必要です。キャンパス会話では，アメリカの大学生が日常的に使っている，大学生活に関する語彙が頻出するので，それを把握しているかどうかで，スコアが大きく変わります。以下に代表的なものを挙げますので，すべてしっかり覚えておくようにしましょう。

❶ 授業の登録

- ☐ register / sign up for（〜を登録する）
- ☐ registrar（登録係）
- ☐ major（専攻，主専攻，専攻する，〜専攻の人）
- ☐ minor（副専攻）
- ☐ required（必修の）
- ☐ elective / optional（選択の）
- ☐ credit（単位）
- ☐ seminar（ゼミ，セミナー）
- ☐ syllabus（シラバス，講義概要）
- ☐ semester（（2学期制の）学期）
- ☐ term（学期）

❷ 授業と課題

- ☐ introduction（入門）
- ☐ elementary（初級の）
- ☐ intermediate（中級の）
- ☐ advanced（上級の）
- ☐ handout（配布物）
- ☐ mid-term（中間試験）
- ☐ final（期末試験）
- ☐ attendance（出席）
- ☐ submit / hand in（〜を提出する）
- ☐ due（締め切りで）
- ☐ due date（提出期限）
- ☐ assignment（課題）
- ☐ paper（提出課題）
- ☐ essay（エッセイ，レポート）

❸ 大学施設の利用，大学生活

- □ bulletin board（掲示板）
- □ ID（= Identification, 身分証明書）
- □ dormitory / dorm / residence hall（寮）
- □ overdue（延滞した）
- □ break（休暇）
- □ financial aid（経済援助）
- □ grant / scholarship（奨学金）
- □ work study （キャンパス内でのアルバイト）
- □ on campus（キャンパス内で）
- □ off campus（キャンパス外で）
- □ student affairs office（学生課）
- □ admissions office（入学課）

❹ 進路相談

- □ undergraduate（（大学院生でなく）学部学生, 大学生）
- □ grad school（大学院）
- □ leave of absence（休学）
- □ GPA / Grade Point Average（成績平均値）
- □ application（出願, 申し込み）
- □ transcript（成績表）
- □ degree（学位）
- □ bachelor（学士）
- □ master（修士号）
- □ doctorate / Ph.D.（博士号）
- □ career office [center]（就職課）

また，キャンパス会話では，「学生が問題を抱えている → 教授やカウンセラーなどと会話し，解決に向かう」というのがよく出るパターンです。イレギュラーな展開もありますが，まずはこのパターンを意識して本書の問題を解き，キャンパス会話の展開に慣れましょう。

パソコン上の操作方法

以下は本書で利用できる Web 模試における操作方法です。実際の試験も同様の操作方法となっています。

※掲載している画像はすべて Web 模試のもので，実際の画面とは異なる場合があります。

1 Reading Section

❶ パッセージを読む画面

まず，右の画面のように，ウインドウにパッセージが表示されます。ウインドウを下までスクロールしたら **CONTINUE** をクリックして設問に進みます。下までスクロールしないと先には進めません。

実際の画面とは異なることがあります。

❷ 四肢選択問題

4つの選択肢の中から正しいものを選ぶ問題です。画面の左側にパッセージが表示され，右側に設問が表示されます。選択肢の ⃝ をクリックして解答します。新たに別の選択肢の ⃝ をクリックすることで解答を変更できます。次の設問に進む場合は **NEXT** を，前の設問に戻る場合は **BACK** をクリックします。

❸ 文挿入問題

パッセージの適切な箇所にセンテンス（文）を挿入する問題です。画面の右側に設問が表示され，左側に■が挿入されたパッセージが表示されます。センテンスを挿入したい箇所の■をクリックするとそこにセンテンスが挿入された形になります。新たに別の■をクリックすることで解答を変更することができます。

❹ 選択肢をドラッグして解答する問題

複数の選択肢をそれぞれ適当な項目に当てはめる問題です。適切と思われる選択肢を解答欄へドラッグして解答します。解答欄へ移動させた選択肢を元に戻すには，その選択肢を元あった選択肢一覧までドラッグする必要があります。* この形式では，画面に設問しか表示されないので，パッセージを見たいときは **VIEW TEXT** をクリックします。

すべての設問に解答し，最後に **CONTINUE** をクリックすると終了します。

*実際の試験では，いったん解答欄へドラッグした選択肢をクリックすると，選択肢が元に戻るので，改めて別の選択肢をドラッグして解答を変更できます。

❺ Glossary（用語解説）の機能

パッセージ中に青字で表示され下線が引かれている語句には解説が付いています。語句をクリックすると画面内にウインドウが開き，解説が表示されます。

❻ 解答一覧（未解答の問題がチェックできる機能）

REVIEW をクリックすると問題の一覧が表示されます。まだ解答していない設問を確認し，その設問に戻ることができます。

2 Listening Section

❶ リスニング

会話や講義の行われている写真が表示され，音声が流れます（講義を扱う問題のはじめには，この前に，画面に英文でテーマが表示されます）。画面の右上にテストを通しての制限時間が表示されますが，音声が流れている間はカウントされません。音声は一度しか流れません（ただし，音声の一部をもう一度聞いてから解答する設問もあります。その場合は指示があります）。

❷ 四肢選択問題

4つの選択肢の中から正しいものを選ぶ問題です。質問と選択肢が表示され，質問が読まれるので，選択肢の ◯ をクリックして解答します。新たに別の選択肢の ◯ をクリックして解答を変更できます。選択問題では，4つの選択肢から1つを選ぶ問題がほとんどですが，4つ以上の選択肢から2つ以上を選ぶ設問もあります。その場合は指示があります。解答を選択し， NEXT をクリックすると前の問題には戻れません。

❸ 選択肢ごとにチェックマーク（Yes / No など）を入れる問題

　選択肢ごとに Yes か No かを解答する問題です。空欄をクリックしてチェックマークを表示することで解答します。もう一方の解答の空欄をクリックすると解答を変更できます。なお，この他に，選択肢をドラッグして解答するタイプの問題もあります。操作方法はリーディング問題操作方法❹（p. 53）と同じなので参照してください。

❹ キーワードの表示

　講義の中で重要なキーワードが話された場合，右の画面のようにスペリングが表示されます。

3 Speaking Section

ここでは Integrated tasks のうち，No. 2, 3（リーディング＋リスニング＋スピーキング）を例に操作方法を説明します。No. 4（リスニング＋スピーキング）の手順は**❷**以降，Independent task（No. 1）の手順は**❸**のみとなります（各設問の形式に関する説明は p. 18 をご覧ください）。

❶ リーディング

　画面に短いパッセージと制限時間が表示されます。制限時間になると自動的にリスニングに進みます。

❷ リスニング

　画面には会話か講義の様子が写真で表示され，リーディングと同じテーマに関する会話か講義が流れます。

❸ スピーキング

　画面に設問と，準備の制限時間，スピーキングの制限時間が表示されます。準備時間が終了すると合図がありますのでスピーキングを開始します。準備時間，スピーキングの時間ともに，残り時間が画面に表示されます。

4 Writing Section

ここでは❶〜❸で Integrated task の，❹で Academic Discussion task の操作方法を説明します。❺は両方の形式に共通です（各設問の形式に関する説明は p. 19 をご覧ください）。

❶ リーディング

まず画面にパッセージが表示されます。リーディングの制限時間は 3 分間で，残り時間が画面右上に表示されます。制限時間になると自動的にリスニングに進みます。

❷ リスニング

画面には右のように講義の様子が表示され，❶のパッセージと同じテーマの講義が流れます。

❸ 質問

画面上に指示と設問が表示されます。画面左には❶のパッセージがもう一度表示されます。画面右の空欄に解答をタイプすることになります。残りの解答時間が画面右上に表示されます。

❹ オンラインディスカッション

Academic Discussion taskでは，画面上に指示と設問，教授と学生のやりとりが表示されます。画面右下の空欄に解答をタイプすることになります。残りの解答時間が画面右上に表示されます。

❺ 各アイコンの操作方法

タイプしている途中で解答を修正する場合，ライティングスペースの上にある各アイコンを用いて操作することができます。解答の一部を削除する場合，マウスをドラッグして該当箇所を選択してから **CUT**「削除」のアイコンをクリックします。いったん削除したものを貼り付ける場合は，貼り付けたい位置にカーソルを動かしてから **PASTE**「貼り付け」のアイコンをクリックします。何か操作をした後，その操作のひとつ前の状態に戻したい場合は **UNDO** をクリックします。取り消した操作をやり直したい場合は **REDO** をクリックします。なお，アイコンの右側にはその時点までに入力されたワード数が表示されます。

Test **1**

ウォームアップ模試

解 答 解 説

　問題を解き終えたら，以下に従って自己採点をしましょう。この採点方法は旺文社独自のものですので，あくまでも現在の実力を推測するための目安としてご利用ください。

　また，以下で示す 30 点満点のスコアへの換算は，Test 2, 3 を対象としています。Test 1 は問題数が少ないため，スコア換算はできません。

Reading Section

　リーディングでは，基本的には各 1 点として，特に指定がある場合にはそれに従って採点してください。リーディングでは部分点があるので，2 点以上の問題では，すべて正解で満点，1 つ間違えれば−1 点，2 つ間違えれば−2 点と数えます。例えば 2 点の問題であれば，1 つ間違えると 1 点，2 つ間違えると 0 点です。

　合計点を数えたら，下の表に従って 30 点満点のスコアに換算してください。

素点	スコア	素点	スコア	素点	スコア
22	30	14	18	6	8
21	29	13	17	5	6
20	28	12	16	4	4
19	26	11	15	3	2
18	24	10	14	2	1
17	23	9	13	1	0
16	22	8	11	0	0
15	20	7	10		

Listening Section

　リスニングでは，基本的には各１点として採点してください。４つの選択肢から選ぶ問題では，正解が２つでも通常は１点なので注意してください。リーディングと異なり，２点以上の問題に部分点はないので，すべて正解で満点，１つでも間違えれば０点となります。

　合計点を数えたら，下の表に従って30点満点のスコアに換算してください。

素点	スコア
28	30
27	29
26	28
25	27
24	26
23	25
22	24
21	23
20	21
19	20

素点	スコア
18	19
17	18
16	16
15	15
14	14
13	12
12	11
11	10
10	9
9	7

素点	スコア
8	6
7	4
6	3
5	2
4	1
3	0
2	0
1	0
0	0

Speaking Section

スピーキングでは，Delivery（話し方），Language Use（言葉の使い方），Topic Development（論理展開）の3つの観点に基づいて採点され，大まかには以下のような基準になっています。

基準に従って自己採点が済んだら，4問の合計点を4で割って，平均点を算出します（小数点第2位以下は四捨五入してください）。その点数を下の表に従って30点満点に換算してください。

※詳しい採点基準はETSのウェブサイトに掲載されています。

4点	「課題に答えているか」，「発音や話し方は適切か」，「語彙や文法，構文は適切で，多様なものを使えているか」，「論理展開は適切で一貫しているか」のいずれについても問題がない。多少の間違いはあっても，明確に理解できる。
3点	上記の項目について，全体的には問題なく理解できるが，ところどころに不十分なところがある。
2点	上記の項目について，全体的に理解はできるものの不十分なところが多く，聞き取りづらかったり，考えが明確に伝わらなかったりする。
1点	課題への対処は最小限に留まる。聞き取るのは困難で，言葉の使い方が限定的で意味を伝えることができておらず，論理はほとんど示せていない。
0点	まったく答えていない，もしくはまったく関係のない答えしかしていない。

素点	スコア
4.0	30
3.8	29
3.5	27
3.3	26
3.0	23
2.8	22

素点	スコア
2.5	19
2.3	18
2.0	15
1.8	14
1.5	11
1.3	10

素点	スコア
1.0	8
0.8	6
0.5	3
0.3	2
0.0	0

Writing Section

　ライティングでは，正確には Integrated task と Academic Discussion task で採点される項目に違いがありますが，大まかには同じで，主なものは以下のとおりです。

　基準に従って自己採点が済んだら，2問の合計点を2で割って，平均点を算出します。その点数を下の表に従って30点満点に換算してください。

※詳しい採点基準は ETS のウェブサイトに掲載されています。

5点	「課題に十分に答えているか」，「構成や論理展開，詳細や例が適切か」，「まとまりや一貫性があるか」，「文法や語彙，構文などが適切で，多様なものを使えているか」のいずれについても問題がない。多少の間違いはあっても，全体的に適切で，明確に理解できる。
4点	上記の項目について，全体的には問題がなく，内容もよく理解できるが，多少，不十分なところがある。
3点	上記の項目について，ある程度の達成はできているが十分とはいえない。意味が伝わらないところがあったり，重要な情報が1つ抜けていたりする。
2点	上記の項目について，わずかに達成している。内容はかろうじて理解できるが，主張を一部しか伝えることができていなかったり，重要な情報がいくつも抜けていたりする。
1点	ほとんど課題に答えることができていない。
0点	まったく答えていない，もしくはまったく関係のない答えしかしていない。

素点	スコア
5.0	30
4.5	28
4.0	25
3.5	22
3.0	20
2.5	17

素点	スコア
2.0	14
1.5	11
1.0	8
0.5	5
0.0	0

Answer Keys
解答一覧

Reading Section

Passage 1

1. Ⓒ
2. Ⓒ
3. Ⓑ
4. Ⓐ
5. Ⓒ
6. Ⓑ
7. Ⓑ
8. Ⓒ
9. C
10. ① ③ ⑥ (2 points)

Listening Section

Passage 1-1

1. Ⓑ
2. Ⓑ Ⓒ
3. Ⓒ
4. Ⓒ
5. Ⓐ

Passage 1-2

6. Ⓓ
7. Ⓒ
8. Ⓐ
9. Ⓒ
10. Ⓑ
11. Ⓑ

■ Speaking Section と Writing Section の解答例は，それぞれ解答解説を参照してください。

■ 自己採点の仕方は，p. 60 の「自己採点の手引き」を参照してください。

Reading Section 解答解説

▶問題編　　p. 4 〜 9
■解答一覧　p. 64

Passage 1

クジラにはすばらしい魅力があるという文章です。陸生生物から海生生物に進化したクジラが海中に生息しながら哺乳類ならではの特徴を備えていること，高い知能と社会性を持っていることを中心に理解しましょう。

クジラ：雄大な海洋哺乳類

パッセージの訳

【1】クジラは世界で最も魅惑的な生物の1つである。魚同様，クジラは生涯，水中に生息するが，哺乳類である。ネズミイルカやイルカを含む1つのグループとして，クジラは最も知能の高い生物の1つであり，最も大きなものはかつて地球に存在した最大の恐竜とほとんど同じくらい大きいのである。クジラに関して最も興味深いことは，それが小さな陸生動物から地球上で最も壮大な海生生物の1つに進化したことかもしれない。

【2】5,000万年以上前，クジラの祖先はひづめを持つ半水生の肉食動物だった。初めは陸上と水中の両方に生息し，餌を捕っていた。しかし，やがて水中で過ごす時間が多くなった。それは，水中の方が餌が豊富で，水に潜れば捕食者から逃げることができたからかもしれない。時を経て，水中生活により慣れるにつれて，彼らの特徴は現在のものに進化を遂げた。呼吸に使う鼻孔は前頭部から頭頂部へと移り，噴気孔になった。前肢はヒレになり，後肢は縮んでついには消滅した。尾の形状と機能は，よりうまく泳ぐことができるように変化した。

【3】一見したところ，クジラは哺乳類というより魚のように見えるかもしれない。もっぱら水中に生息し，ヒレがあり，泳ぎの達人である。しかし，クジラの頭蓋骨と骨格を陸生だった祖先の化石と比較すると，骨の形や構造に類似点を見ることができる。[進化の過程で海の中での生活に適応できるよう変化したにもかかわらず，**クジラは哺乳類だと定義できる特徴を持ち続けている。**]クジラは空気呼吸をし，子どもを産み，母乳で子どもを育てる恒温動物である。さらに，他の哺乳類同様，クジラには脊髄，4つに区切られている心臓，骨盤骨があり，体毛すらある。また，魚とは異なり，クジラの尾は左右ではなく上下に動く。

【4】今日，約90種のクジラが存在する。クジラは科学的にはクジラ目として知られており，ザトウクジラやシロナガスクジラのように歯がない種と，さまざまなイルカやシャチのような歯のある種がある。大きさの点でもさまざまで，地球上にこれまでに存在した最大の生物であるシロナガスクジラから体長約1.5メートルのイルカの種

まで幅広い。シロナガスクジラのような大型で歯のないクジラが極めて小さいプランクトンを主食とし，シャチのような小型で歯のあるクジラが魚や他のクジラさえも巧みに捕獲することは，驚きかもしれない。クジラの寿命は明確にはわかっていない。70年以上生きる種もあれば，130年，おそらくそれ以上生きたクジラの痕跡もある。

【5】最も注目すべきクジラの特徴の1つはその高い知能である。この知能は彼らの生理機能にはっきりと見られる。クジラは大きな脳を持ち，ヒト科（人間と類人猿を含むグループ）以外ではゾウを除いて，紡錘形ニューロンと呼ばれる素早い意思伝達を行う種類の神経細胞を持っていることが知られている数少ない生物の一種である。実は，クジラには人間の3倍もそれがある。いくつかの点では，クジラの脳は人間の脳よりも能力が高い。例えば，クジラの脳は人間の脳よりも音を処理するのが約10倍速い。これは，水中では空中より音が約4倍速く伝わることからうなずける。

【6】クジラは社会性の高い生物で，さまざまな社会的行動をとる。初歩的な道具の使い方をお互いに教え合い，遊びやその他の創造的活動に参加し，餌を探したり他の動物による攻撃からお互いの身を守ったりといった仕事をよりうまく遂行できるよう協力し合う。クジラのコミュニティの研究では，多くにはそれ特有の文化があることが明らかになっている。イルカの群れの中には，漁師に食べ物をねだる方法をお互いに教え合うものや，尖ったものや有毒な生物から身を守るために，鼻先に海綿動物を付ける方法を身につけて共有しているものがある。クジラは声を多用し，ほとんど言語のように音を使ってつがいになり，お互いの位置を確認し，悲しみや喜びのような感情表現さえする。

【7】科学者たちはこの興味深い生物に関する新事実を発見し続けている。最近の発見の1つは，ホッキョククジラというクジラの一種が200年以上生きる可能性があるということである。もしそれが本当なら，クジラは現存する哺乳類では最も寿命が長いことになる。また別の研究では，クジラは暗闇で食べ物を探すのに音を使ってお互いに助け合っているかもしれないことが明らかにされた。クジラは単独で餌を探しているときはたいてい静かなのに，群れで食べ物を探しているときは食料源にお互いを誘導するのに役立つかも知れないチクタクという音を出していると生物学者は指摘している。珍しい進化の歴史，独特な生理機能，魅力的な社会的行動ゆえに，クジラは地球上で最もすばらしい生物の1つに名を連ねている。

1 正解 Ⓒ

訳 第1段落で，著者はクジラに関するどのような興味深い事実を強調しているか。

Ⓐ 彼らの巨大な大きさ

Ⓑ 彼らの高い知能

Ⓒ 彼らの進化のしかた

Ⓓ 彼らの魚との類似

解説 第1段落の最後の文で「クジラに関して最も興味深いことは，それが小さな陸生動物から地球上で最も壮大な海生生物の1つに進化したことかもしれない」と述べられている。したがって，Ⓒ「進化のしかた」が正解。evolve「進化する」。他の3つも触れられてはいるが，特に第1段落で強調している点ではない。

2 正解 Ⓒ

訳 パッセージの中の habituated という語に最も意味が近いのはどれか。

Ⓐ 知られた

Ⓑ 直面した

Ⓒ 適合した

Ⓓ 生み出された

解説 「クジラは時を経て水中生活により～した」という文脈から，Ⓒ が適切。habituate は「～を慣らす」の意味で，become habituated to ～ で「～に慣れる」。adjust も同様の意味になる。

3 正解 Ⓑ

訳 第3段落によると，以下はすべてクジラが哺乳類であることの根拠だが，そうでないものはどれか。

Ⓐ クジラは恒温動物であること

Ⓑ クジラにはヒレがあること

Ⓒ クジラは母乳で子どもを育てること

Ⓓ クジラは子どもを産むこと

第3段落2文目に「クジラはもっぱら水中に生息し，ヒレがあり，泳ぎの達人である」と書かれているが，これはクジラと魚の類似点である。4文目以下にクジラを哺乳類に分類する根拠が書かれていて，4文目に「クジラは空気呼吸をし，子どもを産み，母乳で子どもを育てる恒温動物である」とあるので，Ⓑ 以外が哺乳類の特徴だとわかる。

4 正解 Ⓐ

訳 パッセージの中の adept という語に最も意味が近いのはどれか。

Ⓐ 熟練した

Ⓑ 能力がない

Ⓒ 未熟な

Ⓓ 熱中した

解説 大きなクジラが小さなプランクトンを食べ，小さなクジラが魚や他のクジラなどを捕獲することに〜である，という内容が驚きだと書かれているので，魚や他のクジラを捕獲することに長けているというのが自然な流れ。意味が合うのは Ⓐ の skilled「熟練した」。adept は be adept at[in] 〜ing で「〜することに熟達している」の意味。

5 正解 Ⓒ

訳 第5段落によると，クジラの脳は

Ⓐ 特に長期記憶に適している

Ⓑ 類人猿やゾウのものとまったく異なる

Ⓒ 人間の脳よりも音の処理能力に優れている

Ⓓ ゾウの脳よりも大きい

解説 第5段落5文目に「いくつかの点では，クジラの脳は人間の脳よりも能力が高い」とあり，その例として次の6文目に「クジラの脳は人間の脳よりも音を処理するのが約10倍速い」と書かれている。したがって，Ⓒ が正解。〜 times as ... as A「A よりも〜倍…」。

6 正解 Ⓑ

> **訳** 第6段落で，クジラの社会性について推測できることは以下のどれか。
> Ⓐ ほとんど餌を捕ることに限られている。
> Ⓑ お互いをよく助け合うことを含む。
> Ⓒ 道具を使用することは含まない。
> Ⓓ 主に声によるコミュニケーションに基づいている。

解説 クジラの社会性に関する具体例は第6段落2文目に書かれている。初歩的な道具の使い方をお互いに教え合うこと，遊びなどに参加すること，餌を探したり攻撃から身を守ったりするために協力し合うことが説明されており，群れの中でお互いを助け合う行動が挙げられている。したがって，Ⓑ が正解。

7 正解 Ⓑ

> **訳** パッセージでハイライトされた文の重要な情報を，最もよく表現しているのは以下の文のうちどれか。不正解の選択肢は重大な点で意味を変えたり，重要な情報を欠いたりしている。
>
> **イルカの群れの中には，漁師に食べ物をねだる方法をお互いに教え合うものや，尖ったものや有毒な生物から身を守るために，鼻先に海綿動物を付ける方法を身につけて共有しているものがある。**
>
> Ⓐ イルカは生き残るために人間とうまくやっていく方法をお互いに教えることができるので，餌の捕獲のような群れでの行動をしているとき，本能的な行動を避ける。
> Ⓑ 同じ群れのイルカはお互いに情報を共有し，そのことによりある群れは人から餌を得ることができ，他のある群れは危険を避けることができる。
> Ⓒ 別々の群れのイルカがときに集まって特有の技術を共有したり伝えたりするが，そのことで危険にさらされることは防げていない。
> Ⓓ イルカは生き残るために，定期的に人間との交流に頼っているが，そのことで本能的に餌を捕獲する能力を失うおそれがある。

解説 この段落ではクジラの高い社会性について述べられている。ハイライトされた文は，餌を獲得したり身を守ったりするために群れの中でお互いに情報を教え合っている，という内容なので，Ⓑ が正解。「尖ったものや有毒な生物から身を守るために，鼻先に海綿動物を付ける」ことは，avoid danger と簡潔に言い換えられている。

8 正解 Ⓒ

（訳） 第 7 段落によると，科学者が発見したのは何か。

Ⓐ クジラは地球の歴史上，最も寿命が長い哺乳類である。

Ⓑ ホッキョククジラは 100 年以上生きる唯一の種である。

Ⓒ クジラは餌を見つけるのに役立つように意思伝達をする。

Ⓓ クジラは餌を探すときには常に音を出す。

解説 第 7 段落には科学者による最近の発見が 2 つ述べられている。4 文目に「クジラは暗闇で食べ物を探すのに音を使ってお互いに助け合っているかもしれない」と書かれているので，Ⓒがこれに一致する。2〜3 文目にホッキョククジラの寿命についての記述があるが，寿命が最長かもしれないのは今日生存する哺乳類の中でのこととなので Ⓐ は誤り。「唯一の」とも書かれていないので Ⓑ も誤り。クジラが出す音については，4〜5 文目に餌を探すときについて書かれているが，単独で餌を探すときはたいてい静かだとあるので Ⓓ は不正解。

---

9 正解 **C**

（訳） 次の文がパッセージに追加されうる場所を示す 4 つの正方形[■]を見なさい。

進化の過程で海の中での生活に適応できるよう変化したにもかかわらず，クジラは哺乳類だと定義できる特徴を持ち続けている。

どこに挿入するのが最適か。
文をパッセージに追加するには，■をクリックしなさい。

解説 挿入問題。第 3 段落ではクジラがなぜ魚ではなく哺乳類なのかが述べられている。**A**→クジラと魚が類似していることを示す具体例→**B**→しかし，陸生だったクジラの祖先とクジラには類似性がある→**C**→クジラを哺乳類と定義づける根拠，という展開。挿入文後半の「クジラは哺乳類だと定義できる特徴を持ち続けている」から，その後には哺乳類としての具体的特徴が続くと判断できる。したがって，挿入文は**C**に入るのが適切。

10 正解 ① ③ ⑥

> **訳** 指示：パッセージの短い要約の最初の文が以下に与えられている。パッセージの最も重要な考えを表す３つの選択肢を選んで要約を完成させなさい。パッセージで示されていない考えを表しているため，あるいはパッセージ中の重要ではない内容であるため，要約に含まれるべきではない文もある。この問題の配点は２点である。
>
> 解答を該当する空欄にドラッグしなさい。解答を取り消すには，それをクリックしなさい。

クジラは陸から海に移動した興味深い海の哺乳類で，最も知能が高く社会性のある動物の１つである。

① クジラはゾウや類人猿に匹敵する知能の高い生物である。

② クジラの中にはプランクトンと呼ばれる小さい生物を食べるものがある。

③ クジラは水中に生息するが，哺乳類の特徴を有している。

④ クジラは遭遇する動物の種類によって異なる音声を用いる。

⑤ クジラのヒレは陸に住んでいたとき脚だったことが証明されている。

⑥ すべてのクジラは先祖をさかのぼると陸生動物にたどることができる。

解説 要約問題。導入文は第１段落の内容とこのパッセージ全体の要旨である。① は第５段落を中心に，③ は第３段落に，⑥ は第２段落に書かれている。② は文中に記述はあるものの重要とは言えず，④ はパッセージに示されていないので不適切。⑤ は「証明されている」ことに言及はないものの事実であると考えられるが，要約になるような重要な内容ではない。

Listening Section 解答解説

留学を希望する学生とカウンセラーの会話です。学生は留学期間中に仕事をしたいと考えていますが，事情がよくわからずに相談に来ています。学生の希望とカウンセラーのアドバイスを区別しながら聞きましょう。

スクリプト　🔊 **track 1**

Listen to a conversation between a student and his career counselor.

Student: Er ... excuse me. Ms. Bradshaw?

Counselor: Hi there! You're Seb, right? Come on in. How can I help you today?

Student: I'm going to study abroad in my junior year, and ...

Counselor: Oh, yeah? Where?

Student: France.

Counselor: Wow! That sounds nice!

Student: Yes! And I'm thinking of finding a job during my time there, but I heard it's really tough to get work, plus it could mess up my studies. I'm so confused. Can you give me some advice?

Counselor: Sure, Seb. Do you have some part-time work right now?

Student: Yeah, I'm working two jobs. I have to because of my debt, and that's why I have to make money while I'm away!

Counselor: I see. Well, many students do work to help their budgets when studying abroad. Working overseas is more immersive, so it can really boost your language fluency and help in future careers.

Student: That's what I thought. I'm hoping my language know-how will land me a job in an international organization after I graduate.

Counselor: It's not just language ability. Living in another culture shows you are adaptable. You'll meet new challenges, so you'll learn problem-solving techniques. <u>Being overseas builds not only communication skills but shows you can network at an international level, too.</u>

Student: <u>That's going to look great on my résumé!</u>

Counselor: <u>Mm-hmm. On the other hand, remember it's pretty tough</u> <u>balancing work and study, you know.</u>

Student: <u>Well, I do it now and it's been clear sailing so far.</u>

Counselor: I don't doubt you, but it's a different matter in a foreign setting. You have to make sure you don't miss out on the overall experience of being a student abroad. Sure, your main goal is to study, but it's also about enjoying life in another country, building friendships, and growing as a person.

Student: I see what you're saying ... but if I get a job, I can meet new people at work and school.

Counselor: True. But don't forget, each country has its own strict policies on how long, when, and where you can work while studying.

Student: Oh, really ... sounds kind of complicated. Are you familiar with the work regulations in France?

Counselor: Yes. France allows you to work off campus as well as on, so that's a good start.

Student: So you mean some countries only let you work in the school itself?

Counselor: Kind of. Take right here for example, where international students can only work on campus, which means a job that must be done for your institution. This also covers enterprises that provide services like cafeterias and libraries, and outside businesses located within our campus.

Student: I get it. So, France allows us to work for both companies connected to school and also for non-related businesses, right?

Counselor: You got it! As long as you have your residency card and study at an institution that allows access to the social security system, you can work part-time during terms and full-time during breaks. One thing though, if you work for an educational institution, you can't begin employment until September 1st.

Student: It's all so much clearer now! I think work experience overseas is going to be good for me. Thank you for all your advice. It was really helpful.

学生とキャリアカウンセラーの会話を聞きなさい。

学生：ええと……すみません。ブラッドショー先生ですか。

カウンセラー：こんにちは！　あなたはセブですね？　お入りください。今日はどうしましたか。

学生：僕は３年生のときに留学することにしていて，それで……。

カウンセラー：そうですか。どこへ？

学生：フランスです。

カウンセラー：あら！　素敵ですね！

学生：はい！　それであちらに滞在している間にする仕事を見つけたいと思っていますが，なかなか仕事が見つからないとか，勉強に差し障りがあるとか聞きました。とても混乱しています。何かアドバイスをいただけないでしょうか。

カウンセラー：わかりました，セブ。現在何かアルバイトをしていますか。

学生：ええ，２つの仕事をしています。借金があるのでやらなくてはならないのです。それがあちらにいる間にお金を稼がなければならない理由なんです！

カウンセラー：そうですか。まあ，留学中に生活費の足しになるように仕事をする学生は大勢います。海外で働くことはそこの社会にさらにどっぷり浸かることになって，言語の流暢さが格段に上がり，将来の仕事にも役立ちます。

学生：僕もそう思いました。言語の実践的な知識が卒業後に国際的な組織で働き口を見つけるのに役立つといいなと思っています。

カウンセラー：言語の能力だけではありませんよ。異なる文化の中で生活することはあなたの適応力を示すものです。新しい困難に遭遇することで，問題解決の技術を身につけるでしょう。海外にいることはコミュニケーションの力がつくだけでなく，国際的なレベルでネットワークが作れるということも示すのです。

学生：それは僕の履歴書にはくがつきますね！

カウンセラー：そうですね。一方で，仕事と勉強を両立させるのはかなり大変だということを忘れないでください。

学生：ええ，それは今もしていることで，これまでは順調にやってきています。

カウンセラー：きっとそうでしょう。でも外国でとなるとまた違います。留学生としての経験全体を無駄にしないようにしなくてはいけません。もちろん，あなたの主要な目的は勉強ですが，別の国での生活を楽しみ，友人を作り，人間として成長することにも関わるものです。

学生：おっしゃることはわかります……でも，仕事を得たら，職場でも学校でも新しい人と出会えるのではありませんか。

カウンセラー：確かにそうです。でもいいですか。勉強しながらどのくらいの時間，いつ，どこで働けるかということについては，それぞれの国に独自の厳しい方針があるのです。

学生：ああ，そうなんですか……ちょっと複雑そうですね。先生はフランスでの仕事の規則についてよくご存じなのですか。

カウンセラー：ええ。フランスではキャンパス内だけでなくキャンパス外でも働くことが認められています。ですからまずは OK ですね。

学生：では，学内でしか働けない国もあるということですか。

カウンセラー：まあそうですね。ここを例に取ると，留学生はキャンパス内でしか働けませ

ん。つまりあなたのいる施設のための仕事ということです。それにはカフェテリアや図書館などのサービスを提供してくれる企業も含まれますし，キャンパス内にある外部の企業も含まれます。

学生：わかりました。それではフランスでは，学校に関連した会社でも関係のない仕事でも働くことができるということですね？

カウンセラー：その通りです！　あなたが在留カードを持っていて，社会保障制度に加入できる施設で学んでいる限りは，学期中にはアルバイトで，休暇中にはフルタイムで働くことができます。ただし１つ条件があって，教育機関で働く場合は９月１日からでなくては雇ってもらえません。

学生：これですべてよくわかりました！　海外で働く経験は僕のためになると思います。いろいろとアドバイスをありがとうございました。とても役に立ちました。

---

1 正解　Ⓑ

訳　これは主に何についての会話か。

Ⓐ　履歴書にはくをつけ，雇用者にアピールするアルバイトを選ぶこと

Ⓑ　外国で過ごす１学年の間の雇用について細かい点を確認すること

Ⓒ　長期間外国で過ごすにあたり学生の借金を管理する方法

Ⓓ　将来のための計画を立てることの重要性

> **解説**　会話全体を通して留学生の就業について話しているので，Ⓑが正解。boost one's résumé「履歴書にはくをつける」は，学生の look great on my résumé という発言と一致するが，これは会話の主題ではないのでⒶは不適切。借金には言及があるが詳細は話していないのでⒸは誤り。Ⓓの「将来の計画」はもっともらしいが，実際には特に話題になっていない。

---

2 正解　Ⓑ Ⓒ

訳　カウンセラーによれば，留学によって学生は何を得られるか。
　　　答えを２つクリックしなさい。

Ⓐ　国際的な企業で働くのに求められる一連の能力

Ⓑ　新しいまたは不慣れな状況での柔軟な対応力

Ⓒ　より流暢な語学力を身につける機会

Ⓓ　自分自身の国の文化に関するさらなる専門知識

> **解説**　カウンセラーの序盤の発言 it can really boost your language fluency「言

75

語の流暢さが格段に上がる」に一致する Ⓒ と，その次の発言の中の Living in another culture shows you are adaptable. 「異なる文化の中で生活することはあなたの適応力を示す」という内容に一致する Ⓑ が正解。Ⓐ は，学生は留学経験が国際的な企業で職を得ることにつながればよいという希望を述べるが，これはカウンセラーの言葉ではない。Ⓓ は言及がない。

---

3 正解 Ⓒ

（訳） 留学生が勉強と仕事のバランスを取ることについてカウンセラーはどのようなことを示唆しているか。

Ⓐ 外国の雇用環境で働くことは自国で働くこととしばしばあまり変わらない。

Ⓑ 学生は外国で学んでいるときは仕事の経験を積みにくい。

Ⓒ 仕事に集中しすぎると海外にいる間に行事を楽しんだり思い出を作ったりする機会がなくなってしまうかもしれない。

Ⓓ 楽しんだり，新しい友人を作ったり，自分を磨いたりすることは，仕事よりも大切である。

解説 カウンセラーは会話の中ほどで You have to make sure you don't miss out on the overall experience of being a student abroad. 「留学生としての経験全体を無駄にしないしようにしなくてはいけない」と述べており，Ⓒ と一致する。この発言は，仕事以外のさまざまな経験が「仕事よりも大切だ」という意味で言っているわけではないので，Ⓓ は誤り。Ⓐ はカウンセラーの発言と矛盾する。Ⓑ に関する発言はない。

---

4 正解 Ⓒ

（訳） カウンセラーによると，フランスの教育機関で働く留学生には次のどれが許されているか。

Ⓐ 新学期が始まる前の 8 月に働き始めること

Ⓑ 在留カードを持たずに働くこと

Ⓒ 学期と学期の間に働く時間を増やすこと

Ⓓ 社会保障制度に加入しないという選択をすること

解説　カウンセラーは最後の発言の中で you can work part-time during terms and full-time during breaks と述べている。これは，授業がある時期はアルバイトで，休暇中はフルタイムで働いてよいということなので，Ⓒが正解。同じく最後の発言の中で，「在留カードと社会保障制度への加入が必要」，「教育機関では9月1日からでないと雇ってもらえない」と言っているので，ⒶⒷⒹは不正解。

5　正解　Ⓐ

訳　もう一度，会話の一部を聞きなさい。
それから，設問に答えなさい。（スクリプトの下線部分を参照）

学生はこの発言をするとき何を意図しているか。
学生：ええ，それは今もしていることで，これまでは順調にやってきています。

Ⓐ　今までは何の問題もなかった。
Ⓑ　1年生として仕事と勉強を混同することは避けてきた。
Ⓒ　これまですべての試験に高得点で合格してきた。
Ⓓ　大学のボートレースのチームに入った。

解説　be clear sailing で「順調である」という意味なので，Ⓐが正解。この表現を知らなくても，前後のやりとりから意味をつかめるようにしたい。sailing はここでは比喩的な表現であり船には関係はないのでⒹは誤り。ⒷⒸは特に言及がない。

文学

1965 年に出版され，2,000 部売れただけで絶版になっていたジョン・ウィリアムズの小説『ストーナー』が，著者の没後数十年たって脚光を浴びています。初版当時の社会状況を考察し，平凡な主人公の平凡な物語が今なぜ評価を得るに至ったか，その理由を理解しましょう。

スクリプト　🔊track 7

Listen to part of a lecture in a literature class.

1 　　So, this morning I'd like to introduce you to a work by a writer who has emerged in recent years as one of the best "unknown" authors in American literature. We're talking about *Stoner*, by John Edward Williams, a novel first published in 1965 which went out of print just a year later after selling only 2,000 copies. Yet twenty years after Williams' death, *Stoner* is now considered a classic after endorsement from fellow writers, critics, and celebrities. Let's look at the book and its challenging journey to success half a century after it was written.

2 　　After the failure of his first novel in 1948, Williams gained his B.A., M.A., and Ph.D. in the fields of poetry and literature and he ended up at the University of Denver heading a writing program. Doing his day job, Williams could draw on his life in the world of universities and academia to create the setting for his third novel, and in my opinion, most defining work, *Stoner*. The protagonist, William Stoner, is an assistant English professor at the University of Missouri. There are no plot twists or sudden reveals in this novel, and in fact the protagonist's entire life is pretty much summarized in the first two paragraphs. Having gone against his family's wishes to study agriculture, he switches to literature and remains in the same job at the same university until his death. Along the way, he suffers hardships and disappointments both personally and professionally. On the outside he deals with all this in a stoic manner, often giving in to those more dominating than he. It's not all bad, however. He makes some good early friendships, initially bonds

well with his daughter, and enjoys a lifetime's love of literature.

3   And here lies the beauty of the novel — it tells the unremarkable story of an unremarkable man in a most remarkable style. A man who lived a life like most of us do — one with ups and downs, without fantastical dramas, remembered only by those whose life he truly touched. Williams' own career as a professor of English is evident in his wonderful use of language, and this is what captures the reader. While the public face of the protagonist is often passive and reserved, the author writes clearly and honestly about his main character's inner feelings and his acceptance of the fact that life is fleeting and often belongs to others. Sure, this may make *Stoner* a sad book, but it's not a depressing one.

4   So let's look at why *Stoner* may have failed upon its first release. 1965 was a time of major upheaval in the U.S. with black civil rights marches, race riots, and anti-Vietnam War protests. Competing literature at the time seemed to reflect this turbulence: the aggression of *An American Dream*, the politics of *The Autobiography of Malcolm X*, and the violence of *In Cold Blood*. Perhaps the quiet calm of *Stoner* was just too out of place within this revolutionary storm.

5   The introverted realism Williams gave us in *Stoner* may have just been too hard for the average U.S. citizen to relate to. As Americans moved from rural life to an anonymous existence in big cities, people had to compete for recognition both socially and in workplaces. Strong first impressions were suddenly more important than the display of subtle morals built up over a lifetime that we see in *Stoner*. In a way, it's no different today. Rather than showing the importance of our private behavior, there is a huge focus on our public image seen through social media and reality TV. There's a fear that unless we promote ourselves, we will end up a footnote in history, just like William Stoner did.

6   However, I think supporters of the book today probably see *Stoner* as a refreshing change from our modern worship of superhuman heroism, blind ambition, and overpowering personal identities. The novel is dedicated to simple human truths with an everyman hero at the core. Here was a man aware of his limitations, happy to go through life in

relative obscurity, happy being himself, or as the book perfectly states:
"He was himself, and he knew what he had been."

文学の授業における講義の一部を聞きなさい。

【1】 さて，今朝は，アメリカ文学の最も優れた「無名の」著者の1人として最近浮上してきた，ある作家の作品を紹介したいと思います。ジョン・エドワード・ウィリアムズの書いた『ストーナー』について話します。1965年に初めて出版された小説で，たった2,000部だけ売れてわずか1年後には絶版になりました。しかし，ウィリアムズの没後20年を経た今，『ストーナー』は作家仲間，批評家，著名人たちからの支持を得て古典とみなされています。その本と，書かれてから半世紀後の成功への苦難の道のりを見てみましょう。

【2】 1948年，最初の小説が失敗した後，ウィリアムズは詩と文学の分野で学士号，修士号，博士号を取得し，ついにはデンバー大学でライティングプログラムの長になりました。本職をしながら，ウィリアムズは大学と学究の世界における自分の生活を利用し，3作目の小説にして，私の見解では彼を最も特徴づける作品である，『ストーナー』の設定を作り出すことができました。主人公のウィリアム・ストーナーはミズーリ大学の英語の助教です。この小説にはプロットの急変も突然新事実が明らかになることもありません。そして，それどころかむしろ，主人公の全人生は最初の2段落にかなり要約されています。農業を学んでほしいという家族の願いに反して，主人公は文学に切り替え，死ぬまで同じ大学で同じ職に留まります。その途中，個人的にも職業の上でも困難や落胆に苦しみます。外ではそうしたことのすべてを平然とした態度で処理し，自分よりも影響力のある相手にはしばしば譲歩します。しかし悪いことばかりではありません。彼は若い頃には友情にも恵まれ，娘とは最初はよい絆を育み，生涯にわたる文学への愛を楽しみます。

【3】 そして，ここにこの小説の美しさがあります。平凡な男の平凡な物語をとても非凡な文体で語っているのです。私たちの大部分と同じように人生を生きた男——浮き沈みがあり，空想的なドラマはなく，彼が本当にその人生に触れた人だけの記憶に残る男です。ウィリアムズ自身の英語の教授としてのキャリアは，彼の言葉のすばらしい使い方でも明らかです。そしてそれが読者をとりこにするのです。主人公の公の顔はしばしば受動的で控えめですが，著者は主人公の心の中の感情と，彼が人生ははかなくてしばしば他者のものであるという事実を受け入れていることについて，明確に正直に書いています。確かに，これにより『ストーナー』は悲しい本になっているのかもしれませんが，かといって気が滅入るようなものではありません。

【4】 それでは，なぜ『ストーナー』が初めて出版されたときに失敗に終わったか，その理由を見ていきましょう。1965年は，米国内で黒人の公民権デモ行進や人種暴動，そしてベトナム反戦運動など大きな変動があった時期でした。当時競合となった文学はこの社会の動乱を反映していたように思えます。『アメリカの夢』の攻撃性，『マルコムX自伝』の政治，『冷血』の暴力。ひょっとすると『ストーナー』の静かな落ち着きは，この革命的な嵐の中ではあまりに場違いだったのかもしれません。

【5】 ウィリアムズが『ストーナー』の中で私たちに与えてくれた内省的なリアリズムは，平均的な米国民にとってはただ理解し難いものだったのかもしれません。アメリカ人が田舎暮らしから大都市での匿名の存在に移行する中，人々は社会的にも職場においても認めてもらえるよう競争しなければなりませんでした。突然，強烈な第一印象の方が，『ストーナー』に

見られるような生涯を通じて築き上げられる繊細なモラルの表明よりも，重要になりました。ある意味では，今日も同じです。私的な行動の重要性を示すことよりも，ソーシャルメディアやリアリティ番組を通じて見られる公のイメージに，大きな関心が寄せられているのです。自分自身を宣伝しなければ，歴史の中の脚注のようなささいな存在で終わってしまうという恐れがあります。ちょうどウィリアム・ストーナーがそうだったように。

【6】 しかしながら，今日この小説を支持する人たちは，おそらく『ストーナー』を，超人的な英雄的行為，やみくもな野心，非常に強い個人のアイデンティティへの現代の崇拝からの斬新な変化として見ているのだと思います。この小説はごく普通の主人公を核として，単純な人間の真実に捧げられています。ここにいたのは，自分の限界を知っている1人の男，相対的に無名のままで一生を終えることに満足し，自分自身であることに満足している人間です。あるいはこの本が完璧に述べているように，「彼は彼自身であった，そして，自分がどんな人間なのかをわかっていた」のです。

---

6 正解 Ⓓ

訳 講義は主に何についてか。

Ⓐ 1960年代に人気があったユニークな文体

Ⓑ ジョン・ウィリアムズはどのようにして人生の後半で人気が出たか

Ⓒ 文芸批評家が長年にわたってジョン・ウィリアムズの作品を推薦してきた理由

Ⓓ 時間の経過により，現代の読者がジョン・ウィリアムズの著作を評価できるようになった理由

解説 講義の概要や目的は冒頭に語られるのが一般的である。第1段落で『ストーナー』が出版された後にすぐ絶版になったこと，またそれが今は古典とみなされていることが述べられているので，Ⓓが講義の主題だとわかる。文体についても触れているが，それがテーマではないので，Ⓐは除外できる。ウィリアムズの没後数十年たって作品が脚光を浴びたと述べているので，ⒷとⒸは矛盾する。

---

7 正解 Ⓒ

訳 ウィリアムズは何を『ストーナー』のインスピレーションとして使ったか。

Ⓐ 1948年の自分の小説の失敗

Ⓑ 自分の研究から得た知識

Ⓒ 学者としての自分の経験

Ⓓ 現実生活での娘との関係

8 正解 **A**

> **訳** 教授によれば，『ストーナー』のユニークな特徴は何か。
>
> **A** 普通の人生の美しい描写
> **B** 学者の人生の正確な記述
> **C** 人生の悲しみを描写する度合い
> **D** 主要人物の感情の欠如

> **解説** 教授は第3段落の1文目で，And here lies the beauty of the novel — it tells the unremarkable story of an unremarkable man in a most remarkable style.「そして，ここにこの小説の美しさがある。平凡な男の平凡な物語をとても非凡な文体で語っている」と述べている。この内容に一致するのは **A** である。**B** は小説の特徴としては言及がない。また，第3段落の最後で「これにより『ストーナー』は悲しい本になっているのかもしれないが，かといって気が滅入るようなものではない」と語っているので，**C** が特徴とは言えない。さらに，同じく第3段落4文目で，主人公の心の中の感情については「明確に正直に書いている」と述べているので，**D** は本文に矛盾する。

9 正解 **C**

> **訳** 教授はなぜ当時競合していた文学作品に言及しているか。
>
> **A** 作家同士の競争を強調するため
> **B** 当時の出来事がどのように『ストーナー』に影響したかを説明するため
> **C** 『ストーナー』を当時の他の作品と対比するため
> **D** 『ストーナー』と近いテーマを持った作品の例を挙げるため

> **解説** 教授は第4段落で，出版当時『ストーナー』がほとんど売れなかった理由を説明するために当時競合していた作品を挙げている。社会的に大きな変動のある時

代だったために，その状況が反映されたライバル作品が売れる一方で，静かな物語である『ストーナー』が不人気だったと説明している。したがって，「対比するため」としている C が正解。

10 正解 B

訳 もう一度，講義の一部を聞きなさい。
それから，設問に答えなさい。（スクリプトの下線部分を参照）

この発言で，教授は何を示唆しているか。

A 今日の読者は『ストーナー』を理解しやすいかもしれないと教授は考えている。

B 社会が変わって『ストーナー』を受け入れ難くなったと教授は考えている。

C その小説は人生の静かな苦闘を強調しすぎたかもしれないと教授は感じている。

D メディアが物語を「歴史の中の脚注のようなささいな存在」のようにしてしまうのではないかと心配している。

解説 第5段落にあるこの文の前で教授は，『ストーナー』の「内省的なリアリズムは，平均的な米国民にとってはただ理解し難いものだったのかもしれない」と述べ，その補足として，「田舎暮らしから大都市での匿名の存在に移行する中，人々は社会的にも職場においても認めてもらえるよう競争しなければならなかった」と，アメリカ社会の変化についても触れている。この内容に一致する B が正解。

11 正解 B

訳 もう一度，講義の一部を聞きなさい。
それから，設問に答えなさい。（スクリプトの下線部分を参照）

教授は今日，小説が再評価されている理由について何を示唆しているか。

A その小説は過ぎ去った時代の正確な描写である。

B 内面のアイデンティティに焦点を合わせていることに，今日の人々は引きつけられている。

C 批評家たちはプロットがないにもかかわらず，その文章に感銘を受けている。

D ウィリアムズは単純な人生の英雄として尊敬されるようになった。

Speaking Section 解答解説

No. 1

▶問題編　p. 14 ～ 15

No. 1 は，何かのテーマに対して賛成か反対か，あるいは 2 つのうちどちらがよいかを答える問題です。ここでは就職について，大きくて国際的な会社と小さい地元の会社のどちらがよいかを選びます。自分が何をしたいのか正直に答えることもできる一方で，正直に話さない方がかえって話しやすいこともあるでしょう。あくまで答えやすい方を選びましょう。

スクリプト　🔊 track 14

Now, you need to state your opinion about a general topic. There will be 15 seconds of preparation time and 45 seconds for speaking.

スクリプトの訳

それでは，一般的なトピックについて意見を述べなさい。準備時間は 15 秒，話す時間は 45 秒である。

設問訳 あなたは学業を終えたとき，大きくて国際的な会社に勤めたいか，それとも小さい地元の会社に勤めたいか。それを選んだ理由と例も含めてあなたの選択を裏づけなさい。

解答例　🔊 track 17

I would choose a large international company as it would provide me with wider knowledge of other nations.

An international company would give me the chance to know more about other cultures. I would work with colleagues from various countries, and that would give me a lot of information about the environments in which they grew up. That information is essential in today's world, where you need to communicate with people all over the world. For example, ignorance might make me insult someone's religion without knowing it, but talking to people of that religion would give me enough knowledge to avoid making that mistake.

So, I would prefer to work for an international company.

訳 私は，他の国々についてより広い知識を私に与えてくれるので，大きくて国際的な会社を選ぶと思います。

国際的な会社は他の文化についてより多くのことを知る機会を私に与えてくれるでしょう。私はいろいろな国の出身である同僚たちとともに働くことになり，そうすることで彼らが育った環境についての情報がたくさん得られるでしょう。世界中の人々とコミュニケーションをとる必要のある現代社会では，その情報は非常に重要です。例えば，無知でいると誰かの宗教を自分では気づかずに侮辱してしまうかもしれませんが，その宗教の人々と話をすることでその過ちを犯すことを避けるだけの知識が得られます。

ですから，私は国際的な会社で働く方を選びたいと思います。

解説 まず，自分はどちらで働きたいかということをはっきりと述べ，その後で理由を述べる。展開のしかたとしては，「理由を1つに絞って詳しく説明する」，「理由を2つ述べる」，「理由を1つ述べてから想定される反論に答える」など，さまざまな流れが考えられるが，ここでは理由を1つに絞って丁寧に説明している。

この解答例では，「国際的な会社」を選び，その理由を「他の国々について広い知識を与えてくれるから」とした上で，なぜそのことが重要なのか，現代の状況を述べながら説明している。さらに，知識を得ることが重要であると裏づけるために宗教の例を挙げており，説得力がある。最後にまとめとして自分の意見をもう一度述べるのは必須ではないが，余裕があれば一言述べておくとわかりやすい。なお，文章に I would を使っているのは，「もし自分がそこで働くのなら」という仮定を含んでいるからである。簡単な仮定法はとっさに使えるようにしておきたい。

国際的な会社を選ぶその他の理由として，海外に行きたい，海外旅行や留学をした経験を生かしたいなども考えられる。あるいは，国際的でない会社の欠点を述べることで理由を説明するという方法もある。地元の会社を選ぶ場合には，小規模であることで企業の全体像が見えやすい，地元密着で人間関係が濃密であるなどの利点が考えられる。それを逆にして，各部門の専門化が進んで全体が見えにくい，人間関係が希薄であるなど，大企業の欠点を述べることもできる。

No. 3 では，まずパッセージを読み，それについての詳しい講義を聞き，それらの内容をまとめます。ここでは写真撮影における「決定的瞬間」について述べられています。よい写真を撮るために必要な2つのことについてまず読み，続いて具体例を用いてそれを説明した講義を聞きます。2つのことがどのような例を通して語られているか理解しましょう。

パッセージの訳

決定的瞬間

画像がある出来事の真の本質を捉えるとき，写真家はアンリ・カルティエ＝ブレッソンによって作り出された用語を使って，「決定的瞬間」を作り出したと言われることがある。特にこれに必要なのは2つの鍵となる要素である。つまり，直観と知識だ。直観は何かを本能的に感じる，あるいはそれについて考えずに写真を撮る能力だ。知識は，技術的な知識と同時に我々の周りにあるものや被写体に関する完璧な知識のことをいう。これらの完璧なバランスが写真に物語性を与え，また我々に何度も眺め，じっくり見て，賞賛できる何かを残してくれるのだ。

スクリプト　🔊**track** 15

Now, you need to read a short passage and listen to a talk related to that educational topic. Then, you will need to answer a question concerning these items. There will be 30 seconds of preparation time and 60 seconds for speaking.

Now read the passage about the decisive moment in photography. You will have 45 seconds to read the passage. Begin reading now.

Now listen to part of a lecture about this topic in a photography class.

The decisive moment requires intuiting and knowing. You can't take a good picture without them both.

First, you need intuition. Suppose you're going to take a picture of a rare, beautiful bird. If you take a picture consciously, that is, first notice there's the bird you want to capture on film, you raise your camera, your finger looks for the button, and you look into the finder trying to find the best moment, then the bird will have flown away. You have taken too much time. But if you take pictures using intuition, which you can learn to do through repeated practice, these movements become automatic, or intuitive. What this means is we reach a state where an unconscious command passes from the brain to the index finger on the camera shutter. This way, you find it easier to capture the decisive moment.

Next, we also need the practical skill of "knowing" when and how to capture good photographs. This includes technical knowledge of camera settings like shutter speeds, focus, and light sensitivity. We must also have perfect knowledge of our surroundings such as weather conditions and background features, and of course, our subject. Again, if you want to photograph the bird, it's important to know in what conditions and in what kinds of places the bird will appear, and what kind of camera settings are suitable for that. Then, we can prepare for the key moment.

So, our instinctive skills along with our deep understanding of photography will merge, and click! We have captured the decisive moment.

スクリプトの訳

それでは，短いパッセージを読み，その教育的トピックに関連した講義を聞きなさい。その後で，これらに関する質問に答えなさい。準備時間は 30 秒，話す時間は 60 秒である。
では，写真における決定的瞬間についてのパッセージを読みなさい。読む時間は 45 秒である。それでは読み始めなさい。

では，写真の授業におけるこのトピックに関する講義の一部を聞きなさい。
　決定的瞬間には直観と知識が求められます。この両方がなければよい写真を撮ることはできません。
　まず，直観が必要です。珍しい，美しい鳥の写真を撮ろうとしているとします。もしあなたが意識的に写真を撮るなら，すなわち，まず自分がフィルムに収めたい鳥がいることに気づき，カメラを持ち上げ，指でボタンを探し，そして最高の瞬間を見つけようとファインダーをのぞき込むと，鳥はもう飛び去ってしまっているのです。時間がかかりすぎたのです。しかし，直観を使って写真を撮るなら，それは繰り返し練習することでできるようになるのですが，これらの動きは自動的，すなわち直観的になるのです。これはつまり，無意識の命令が脳からカメラのシャッター上にある人指し指に届く状態に我々が到達するということです。こうすれば，決定的瞬間を捉えるのがもっと容易になります。
　次に，いつ，どのようにしてよい写真を撮れるのかを「知る」という実践的な技術も必要

です。これにはシャッタースピードや焦点，光の感度といったカメラ設定の技術的な知識が含まれます。また，天候の状態や背景の特徴といった環境について，そしてもちろん我々の対象についても完璧な知識を持っていることが必要です。繰り返しますが，もし鳥を撮りたいなら，どんな条件で，どんな場所にその鳥が現れるのか，またそれにはどのようなカメラ設定が適しているのかを知っていることが重要です。そうすれば私たちは重要な瞬間に備えることができるのです。

　このようにして，私たちの直観的技術が，写真に対する深い理解と融合し，カシャッ！　私たちは決定的瞬間を捉えたのです。

設問訳 パッセージと講義の両方からの詳細と例を使って，写真における決定的瞬間とは何かを説明しなさい。

解答例　🔊 **track** 18

The decisive moment means capturing the true spirit of the subject in photographs, and two factors are necessary to achieve this: intuiting and knowing.

The professor gives an example of capturing a bird on film. If you have intuition, you can take pictures of a bird without thinking about all the movements you need to make, like holding the camera and pressing the button. This allows you to photograph the bird spontaneously and quickly. Knowing requires deep comprehension of how your photography equipment works as well as environmental conditions. In the case of photographing a bird, you need to know about camera settings, like shutter speeds and light adjustment, and the background, including the weather and the location the bird might appear in.

When you have both intuiting and knowing, you can capture the decisive moment in a picture.

訳 決定的瞬間とは，対象物の真の精神を写真に捉えることを意味し，これを達成するには２つの要素が必要です。つまり，直観と知識です。

教授はある鳥をフィルムに収める場合を例に挙げています。直観があれば，カメラを構える，ボタンを押すといった必要なすべての動きについて考えることなく鳥の写真を撮ることができます。このことで鳥を無意識に，また素早く撮ることができるのです。知識には環境的条件に加えて撮影機材がどのように機能するかに対する深い理解が必要です。鳥を撮る場合には，シャッタースピードや光の調整などのカメラ設定と，鳥が現れるかもしれない天候や場所を含めた背景を知っている必要があります。

直観と知識の両方を持っている場合に，写真に決定的瞬間を捉えることができます。

解説 No. 3 では，講義の聞き取りが課題の主要な部分ではあるが，パッセージを正確に読めるかどうかも，講義の正確な聞き取りに影響してくる。読む時間は短いが，重要なポイントだけでも理解できるようにしたい。

この課題は，写真における「決定的瞬間」がテーマになっている。パッセージでは「決定的瞬間」を捉えるために必要な2つの要素が述べられ，講義ではそれが，鳥の写真を撮るという例を通してより具体的に説明されている。この内容を中心に解答で述べる。

解答例では，まず「決定的瞬間」とは何か，そのために必要な2つの要素は何かということを，ごく短く述べている。それから，講義で使われている鳥の例を通して，「直観」「知識」という2つの要素を正確に説明している。さらに，最後にまとめの1文があることで全体の構成がわかりやすくなっている。

Writing Section　解答解説

▶問題編　p. 16 〜 17

Integrated task

まずパッセージを読んでから講義を聞く課題で，通常，それぞれ 3 つのポイントが挙げられ，講義はパッセージに反論します。ここでは大学スポーツがテーマです。パッセージでは学生スポーツ選手に報酬を与えるべきだと主張し，講義ではこれに反対する立場からの主張が展開され，大学におけるスポーツのあり方が述べられています。

パッセージの訳

　　アメリカの大学スポーツは 1843 年にまでさかのぼることができる。そのとき以来，アマチュアリズムは大学スポーツにおいて根強い要素である。学生スポーツ選手は奨学金を与えられるが，賃金や給料をもらうわけではない。しかし，今日，大学スポーツは大きなビジネスであり，それに大きく貢献している選手たちは十分な報酬を得ていないと感じている人もいる。

　　大学はスポーツプログラムにより多額の資金を得ている以上，その資金の一部は選手たちのところに行くべきであると論じられている。フットボールやバスケットボールのような人気，収益ともに最も高いスポーツはテレビ，広告，チケット販売，関連グッズ販売から多くの収入を生む。人気のスポーツチームがあると新しい学生を呼び卒業生からの寄付が集まるので，そのことでも大学は恩恵を受ける。大学はこの資金を運営や新たな施設，学業面の拡充，さらにはスポーツのコーチやスタッフへの支払いにも充てる。しかし，このお金が選手たちに届くことはない。

　　学生スポーツ選手は長時間を練習や試合に費やし，しばしば学業を犠牲にしながら，大学に何百万ドルももたらしているのである。それゆえに，彼らは十分な報酬を与えられるべきだと議論することができる。このような選手たちの多くは奨学金で補償は受けているものの，生活費全般を賄えるほどではないことも多い。さらに，奨学金を得るには厳しい指針を守らなければならず，アルバイトは制限されている。これは公平な状況ではない。

　　最後に，アマチュアスポーツの概念は近年，変化している。批判する人たちは，スポーツはお金に関与してはならないという考えを促進する大学スポーツの精神に言及する。それは 19 世紀や 20 世紀初めなら一般的な考え方だったかもしれないが，スポーツの世界はそれ以降大きく変化している。アマチュアスポーツの重要な役割の 1 つはあらゆるスポーツをより多くの人に広めることである。これを達成するには，これからは選手たちに報酬を与えスポーツの人気を高めるためにお金を使うことが必要かもしれない。

Now, you need to read a short passage and listen to a talk related to that educational topic. Then, you will need to reply to a question concerning these items.

Now listen to part of a lecture about the topic you just read about.

As you know, a big topic of discussion we've had in sports management has been whether or not to pay student athletes. We really have to consider what the textbook says, but actually I disagree with it. Paying student athletes doesn't really solve the issues.

Yes, it is true that some colleges make a lot of money, especially from their football and basketball programs. But the truth is colleges lose money on most of their sports programs. As you can guess, sports like lacrosse or rowing are not moneymakers, but does that mean they shouldn't be available for students to pursue? Or should we only pay the athletes in moneymaking sports such as basketball? Let's not forget that college athletes receive intensive coaching and access to quality facilities. The top-tier athletes also get media exposure that may lead to lucrative professional careers.

Second, I know those student athletes spend so much time in sports and yet get paid nothing, and that seems like a lot of sacrifice. However, what is one important thing that students do? Studying, of course. Now, I'm sure a lot of you spend so much time studying, but do you get paid for that? Absolutely not. You study without getting paid so you can achieve your goal, like getting a good grade, more knowledge, and perhaps a good job. Same thing with sports. They play sports because they want to achieve their goals. But who's to say that only they should be rewarded? Besides, on average, the number of scholarships available to athletes is significantly higher than scholarships for, say, biology majors. Talk about fairness!

As for the third point about the spirit of amateurism, sure, keeping up with the changing idea of amateurism is important. But here's a suggestion. Maybe instead of making the athletes more professional, we should make the universities and sports programs more amateur. We might take measures such as putting limits on coaching salaries, restricting the amount of time students spend in practice and games, and exploring other steps to make sure that student athletes can get a good education while also pursuing sports.

スクリプトの訳

では，短いパッセージを読み，その教育的トピックに関連した講義を聞きなさい。その後で，これらに関する質問に答えなさい。

では，今読んだトピックに関する講義の一部を聞きなさい。

　ご承知の通り，スポーツマネジメントにおいて私たちが議論してきた大きなテーマは，学生スポーツ選手に報酬を払うべきか否かという点です。私たちはテキストに書かれていることをよく検討しなければなりませんが，実は私は反対です。学生スポーツ選手に報酬を払うことは実際には問題の解決になりません。

　確かに，特にフットボールやバスケットボールのプログラムによって，多額の資金を得る大学があることは事実です。しかし，実のところ，大学はほとんどのスポーツプログラムで損失を出しているのです。想像通り，ラクロスやボートのようなスポーツはお金を稼ぐものではありませんが，だからといって，学生がやれるようにするべきではないということになるでしょうか。あるいは，私たちはバスケットボールのようなもうかるスポーツの選手にしか報酬を払うべきではないのでしょうか。学生スポーツ選手は集中的なコーチングを受け，質の高い設備を利用していることを忘れてはいけません。さらに，トップクラスの選手は，メディアに取り上げられることで高収入のプロへの道が開かれるかもしれないのです。

　第2に，それらの学生選手はスポーツに相当な時間をかけながらまったく報酬が支払われず，それがかなりの犠牲に思われることはわかっています。しかし，学生が行う1つの重要なことは何でしょう。当然，勉強です。さて，私は皆さんの多くが勉強にとても多くの時間を使っていると確信していますが，皆さんはそのことで報酬を得るでしょうか。もちろん違います。皆さんはよい成績，より多くの知識，そしてひょっとしたら，よい仕事を得るなどの目標を達成できるように，報酬を支払われることなしに勉強するのです。スポーツも同じです。彼らがスポーツをするのは目標を達成したいからなのです。しかし，彼らだけが報酬を得るべきだなんて誰が言えるのでしょうか。さらに，平均すると，スポーツ選手が得られる奨学金の数は，例えば生物学専攻の学生が得られる奨学金の数を著しく上回ります。これが公平なんてとんでもありません！

　3点目のアマチュアリズム精神については，確かにアマチュアリズムの考え方の変化についていくことは重要なことです。しかし，1つ提案があります。おそらく，選手をさらにプロ化する代わりに，大学やスポーツプログラムをもっとアマチュア化するべきなのです。コーチの給料に上限を設ける，練習や試合に学生が費やす時間を制限する，学生スポーツ選手がスポーツもやりながら十分な教育を受けられるように別の方法を探求するといった対策を講じることができるかもしれません。

設問訳

質問：講義で述べられた論点を要約しなさい。その際，それらの論点が，パッセージで述べられた具体的な論点に対して，どのように疑問を投げかけているか説明するようにしなさい。

解答例

The passage states that student athletes should be rewarded for their effort by paying them, but the professor disagrees with it. She does not think paying money solves the problem.

First, the passage points out that universities get rich from their sports programs, hence the money should be shared with the student athletes. The professor challenges this idea, saying that only popular sports like football and basketball make money and their players already receive numerous benefits such as quality coaching and access to good facilities.

Second, the passage maintains that the college should pay for the long hours student athletes spend. Arguing against this, the professor compares studying to sports. Students spend a significant amount of time on studying, and yet they do not get paid at all. She makes the point that just like studying, student athletes are only trying to achieve their goals and thus should not be financially rewarded. Besides, there are more sports scholarships than academic ones.

Third, the passage claims that it is unfair not to pay students, because amateurism is an idea from an age when the reality of sports was totally different from what it is today. The professor disputes this, saying that college sports programs should strengthen their amateur characteristics by doing things like paying coaches less and putting more emphasis on academics.

Thus, the professor takes issue with the passage.

(229語)

訳 　　パッセージには学生スポーツ選手は報酬を得ることによってその努力が報われるべきだと書かれていますが，教授はそれに反対しています。彼女はお金を払うことは問題を解決しないと考えています。

　第1に，パッセージでは，大学はスポーツプログラムによって金銭的に潤うのだから，お金は学生スポーツ選手と分け合うべきだと指摘しています。教授はこの考えに反論し，フットボールやバスケットボールのような人気のあるスポーツだけがもうかっていて，その選手たちはすでに質の高いコーチングや優れた設備の利用といった数々の利益を得ているのだと言っています。

　第2に，パッセージでは学生スポーツ選手が費やす長い時間に対して大学がお金を払うべきだと主張しています。これに反論して，教授は勉強をスポーツになぞらえています。学生は勉強にかなりの時間を費やしますが，報酬をもらうことなどまったくありません。彼女は勉強と同様，学生スポーツ選手はただ目標を達成しようとしているだけなのだから，金銭的な報酬を得るべきではないと指摘しています。さらに，学業の奨学金よりもスポーツの奨学金の方が数が多いのです。

　第3に，パッセージでは学生に報酬を払わないことは不公平だと主張しています。理由は，アマチュアリズムはスポーツの現実が今日のものとはまったく異なっていた時代の概念だからです。教授はこれに異議を唱え，大学のスポーツプログラムはコーチへの報酬を減額したり，もっと学業に比重を置いたりして，アマチュア色を強くするべきだと言っています。

　このように，教授はパッセージに反論しています。

解説　解答例では，最初の段落でパッセージと講義の概要，第2〜4段落でパッセージと講義が対立する3つのポイントについて述べ，最後の段落で手短にまとめている。この構成が必須ではないが，わかりやすい形である。課題で重要なのは講義の内容なので，講義を確実に聞き取るようにし，書く際も講義の内容を中心にする。正確に聞き取るためには，講義に入る前にパッセージの内容をできるだけ正確に読み取り，どのようなことがテーマであるか把握しておくことが重要で，もし読みきれなくても，3点の概要だけでもつかんでおきたい。

3つのポイントを「パッセージ」→「講義」の順に挙げると，①「大学はスポーツで得た利益を学生スポーツ選手に還元するべきだ」→「大学スポーツで利益を得るのはほんの一部である」，②「学生スポーツ選手はスポーツに長時間を費やすので大学はお金を払うべきだ」→「学生は勉強をしても報酬を得ないのだからスポーツをしても報酬を得るべきではない」，③「アマチュアリズムは古い考えであり今は学生にお金を払うべきだ」→「むしろアマチュア化を進めなければならない」である。

解答例では，First, Second, Third という語で論理の流れをわかりやすくしながら，上記3点を正確に記している。また，パッセージの主張を述べる際には state, point out, maintain, claim，教授の反論でも disagree, challenge, argue against, make the point, dispute, take issue with と，多様な表現を用いている。ライティングではできるだけパッセージや講義の中と同じ表現を避け，同じ語句を何度も使わない語彙力が求められるので，このように「主張している」「反論している」といった表現はいくつも覚えて使えるようにしておくとよい。

Test **2**

フル模試 ①

解 答 解 説

Answer Keys

解答一覧

Reading Section

Passage 1

1. (A)
2. (D)
3. (A)
4. (D)
5. (D)
6. (C)
7. (D)
8. (B)
9. **D**
10. (2) (5) (6) (2 points)

Passage 2

1. (D)
2. (B)
3. (A)
4. (B)
5. (C)
6. (D)
7. (C)
8. (D)
9. **A**
10. (1) (2) (5) (2 points)

■ Speaking Section と Writing Section の解答例は，それぞれ解答解説を参照してください。

■ 自己採点の仕方は，p. 60 の「自己採点の手引き」を参照してください。

Listening Section

Passage 1-1

1. Ⓐ
2. Ⓓ
3. Ⓒ Ⓓ
4. Ⓒ
5. Ⓑ

Passage 1-2

6. Ⓓ
7. Ⓒ Ⓓ
8. Ⓑ
9. Ⓐ
10. Ⓑ
11. Ⓓ

Passage 1-3

12. Ⓑ
13. Ⓒ
14. Ⓓ
15. Ⓑ
16. Ⓒ
17. Ⓐ

Passage 2-1

1. Ⓑ
2. Ⓓ
3. Ⓐ
4. Ⓓ
5. Ⓒ

Passage 2-2

6. Ⓒ
7. Ⓒ
8. Ⓐ Ⓓ
9. Ⓐ
10. Ⓑ
11. Ⓒ

Reading Section 解答解説

▶問題編　p.20 ~ 33
■解答一覧　p.98

Passage 1

新しいものが生まれると名前が付けられますが，認識されていないものには名前を付けようがありません。古代ギリシャの詩人ホメロスは色の説明が実にあいまいでした。ある英国人学者はその理由を，生きる上で色を細かく区別する必要がなかったからではないかと考えました。ここでは色の認識と言語の関係を読み取りましょう。

色の認識と言語

パッセージの訳

【1】人間が色を認識する能力は，時間をかけて文化の発展とともに進化してきたのだろうか。英国人政治家で学者であるウィリアム・ユワート・グラッドストンは，古代の文学をよく調べ，1858年にそうであったとの学説を立て，解決するまで何十年も要した言語と生物学の関係に関する論争を引き起こした。

【2】ギリシャの叙事詩『イリアス』と『オデュッセイア』において，ホメロスは（遅くとも紀元前700年までに書いていることだが）物体と環境について，事細かにその形や質感を描写している。しかし，色についてはとてもあいまいな言葉で展開していることがほとんどである。つまり，明るいか暗いか，あるいは白黒の明度の範囲だ。彼が実際に他の色を使うと，その効果は異質なものである。詩人は見た光景を想像力を使って装飾することがあると認めたとしても，「緑の」ハチミツ，「白い」空，「紫の」ヒツジというホメロスの描写をどう考えればよいのか。**［そしてホメロスが使わない色はさらに多くの疑念を生じさせる。］**地中海沿岸の農業社会について書いているにもかかわらず，「青」という意味だと理解できる言葉は決して使わないし（海にさえも），草木に「緑」を使うこともめったにないのだ。

【3】グラッドストンは大胆な説明を提示した。ホメロスの色の使い方が不正確だったのは，彼を含め当時の人々はほとんどの色をはっきりと見ることができなかったからだ，というものである。グラッドストンは，ホメロスが目にしていた色の範囲は必要性によって限定されていたのだろうと巧みに述べた。自然界では，どちらかというと白い光と，どちらかというと黒い陰を見分けることは，太陽の位置や気象のパターン，捕食者の動きを追跡する際に役立つ。赤を他の色の背景から選び出すことは，けがによる出血やある種の毒を持つ植物を特定するときに役立つ。

【4】さらに言えば，他のいくつかの色は自然界ではまれである。純粋な真の青色をした花や果物，石は驚くほど少なく，空や海でさえも状態によって色が変化する。さらに，地中海沿岸生まれの人々に青い目を持つ人はほとんどいない。こうしたことから

グラッドストンは，そのような色を青として識別する能力は古代ギリシャ人の生存能力にほとんど寄与することがなく，それゆえにその能力をまだ発達させていなかったのだと結論を出した。認識できなかったのだから，名前は付けなかったのだ。

【5】 グラッドストンの説は，公表されると異様なものだとして拒絶され，古代ギリシャ人の視力を調べることも不可能であった。しかし彼の見解は示唆に富んでいた。古代に書かれた文には，色を描写する際の不正確さについて類似しているものが他にもあった。また，一部の孤立した，近代の産業化前の部族が使う言語の中には，黒，白，赤以外に初歩的な色の区別しかしていないものがあることを，人類学者はわかっていた。色を区別する能力が欠けているせいで色について特定の言葉を用いていない社会が存在する可能性が，依然としてあったのだ。

【6】 人間の目の生理機能が後世の科学者たちに明らかになったとき，グラッドストンの説は証明も否定もされなかった。人間の眼球内部の後方の壁に沿って位置している網膜は，基本的に2種類の光の受容体を含むことが明らかにされた。目の1億2,000万の桿体細胞は光と闇を認識する。700万の錐体細胞は色を認識し，そのうち64%は赤い光に，32%が緑の光に順応するのに対し，青い光に順応するのはたった2%である。明るさ，そして赤色に対する受容体の数的優位は民族性を問わず当てはまっていたのだが，一部の集団は神経活動が比較的弱いため，視力があまりよくなかった可能性が残った。

【7】 1875年，スウェーデン人医師のフリチオフ・ホルムグレーンは，生理機能についての問題を解決することになる，グラッドストンの説に基づいた試験を開発した。鉄道会社の従業員の色覚を評価するため，さまざまな色のかせ巻き状の羊毛を利用した。かせを1つ見せ，その他のさまざまな色の集まりの中から最も近い組み合わせを選ぶようにそれぞれの被験者に尋ねることによって，彼は緑と赤を区別できない人がいる（のちに色覚障害の典型的なタイプであることがわかった）ことを示した。人類学者たちはホルムグレーンの試験に飛びつき，のちに南アメリカやオーストラリア，ニューギニアの部族を研究するのに利用した。まず彼らが気づいたのは，こうした部族の人々による色の表現は，ホメロスと同じくらい不正確であることだった。よくあったこととして，同じ単語が青と緑，あるいは茶色と紫に使われていた。それでも試験が行われると，こうした部族の人々は簡単に羊毛のかせの色を特定し，一致させた。色の明度が近いものの中から選ぶ場合ですらだ。明らかに，言葉によるあいまいな区別は，話者が異なる色を見る身体的能力に欠けていることを意味しているのではなかった。

【8】 人々の集団が可視スペクトルすべての色に名前を付けるという躍進を果たすためのメカニズムはまだはっきりしていないが，最も多くの支持を集めている説明はグラッドストンの説への部分的な同意だ。研究者たちは，社会が目に見えるすべての色に名前を付け始めるのは，染料や顔料を製造する技術を開発してからではないかと考えて

いる。明らかに，紫の織物と青く塗られた瓶は環境に欠かせないものとして出現する。それから言語がそれらを描写するニーズに適合するのだが，生理機能は変わらないままである。

1 正解 Ⓐ

> **訳** パッセージ中の concede という語に最も意味が近いのはどれか。
> Ⓐ 〜を認める
> Ⓑ 〜を楽しむ
> Ⓒ 〜を疑う
> Ⓓ 〜を発見する

> **解説** even if 〜 は「〜だとしても」という譲歩の表現。embellish は「〜を装飾する」という意味。主節が「『緑の』ハチミツ，『白い』空，『紫の』ヒツジというホメロスの描写をどう考えればよいのか」という意味なので，譲歩を表す節は「詩人は見た光景を想像力を使って装飾することがあると『認めた』としても」となるのが自然。Ⓐが正解。

2 正解 Ⓓ

> **訳** ホメロスの著作について第2段落から推測できることは以下のどれか。
> Ⓐ 彼は色について他の古代ギリシャの詩人よりもあいまいに書いている。
> Ⓑ それは彼が空の色を青として見ていたことを裏づけている。
> Ⓒ 彼の色の描写は想像に基づいていた。
> Ⓓ 彼は色について，他の物理的な特徴ほど明確に描写していない。

> **解説** 第2段落では，2文目に「色についてはとてもあいまいな言葉で展開していることがほとんど」とあるように，ホメロスが色についてあいまいな描写しかしなかったことを例を挙げながら説明しているので，Ⓓが正解。他の詩人とは比較していないのでⒶは誤り。空については，ホメロスは「白い」と形容していたこと，また実際に何色に見えていたかは説明がないことから，Ⓑは誤り。ホメロスは想像に基づいて説明をしていたのではなく，見た光景の説明に想像を加えている可能性があるだけなので，Ⓒも誤り。

3 正解 Ⓐ

🔈 第4段落で，著者はなぜ地中海沿岸出身の人々に青い目の人がほとんどいないことに言及しているのか。

Ⓐ ギリシャ人の環境では青い物体はまれだったという主張を支持するため。

Ⓑ グラッドストンがギリシャ人はどこか他の場所から来たと結論づけた理由を説明するため。

Ⓒ ホメロスが人の目を青いと描写することがほとんどなかったことを裏づけるため。

Ⓓ ギリシャ人が色を識別するために花や果物，石を使ったことを裏づけるため。

> ┃**解説**┃ 1文目に「他のいくつかの色は自然界ではまれである」とあり，地中海沿岸の人々の話はその例の1つ。正解は Ⓐ。Ⓑ と Ⓒ は本文に説明がない。Ⓓ は「花や果物，石」について2文目に言及があるが，「ギリシャ人が色を識別するために使った」ということは書かれていない。

4 正解 Ⓓ

🔈 パッセージ中の rudimentary という語に最も意味が近いのはどれか。

Ⓐ 高度に発達した

Ⓑ 歴史的に希少な

Ⓒ 視覚の

Ⓓ 基礎的な

> ┃**解説**┃ Also で始まる文なので前の文を確認すると，「古代に書かれた文には，色を描写する際の不正確さについて類似しているものが他にもあった」とあり，rudimentary を含む文も色の説明のあいまいさに関連した内容だと考えられる。Ⓓ basic を当てはめると「基礎的な区別しかしていなかった」となり，文意が通る。

5 正解 Ⓓ

🔈 次の桿体細胞と錐体細胞に関する説明のうち，第6段落が支持しているのはどれか。

Ⓐ グラッドストンは自分の説を裏づけるのにそれらの細胞に頼っていた。

Ⓑ 一部の民族は赤色しか見えない。

ⓒ 桿体細胞の種類より錐体細胞の種類の方が多い。

ⓓ これらの細胞は大半の民族において似た割合で見られる。

> **解説** 第6段落は，生理学の見地から色のあいまいな説明の理由を探ろうとしている部分。桿体細胞と錐体細胞については，どちらも光の受容体で，桿体細胞は光と闇を認識し，錐体細胞は赤い光に最も強く順応することがわかる。このことについて最後の文の前半で「明るさ，そして赤色に対する受容体の数的優位は民族性を問わず当てはまっていた」とあるので，ⓓ が正解。

6 正解 ⓒ

訳 第7段落によると，ホルムグレーンの試験について正しくないのはどれか。

ⓐ 人類学者が利用できるように作り替えられた。

ⓑ 言葉では表されない視覚による認識の特定ができる。

ⓒ グラッドストンの説を試すために開発された。

ⓓ 少なくとも1種類の色覚障害を明らかにすることができる。

> **解説** ホルムグレーンの試験については，ⓐ は4文目に，ⓑ については最終文に説明がある。ⓓ についても3文目のカッコ内の記述から合っていると判断できる。この試験を開発した目的については，2文目に「鉄道会社の従業員の色覚を評価するため」とあり，「グラッドストンの説を試すため」とは書かれていない。よって正解はⓒ。

7 正解 ⓓ

訳 第7段落で著者はグラッドストンの説について何を示唆しているか。

ⓐ 染料および顔料作りに関するグラッドストンの知識不足を示している。

ⓑ それは現代の人々よりも古代ギリシャ人により直接的に当てはまる。

ⓒ 研究者たちはそれが全面的に誤りであることがわかった。

ⓓ 部族間で目の生理機能を研究している研究者の役に立ってきた。

> **解説** 第7段落ではグラッドストンの説に基づいた色覚検査について述べている。4文目以降に，南アメリカやオーストラリア，ニューギニアの部族を調べた結果が述べられていることから，ⓓ が正解。ⓐ は次の段落で「染料および顔料」に関する話があるが，このようなことは述べていない。ⓑ は現代人の試験結果について説明が

ないので，誤り。Ⓒも第7段落では述べられていない内容。

8 正解 Ⓑ

🔢 **訳** パッセージでハイライトされた文の重要な情報を，最もよく表現しているのは以下の文のうちどれか。不正解の選択肢は重大な点で意味を変えたり，重要な情報を欠いたりしている。

研究者たちは，社会が目に見えるすべての色に名前を付け始めるのは，染料や顔料を製造する技術を開発してからではないかと考えている。

Ⓐ 研究者たちは，製造される染料と顔料で社会は色をもっとはっきりと見ることができると結論づけている。

Ⓑ 研究者たちは，色を人工的に作り始めてから社会は目に見える色に名前を付けると考えている。

Ⓒ 研究者たちは，今後製造の開始を計画している染料と顔料の色に社会が名前を付けるかもしれないと考えている。

Ⓓ 研究者たちは，染料と顔料の開発が社会による色の名前の付け方に影響を及ぼすとは思っていない。

解説 続く2文が具体的な説明になっており，「明らかに，紫の織物と青く塗られた瓶は環境に欠かせないものとして出現する。それから言語がそれらを描写するニーズに適合する」とある。まず物が出現し，それに対して名前が付けられることを説明しているので，正解はⒷ。

9 正解 Ⓓ

🔢 **訳** 次の文がパッセージに追加されうる場所を示す4つの正方形[■]を見なさい。

そしてホメロスが使わない色はさらに多くの疑念を生じさせる。

どこに挿入するのが最適か。
文をパッセージに追加するには，■をクリックしなさい。

解説 「ホメロスが使わない色」に関する説明は，Ⓓの後に「地中海沿岸の農業社会について書いているにもかかわらず，『青』という意味だと理解できる言葉は決し

て使わないし（海にさえも），草木に『緑』を使うこともめったにないのだ」とあり，挿入する文の具体的な説明になっている。

10 正解 ② ⑤ ⑥

訳 指示：パッセージの短い要約の最初の文が以下に与えられている。パッセージの最も重要な考えを表す３つの選択肢を選んで要約を完成させなさい。パッセージで示されていない考えを表しているため，あるいはパッセージ中の重要ではない内容であるため，要約に含まれるべきではない文もある。この問題の配点は２点である。

解答を該当する空欄にドラッグしなさい。解答を取り消すには，それをクリックしなさい。

学者は，社会が進歩するにつれて色を認識する能力が発達するのかどうか議論してきた。

① 一部の社会では青と緑，あるいは茶色と紫に同じ単語を使用している。

② ウィリアム・ユワート・グラッドストンは，ホメロスの詩は古代ギリシャ人が現代の我々が見えている色すべてを見えていたわけではなかったことを示していると考えていた。

③ 染料と顔料を製造するための新技術の導入は，孤立した社会が色の語彙を増やすのに役立たないかもしれない。

④ 古代ギリシャ人にはホメロスが一度も使わなかった色を表す言葉があったのかもしれない。

⑤ ホルムグレーンの試験は，母語にはっきりとした名前がない色を人々は見分けられることを示した。

⑥ 人間の目の研究によって，色の受容体の数と種類は民族性にかかわらず一貫していることがわかった。

解説 ② は第３，４段落，⑥ は第６段落，⑤ は第７段落の要約としてそれぞれ適当である。① は第７段落で挙げている具体例の中で触れているだけで，重要な内容ではない。③ は，新技術やそれが孤立した社会に与える影響については本文に書かれていない。④ は本文に記述がない。

106

医療の進歩により，我々は人から人へ臓器を移植することで病気を克服する術を手に入れました。それでも拒絶反応という課題が残っています。この課題を解消する手段として現在注目を集めているのが，iPS 細胞と 3D バイオプリンティングを利用した医療技術です。この注目すべき新技術の現状と今後の見通しを読み取りましょう。

再生医療

パッセージの訳

【1】 最も面白い新しい医療分野の1つは再生医療である。これには，科学的な大発見を体内にすでにある資源とともに用いて病気や健康状態に対処することが含まれる。再生医療はその目的の達成を組織工学と分子生物学に頼っている。最近では，この医療部門は 3D プリンティングを活用している。いわゆるインクは，この場合，人間の組織である。

【2】 2002 年，中村真人博士はインクジェットプリンターのインクのしずくと人間の細胞はほぼ同じ大きさであることに気づいた。この考えを利用して，彼は 2008 年に実用できる 3D バイオプリンターを初めて考案した。中村のプリンターは組織の細胞を利用して血管に似た管を作ることができた。1 年後，サンディエゴにあるオルガノボ社は NovoGen MMX と呼ばれる独自の商業用バイオプリンターを作り出した。NovoGen MMX を用いて，科学者たちはまず臓器の生検で人間の細胞を回収するか，iPS 細胞と広く言われる自己細胞を骨髄から抽出する。これらの細胞は治療を受けている人の細胞である。したがってこれらの細胞に対する拒絶反応は，ドナーから移植された細胞と違い，起こる可能性がない。プリントをする手順において，科学者はまず細胞をバイオインク用のカートリッジに充填し，そしてバイオペーパーの材料となる混合物を別のカートリッジに入れる。次に，プリンターが 1 層ごとにパターンを置く。最初はインク，次はペーパー，それからまたインクという具合に，完成した 3 次元のかたまりが形作られるまで印刷する。たった数日で，細胞はついに自然に融合して組織になり，その過程でバイオペーパーは消えてなくなる。

【3】 この分野の傑出した専門家であるアントニー・アタラ博士は組織工学の複雑さを 4 つのレベルに分けている。最も単純なレベルにあるのは皮膚のような平らな構造のものであり，たった 1 種類の細胞しか用いない。次に，血管とその他の管状の部位には 2 種類の細胞があり，作るのは 2 番目に簡単である。その次に，膀胱や胃などの中身がなくて管状でもない器官には 2 種類以上の細胞があり，より複雑である。最後に，中身のある心臓や腎臓，肝臓などの器官は，多くの種類の細胞があることに加え，血液を供給する必要もあるので，最も複雑である。

【4】 このことを考慮すると，内臓に関しては，バイオプリンティングを用いるのに最

も適しているものの1つは膀胱のようである。中身がなく2種類の細胞しかない。これと比べて例えば腎臓は，中身があって30ほどの異なる種類の細胞から成る。実際，医師たちは過去100年の間，さまざまな膀胱の病気が原因で引き起こされる問題を解決するため，腸から取った細胞を使って膀胱を再形成している。この技術を使うことにより，膀胱の機能の改善には成功しているが，電解質異常や腎結石，あるいは関連するがんさえ引き起こすことがよくあった。こうしたことが起こる原因の基本的な説明をすると，腸の機能は栄養を吸収することであり，膀胱の目的は排泄することだ，ということである。この組織上のミスマッチが病気につながるのである。望まない影響を避けるため，まったく新しい膀胱を丸ごと患者自身の細胞から作り出すことが現在の理想的な解決法である。

【5】1999年から2001年までに，アタラ博士の研究のおかげで，9人の子どもがボストン小児病院で組織工学によって作られた膀胱を受け取った。その子たちのうち7人は追跡調査ができ，検査されたすべての膀胱が正常に機能していた。アタラは研究の主任研究員として話す中で，「これは損傷を負った組織や器官の取り替えを進める我々の能力が小さく1歩進んだということです」と述べた。

【6】組織工学は有望なように思われる。[**膀胱にかかわる研究に加え，やけどをした患者のための再生された皮膚も発展している分野である。**]自己細胞を利用することで，その方法に対するどんな道徳上の異論も避けられるだろうと考えても問題ないかもしれないが，それでも反対する人はいる。そのような意見の1つは，組織工学は自然に手を加えることに似ているというものだ。しかしながら，わずか数年前にはSFのように思えたことが現実になるのを目の当たりにして有頂天になっている者もいる。ひょっとしたら次の世代は，人々が今日，本や衣類を注文するように，体の部位のスペアやカスタマイズされたものをインターネットで注文するのかもしれない。

---

1 正解 Ⓓ

訳 第1段落で著者はなぜ分子生物学に言及しているのか。

Ⓐ バイオプリンターの作成にかかわったものを示すため

Ⓑ バイオプリンティングを利用している科学のさまざまな部門を示すため

Ⓒ 組織工学の別の興味深い進歩について説明するため

Ⓓ 再生医療の背景にある，科学的影響を説明するため

解説 第1段落3文目の Regenerative medicine relies on tissue engineering and molecular biology to accomplish its goals. から，再生医療は組織工学と分子生物学を土台に成り立っていることがわかる。それを scientific influences「科学的影響」

と言い換えている D が正解。著者はバイオプリンティングではなく再生医療の説明として分子生物学に言及しているので A と B は不適切。

2 正解 B

訳 第2段落で著者は中村博士のプリンターについて何を示唆しているか。

A それが実際に体の部位を作れたことは一度もなかった。

B それは1つの特定の体の構成部分を作れただけだった。

C 上市後まもなく大企業によって購入された。

D 長期間にわたって利用するには価格が高すぎた。

解説 第2段落冒頭の3文が中村博士のプリンターに関する説明部分。3文目から血管に似た管状のものができたことがわかり、これを one specific body component と言い換えている B が正解。A は同じ部分に矛盾する。C と D のような記述はない。

3 正解 A

訳 パッセージでハイライトされた文の重要な情報を、最もよく表現しているのは以下の文のうちどれか。不正解の選択肢は重大な点で意味を変えたり、重要な情報を欠いたりしている。

したがってこれらの細胞に対する拒絶反応は、ドナーから移植された細胞と違い、起こる可能性がない。

A 人体は他人の細胞よりも自分の細胞をよりうまく受け入れる。

B 移植される細胞は決して拒絶されない。

C 人体が新しい細胞を受け入れない可能性は低い。

D 人体はあらゆる種類の細胞を拒絶する可能性がある。

解説 transplanted cells from a donor は「ドナーから移植された細胞」という意味で、「他人の細胞」ということ。つまりこの文は、他人の細胞だと拒絶反応が起こりうるが、自分の細胞（＝患者自身の骨髄から取った細胞など）なら拒絶反応がないと述べている。正解は A。B と D はこの内容に矛盾する。C は新しいかどうかではなく、自分のものか他人のものかが重要なので、不適切。

4 正解 **B**

訳 パッセージの中の sets down という語句に最も意味が近いのはどれか。

A ～を考慮する

B ～を置く

C ～を取り付ける

D ～を引退させる

解説 プリンターの役割は印刷すること。前文からカートリッジに必要なものが充填されていることがわかるので，次は印刷の工程に移ると推測できる。「(印刷のために)(パターン)を置く」と言い換えている **B** が正解。

---

5 正解 **C**

訳 第2段落によると，バイオペーパーは

A 科学者によってプリント後に除去される

B 異なる種類の組織からできている

C 最終的には細胞と一緒になる

D 通常の紙の実際の切れ端から成る

解説 第2段落最終文に「たった数日で，細胞はついに自然に融合して組織になり，その過程でバイオペーパーは消えてなくなる」とあるので，**C** が正解。バイオペーパーは disappear「消えてなくなる，見えなくなる」のであり，誰かが除去するという記述はないので **A** は誤り。

---

6 正解 **D**

訳 第3段落によると，次のうち組織工学を複雑化する要因ではないのはどれか。

A 多くの種類の細胞を含んでいること

B 中身のある組織からできていること

C 血液を供給する必要があること

D 管状でないこと

解説　Ⓐ, Ⓑ, Ⓒ は第3段落最終文「中身のある心臓や腎臓, 肝臓などの器官は, 多くの種類の細胞があることに加え, 血液を供給する必要もあるので, 最も複雑である」に一致する。管状の部位は作るのが2番目に簡単であるが, 管状でないことが複雑化する要因ではないので, Ⓓ が正解。

7　正解 Ⓒ

訳　第4段落で著者はなぜ腎臓に言及しているのか。

Ⓐ　膀胱に問題を抱えている人々は腎臓も悪いことが多いということを強調するため

Ⓑ　バイオプリンティングのもっと複雑な例を使ったケーススタディについて説明するため

Ⓒ　膀胱の単純さを腎臓の複雑さと対比するため

Ⓓ　異なるバイオプリンターの型の性能の違いを説明するため

解説　第4段落はバイオプリンターの用途として膀胱の作成がいちばん適していることを説明している部分。2文目にあるその理由は中身がなく2種類しか細胞がないからであり, 膀胱とは対照的な複雑な存在の例として腎臓が触れられている。正解はⒸ。その他の選択肢については言及がない。

8　正解 Ⓓ

訳　パッセージの中の spare という語に最も意味が近いのはどれか。

Ⓐ　保守的な

Ⓑ　質素な

Ⓒ　不必要な

Ⓓ　追加の

解説　日本語で予備として持っているものを「スペア」と言うが, これは英語の spare のことで,「予備の, 余分な」の意味。正解は Ⓓ。念のため spare の代わりに additional を当てはめると「体の部位の追加のものやカスタマイズされたものを注文するかもしれない」となり, 文意が通る。

9 正解 **A**

訳 次の文がパッセージに追加されうる場所を示す 4 つの正方形[■]を見なさい。

膀胱にかかわる研究に加え，やけどをした患者のための再生された皮膚も発展している分野である。

どこに挿入するのが最適か。
文をパッセージに追加するには，■をクリックしなさい。

> **解説** 第 5 段落で再生医療で作られた膀胱の成功例が紹介されていること，第 6 段落が「組織工学は有望なように思われる」という文で始まっていることから，**A** に入れると「やけどをした患者のための再生された皮膚」というもう 1 つの成功例が続き，自然な流れになる。3 文目の One such view は前文で触れている反対意見のことなので，**B** に挿入することはできない。4 文目の Others は 2 文目の some に対して用いられており，**C** に挿入するのも不自然。4 文目の ecstatic から 5 文目の将来に関する話につながるので，**D** に挿入するのも不自然。

10 正解 ① ② ⑤

訳 指示：パッセージの短い要約の最初の文が以下に与えられている。パッセージの最も重要な考えを表す 3 つの選択肢を選んで要約を完成させなさい。パッセージで示されていない考えを表しているため，あるいはパッセージ中の重要ではない内容であるため，要約に含まれるべきではない文もある。この問題の配点は 2 点である。
解答を該当する空欄にドラッグしなさい。解答を取り消すには，それをクリックしなさい。

再生医療は，患者自身の細胞を使った組織工学の手法が成功しているおかげで，日々進歩している。

① 科学者たちは今では組織を作るために 3D バイオプリンティングを活用できる。

② 組織工学は器官次第で単純にも複雑にもなりうる。

③ NovoGen MMX は中村博士の機械よりも優れた性能を有している。

④ 皮膚はかなり簡単に作ることができ，それゆえに組織工学の全ての形態において最も有力な候補である。

⑤ 膀胱を作ることは可能であり，他の膀胱関連の病気の治療よりもよい。

⑥ アタラ博士の最初の試験で，9人の子どもが実験室で作られた膀胱を受け取った。

解説 ①は，第2段落から第5段落がその具体的な説明になっている。②は，組織工学を複雑さの点から説明している第3段落の内容に合う。③は第2段落に関連するが，バイオプリンティングの開発の経緯を説明しているだけで，どちらが優れているかという点に関しては特に述べていないので，不適切。④は，第3段落に皮膚のような1種類の細胞しかないものは簡単だとあるが，これは複雑さに関する説明の1つにすぎない。さらに第4段落で有力な候補として膀胱を挙げているので，不適切。⑤は第4，5段落を要約した内容になっている。⑥の子どもについては，第5段落で組織工学を利用して作った膀胱の適用例として述べているだけで重要ではなく，しかもその膀胱がアタラ博士の最初の試験でのものという説明はないので，不適切。

Listening Section 解答解説

学生が大学のカウンセラーに専攻の選択について相談している会話です。カウンセラーのアドバイスに，学生は最初戸惑いを感じますが，前向きに受け止めています。どのような内容のアドバイスなのか，正確に理解しましょう。

スクリプト　　🔈**track** 19

Listen to a conversation between a student and an academic counselor.

Counselor: Hi, Alice. So, how can I help you today?

Student: Hi, Mr. Wade. I wanted to talk to you about my major.

Counselor: OK. It's still the beginning of your second year, so you have time, but it's probably a good idea to think about it now so that you can make a good decision.

Student: I agree. I would like to choose a major that is in line with my interests but also increases my chances of finding a job when I graduate.

Counselor: Of course. That's what everyone's looking for. First, let me ask you a few questions. What subjects come easiest for you?

Student: Well, I've always gotten good grades in English and history.

Counselor: What would you say are your weaknesses?

Student: I've never been good at math. I'm interested in science such as physics or chemistry, but because I'm bad at math, I have a hard time with those subjects.

Counselor: Other than the required basic math courses, have you taken any additional math courses?

Student: No. After finishing my math requirements I've avoided math.

Counselor: My advice is to take a math course that is not too difficult but seems interesting to you. College math is quite different from high school math. With the right teacher and some effort, you might find that you like it and that you're not so bad at it. If you have a hard time, you can get help from a tutor at the Academic Support Center.

Student: OK, but I don't think I'm going to be majoring in math or science. Why should I take math? If I don't do well, it could affect my grade point average.

Counselor: I don't think one math course is going to heavily affect your GPA. Since you like science, I also recommend a less math-intensive science such as biology. Listen, the first and second years of college are a good time to explore and try new things. Trying new things will give you more options to decide from.

Student: I'm still not sure taking math and science courses is going to help me choose a major.

Counselor: Of course you're not sure. That's why it's important to branch out. I had a student who was good at science and math. She was interested in medicine, but didn't want to become a doctor. I suggested she try some courses in the humanities such as anthropology or philosophy. She took a few different courses and graduated with a major in human biology, but with a minor in philosophy. Now she works as a consultant helping companies in the medical field make good ethical choices.

Student: That's interesting. So, your advice is for me to keep my options open and try different things.

Counselor: Yes. Since you're into history, you might have an interest in fields such as anthropology or even evolutionary biology. But my number one advice is keep working at what you're good at but also try new and challenging things. I'm sure you'll find what you're looking for.

Student: Thank you, Mr. Wade. This has been really helpful.

スクリプトの訳

学生と大学のカウンセラーの会話を聞きなさい。

カウンセラー：こんにちは，アリス。それで，今日はどうしましたか。

学生：こんにちは，ウェイド先生。私の専攻についてお話ししたかったのですが。

カウンセラー：わかりました。まだ2年生の初めですから時間はありますが，よい決断ができるように，今考えておくのはきっとよいことでしょう。

学生：そう思います。自分の関心に合っていて，さらに，卒業するときに就職のチャンスが広がる専攻を選びたいと思います。

カウンセラー：もちろんです。みんなそれを望んでいます。まず，いくつか質問をさせてく

ださい。いちばん簡単に思える科目は何ですか。

学生：そうですね，英語と歴史はいつも成績がいいです。

カウンセラー：苦手なのは何だと思いますか。

学生：数学が得意だったことは一度もありません。物理や化学のような科学に興味がありますが，数学が苦手なので，そういう科目は苦労します。

カウンセラー：必修の基礎数学の講座以外で，追加の数学の講座を取ったことはありますか。

学生：いいえ。数学の必修科目を終えた後は，数学を避けてきました。

カウンセラー：私のアドバイスとしては，あまり難しすぎず，それでもあなたの興味を引きそうな数学の講座を取ることです。大学の数学は高校の数学とはまったく違います。適切な先生の下で少し努力すれば，自分は数学が好きでそれほど苦手ではないことがわかるかもしれません。もし大変なら，学習支援センターのチューターに手伝ってもらえます。

学生：わかりました。でも，私は数学や科学を専攻することはないと思います。どうして数学を取るべきなのでしょうか。もしうまくいかなかったら，成績平均値に影響するかもしれません。

カウンセラー：数学1講座であなたの成績平均値に大きく影響することはないと思います。あなたは科学が好きなのですから，生物学のようなあまり数学が中心でない科学を取るのもよいでしょう。いいですか，大学の1，2年生は新しいことを探して試してみるのによい時期です。新しいことをやってみると，決める際の選択肢が増えますよ。

学生：数学や科学の講座を取ることが専攻を選ぶのに役立つとはまだ確信が持てません。

カウンセラー：持てなくて当然です。だからこそ分野を広げることが大切なのです。私のところに科学と数学が得意な学生が来たことがあります。彼女は医学に興味がありましたが，医師になることは望んでいませんでした。私は彼女に，人類学とか哲学といった人文科学系講座をいくつか取ってみるように勧めました。彼女は違う分野の講座をいくつか取って，人体生物学が主専攻，哲学が副専攻で卒業しました。今，彼女は医療分野の企業が適切な倫理的選択をするのを手伝うコンサルタントとして働いています。

学生：それは面白いですね。それでは，先生のアドバイスは私が選択肢を残しておいて，いろいろなことをやってみるということですね。

カウンセラー：はい。あなたは歴史に関心があるので，人類学とか，進化生物学のような分野にさえも興味を持つかもしれません。でも，私のいちばんのアドバイスは，得意なものをやり続けて，さらに新しい挑戦しがいのあるものもやってみることです。きっとあなたが求めるものが見つかるでしょう。

学生：ありがとうございます，ウェイド先生。本当に役に立ちました。

---

1 正解 Ⓐ

訳 学生が大学のカウンセラーと話をしている主な理由は何か。

Ⓐ 彼女は専攻を決めるのを手助けしてほしいと思っている。

Ⓑ 彼女は途中で専攻を変更したいと思っている。

Ⓒ 彼女は数学の講座に苦労している。

　　Ⓓ　彼女は生物学か人類学のどちらかを選ぼうとしている。

> **解説**　学生は最初のカウンセラーの発言 how can I help you today「今日はどうしたのか」に対して，I wanted to talk to you about my major.「私の専攻について話したかった」と言っている。したがって，専攻を決める相談に来たことがわかる。正解は Ⓐ である。学生はまだ専攻を決めておらず，専攻を変更したいわけではないので，Ⓑ は不適切。数学，生物学，人類学の話も出ているが，相談の主な理由ではない。

---

2 正解 Ⓓ

　　訳　カウンセラーはまず何をするか。

　　Ⓐ　学生にもっと勉強するようにと言う

　　Ⓑ　学生にチューターを頼むように勧める

　　Ⓒ　学生に数学の講座を取るようにと提案する

　　Ⓓ　学生に彼女が何の科目が得意なのかを尋ねる

> **解説**　カウンセラーは First, let me ask you a few questions. What subjects come easiest for you?「まず，いくつか質問をさせてほしい。いちばん簡単に思える科目は何か」と言っている。学生はそれに対して「英語と歴史はいつも成績がいい」と得意科目を答えている。したがって，Ⓓ が正解。Ⓒ は最初にしたことではない。

---

3 正解 Ⓒ Ⓓ

　　訳　会話によると，カウンセラーが学生に数学や科学の講座を取るようにと提案しているのはなぜか。
　　　　　答えを 2 つクリックしなさい。

　　Ⓐ　数学や科学の仕事の方が給料が高いから。

　　Ⓑ　学生は生物学が得意だから。

　　Ⓒ　それらの講座を取ることは彼女の選択肢を広げるかもしれないから。

　　Ⓓ　彼女はそれらの科目を楽しみ始めるかもしれないから。

> **解説**　カウンセラーは数学を取るように勧める理由として you might find that you like it and that you're not so bad at it「自分は数学が好きでそれほど苦手ではないことがわかるかもしれない」，また，Trying new things will give you more options to decide from.「新しいことをやってみると，決める際の選択肢が増える」と述べている。

したがって, Ⓒ と Ⓓ が正解。

---

4 正解 Ⓒ

訳 カウンセラーが以前の学生の話をしているのはなぜか。

Ⓐ 学生が危険を冒すのをやめさせるため

Ⓑ 科学の方が人文科学よりもよいと指摘するため

Ⓒ 学生に探求することの利点を示すため

Ⓓ 学生に科学を専攻することを選ぶように勧めるため

解説 以前の学生の話とは, 医学に興味がある学生がカウンセラーから人文科学系の講座を取ることを勧められて, 結果的にそれを職業に生かした成功例である。その話をする前, 数学を取ることに気乗りしない学生に, カウンセラーは the first and second years of college are a good time to explore and try new things「大学の1, 2年生は新しいことを探して試してみるのによい時期だ」, it's important to branch out「分野を広げることが大切だ」と言っている。したがって, Ⓒ が正解。

---

5 正解 Ⓑ

訳 もう一度, 会話の一部を聞きなさい。

それから, 設問に答えなさい。(スクリプトの下線部分を参照)

カウンセラーはこの発言で何を示唆しているか。

カウンセラー：みんなそれを望んでいます。

Ⓐ 学生は他の学生と競うことになるだろう。

Ⓑ 学生の心配はそれほど珍しいわけではない。

Ⓒ 今は仕事を見つけるのが難しい。

Ⓓ 学生は歴史を専攻することは避けるべきだ。

解説 カウンセラーの発言 That's what everyone's looking for.「みんなそれを望んでいる」の「みんな」は「すべての学生」,「それ」は「自分の関心に合い, 卒業するときに就職のチャンスが広がる専攻を選ぶこと」を指している。したがって, この学生の心配はすべての学生に共通するということなので, Ⓑ が正解。not all that ～ は「それほど～ではない」という意味。

Passage 1-2

環境

リサイクルについての講義です。リサイクルの歴史，工程，利点について述べられています。デメリットなどないようにも思えますが，課題や批判もあるようです。さまざまなことを学んだ上で，リサイクルをどう考えるべきかが考察されています。

スクリプト　🔊 track 25

Listen to part of a lecture in an environmental studies class. The professor has been discussing recycling.

Professor①: Today, we're going to talk about recycling. The standard view is that recycling is a good thing. We're taking things we've already used and through various processes making them once again usable. The benefit of this is that we reduce the amount of fresh resources used and reduce the amount of waste to dispose of. Overall, this is a good thing because we can save our resources and have less waste to worry about. However, recycling has its issues. We'll talk about those, but first let's briefly go over the history of recycling and how the recycling process works.

Recycling actually goes back thousands of years. Some people say that even as far back as 400 B.C. the Greek philosopher Plato advocated recycling. Earlier civilizations recycled things such as glass and bronze from weapons and coins. Archaeologists digging up ancient sites have found less waste during times of famine and war. What do you think this implies? Robert?

Student 1: I guess that people had to reuse what they had when times were tough.

Professor②: Indeed, civilization has often turned to recycling during hard times. People reused their goods during the economic depression of the 1930s and recycling was also a big thing during World War II. Citizens at home were encouraged to donate metal or to use everyday materials more sparingly. After World War II recycling was spurred on by rising energy costs.

So, does anyone know the basic process of recycling? Yes, Cindy.

Student 2: Waste or unnecessary materials are collected and sorted and are then made reusable.

Professor③: Thank you, Cindy. That's not a bad start. Yes, the first step is to collect the waste or the used items. There are three types of collection. These are curbside collection, drop-off centers, and buy-back centers. Everyone is probably most familiar with curbside collection.

So, what is curbside collection? Basically, anytime a waste collection vehicle comes through your neighborhood to pick up mixed waste or recyclables, that's curbside collection.

Perhaps the easiest method of collection to manage is drop-off centers. Instead of a city service or private company picking up the garbage from the curbside, waste and recyclable materials are voluntarily brought by people to main centers where the materials are sorted, cleaned and processed into reusable items and materials. The downside to drop-off centers is that they rely on people to voluntarily bring waste to the center.

A third method of collection, buy-back centers, is where a center buys already cleaned recyclable material from individuals and companies and turns it into reusable material for sale. This method sounds good because it includes a business model, but there's a cost issue. The problem with these buy-back programs is that it costs $50 per ton to process the material but the processed material only sells for $30 per ton. This is changing as processing methods improve, but right now these buy-back centers can't operate profitably without money from the government.

Now that the materials are collected, the next step is to have them sorted. And when that is finished, finally, the materials are cleaned and made into various materials for use in products. Some things are recycled back into what they were originally. For example, paper waste is made into new paper. Other times completely new things are made, such as chairs and tables made from recycled plastic bottles.

So, that's a basic overview of recycling. We can all see the benefits of recycling, but are there any downsides?

Student 2: Personally, I think the benefits far outweigh any downsides that might exist.

Professor④: You're probably right. However, the truth is sometimes it takes just as much energy to make recycled goods as it does to make new goods. Some argue there's no real environmental benefit and that businesses making recycled goods are simply replacing businesses making new goods.

Student 2: Maybe so. Still, I think we should focus on finding better ways to recycle rather than not recycling at all.

Professor⑤: Indeed, recycling technology is always improving and not all recycling consumes a lot of energy. When done right, recycling uses less energy and produces fewer pollutants than when making brand new things from fresh resources.

What about the fact that recycling means less waste going to landfills? Isn't that a good thing? Well, even here there's the argument that we still have plenty of space for landfills. Maybe it's true that we still have plenty of space, but eventually we'll run out of space for landfills. Besides, no one wants the Earth to be covered with landfills, right?

Student 1: I sure don't want the Earth to turn out that way.

Professor⑥: So, some people say instead of focusing on recycling or filling up landfills with our junk we should focus on buying and consuming less. Surely, we can all agree that this is a wonderful idea. But how realistic is it to rely on humans to constantly stop throwing away old things and replacing them with new things? What we have to do is consume less, recycle what we can, use what we have longer, and produce things that are environmentally friendly.

スクリプトの訳

環境学の授業における講義の一部を聞きなさい。教授がリサイクルについて論じています。
教授①：今日はリサイクルについて話しましょう。リサイクルはよいことだ，というのが標準的な意見です。私たちは使用済みのものを持っていき，さまざまな工程を経て，再びそ

れを利用できるものにします。この利点は，新しく使う資源の量を減らし，処分するごみの量を減らすことです。おおむねこれはよいことです。資源を節約し，心配すべきごみの量を減らせるからです。しかし，リサイクルには課題があります。それについてみんなで話をするのですが，まず，リサイクルの歴史と，リサイクルの工程はどのように進むのかについて簡単におさらいしましょう。

　　　リサイクルは実は何千年も前にさかのぼります。紀元前400年という昔でさえ，ギリシャ人の哲学者プラトンはリサイクルを提唱していたと言う人もいます。より古い文明では，武器や硬貨からガラスや青銅などのものをリサイクルしていました。古代遺跡を発掘している考古学者は，飢饉や戦争の時期にはごみが少ないことを発見しています。これは何を示唆すると思いますか，ロバート。

学生1：人々は苦しい時期には，持っているものを再利用しなければならなかったのだと思います。

教授②：実際，文明は大変な時期に何度となくリサイクルに頼ったことがあります。1930年代の経済不況の時期には，人々は自分たちの持ち物を再利用し，第二次世界大戦中にも，リサイクルは大切なことでした。国内にいる市民は金属を供出したり，日々の物資をもっと節約して使ったりするように求められました。第二次世界大戦後は，エネルギーコストの上昇によりリサイクルに拍車がかかりました。

　　　では，基本的なリサイクルの工程を誰かわかりますか。はい，シンディ。

学生2：ごみや不要になった資材が集められて分別され，その後，再利用できるようになり。

教授③：ありがとう，シンディ。手始めとしては悪くないですね。そうですね，第一段階はごみや使用済みのものを収集することです。収集には3つの種類があります。道路脇収集，回収センター，買い戻しセンターです。おそらく誰もがいちばんよく知っているのは道路脇収集ですね。

　　　それでは，道路脇収集とは何でしょうか。基本的には，いつでもごみ収集車が皆さんの自宅周辺に来て，混合廃棄物やリサイクル可能なものを集める，それが道路脇収集です。

　　　管理するのが最も簡単な収集方法は回収センターかもしれません。市や民間業者が道路脇からごみを収集するのではなく，ごみやリサイクル可能な資材は市民によって自主的に主要なセンターに持ち込まれ，そこで分別，洗浄され，再利用できる製品や材料へと加工されます。回収センターのマイナス面は，市民が自主的にセンターへごみを持ち込むことに頼っていることです。

　　　3つ目の収集方法である買い戻しセンターは，センターが個人や企業からすでに洗浄が済んだ再生可能な資材を買い取り，それを再利用できる資材にして売るところです。この方法にはビジネスモデルがあるので，よさそうに思えるかもしれませんが，費用面の問題があります。この買い戻しプログラムの問題とは，資材を加工するのに1トンあたり50ドルかかるのですが，加工された資材は1トンわずか30ドルでしか売れないということです。このことは加工方法の改善に伴い変わってきてはいますが，今のところ，このような買い戻しセンターは政府からの資金がないと採算の取れる運営ができません。

　　　資材が収集されたら，次の段階は分別することです。そしてそれが終わると，ようやく資材は洗浄されて製品に使えるさまざまな資材に作り替えられます。中にはもともとの資材に戻るものもあります。例えば，紙のごみは新しい紙になります。他に，ペットボトルをリサイクルしてできる椅子や机など，まったく新しいものも作られます。

　さて，以上がリサイクルの基本的な概要です。皆さん，リサイクルの利点はおわかりで
しょうが，マイナス面はあるのでしょうか。

学生2：個人的に，私はマイナス面があるとしてもそれよりもずっとプラス面が上回ると思
います。

教授④：たぶんその通りでしょう。しかし，実のところ，リサイクル品を作るには新品を作
るのと同じだけのエネルギーが必要なことがあるのです。実際に環境に恩恵はないし，リ
サイクル品を作る業者が単に新品を作る業者に取って代わっているにすぎないと主張す
る人もいます。

学生2：そうかもしれません。それでも，まったくリサイクルしないよりは，もっとうまく
リサイクルをする方法を見つけることに注力するべきだと思います。

教授⑤：確かに，リサイクルの技術は常に改善していて，リサイクルのすべてが多くのエネ
ルギーを消費するわけではありません。適正に行えば，新しい資源からまったくの新品を
作るよりもリサイクルの方が使うエネルギーは少なくなり，汚染物質の発生量も減りま
す。

　リサイクルには埋め立て地に行くごみを少なくするという意味があるという事実につ
いてはどうでしょうか。よいことではありませんか。いや，この点でも，埋め立て地用の
スペースはまだたくさんあるという主張があります。たぶん，まだスペースがたくさんあ
るというのは本当なのでしょうが，最終的には埋め立て地用のスペースはなくなります。
それに，誰も地球が埋め立て地だらけになってほしくないですよね。

学生1：僕は絶対に地球にそんなふうになってほしくないです。

教授⑥：そして，リサイクルに注力したり，がらくたで埋め立て地を埋め尽くしたりする代
わりに，私たちは買い物の量や消費量を減らすことに注力すべきだと言う人もいます。確
かに，これがすばらしい考えだということについては誰もが同意できます。しかし，古い
ものを捨ててそれを新品に換えることを恒常的にやめることについて人間をあてにする
というのは，どの程度現実的なのでしょうか。私たちがやらなければならないことは，消
費を減らし，できるものはリサイクルし，持っているものをより長く使い，環境に優しい
ものを生産することです。

6 正解 Ⓓ

　訳 講義は主に何についてか。

Ⓐ 物品をリサイクルする新しい方法

Ⓑ より少ない量の物品を買うというアイディア

Ⓒ 回収センターがリサイクルの最善の方法である理由

Ⓓ リサイクルについての事実と課題

　解説　教授の最初の一言から，リサイクルがテーマであることはわかる。その後
で，... recycling has its issues. We'll talk about those, ...「リサイクルには課題がある。
それについてみんなで話をする」と述べている。その後，リサイクルの歴史，工程など

基本的な情報を説明して，プラス面，マイナス面を含めた現状についての話が展開されているので，Ⓓ が正解。

7 正解 Ⓒ Ⓓ

訳 講義によると，リサイクルのプラス面は何か。
答えを２つクリックしなさい。

Ⓐ ものを捨てるよりも費用が安い。

Ⓑ 人々が買う量を減らすよう促す。

Ⓒ 私たちが使う資源を減らせるようにする。

Ⓓ 捨てることになるごみの量を減らす。

解説 教授は１回目の発言の序盤で，The benefit of this is that we reduce the amount of fresh resources used and reduce the amount of waste to dispose of.「この（＝リサイクルの）利点は，新しく使う資源の量を減らし，処分するごみの量を減らすことだ」と話している。前半は Ⓒ に，後半は Ⓓ に一致する。

8 正解 Ⓑ

訳 人々にリサイクルを促すものとして何が言及されているか。

Ⓐ リサイクルに関する教育の向上

Ⓑ 戦争のような苦しい時期

Ⓒ 古代遺跡の発掘

Ⓓ よりよい道路脇収集サービス

解説 リサイクルの歴史の話題で，学生１は people had to reuse what they had when times were tough「人々は苦しい時期には，持っているものを再利用しなければならなかった」と推測し，それを受けて教授は２回目の発言の中で civilization has often turned to recycling during hard times「文明は大変な時期に何度となくリサイクルに頼った」と述べている。hard times の具体例として，economic depression「経済不況」，World War II「第二次世界大戦」が挙げられている。hard times を difficult times と言い換えている Ⓑ が正解。

9 正解 Ⓐ

(訳) 買い戻しセンターの問題は何か。

Ⓐ 再生資材を作るのに費用がかかりすぎる。

Ⓑ 過程に時間がかかりすぎる。

Ⓒ 技術があまりに速く発展しすぎた。

Ⓓ まだその数が少なすぎる。

解説 教授は3回目の発言の後半，buy-back center「買い戻しセンター」についての説明の中で，there's a cost issue「費用面の問題がある」と述べている。具体的な数字を挙げながら採算が取れていないことを説明しているので，Ⓐ が正解。

10 正解 Ⓑ

(訳) 一部の人がリサイクルは必要ないと考えるのはなぜか。

Ⓐ 人々の消費がどんどん減っている。

Ⓑ ごみ用のスペースはたくさんある。

Ⓒ 新しい技術によりリサイクルは時代遅れになりつつある。

Ⓓ 環境の状態が改善しつつある。

解説 リサイクルに対する否定的な意見は終盤で話題になっている。主張の1つは教授の4回目の発言の sometimes it takes just as much energy to make recycled goods as it does to make new goods「リサイクル品を作るには新品を作るのと同じだけのエネルギーが必要なことがある」，もう1つは教授の5回目の発言の we still have plenty of space for landfills「埋め立て地用のスペースはまだたくさんある」である。2つ目とほぼ同じ意味を表しているのが Ⓑ で，これが正解。

11 正解 Ⓓ

(訳) もう一度，講義の一部を聞きなさい。

それから，設問に答えなさい。(スクリプトの下線部分を参照)

リサイクルに関し，教授はどのような意見を持っているか。

Ⓐ リサイクルは唯一の現実的な解決策だ。

Ⓑ リサイクルは人の購買意欲を高める。

Ⓒ 消費を減らすことが環境を救うのに最もよい方法である。

Ⓓ 消費を減らすことはよいことだが，それだけでは十分ではない。

解説　該当箇所の最初の文の this とは前の文の instead of 以下，特に we should focus on buying and consuming less「私たちは買い物の量や消費量を減らすことに注力すべきだ」を指している。しかし，それが実現可能ならすばらしいが，現実的ではないと言っており，その後で私たちがやるべきことが述べられている。したがって，消費を減らすことだけでは現実的ではないので，他にやるべきことがある，という教授の意見に沿うのは Ⓓ になる。

哲学

なぜ政府があるのか，という問題提起で始まり，近代の哲学者３人が提唱した社会契約論から政府と国民との関係にアプローチしています。ホッブズ，ロック，ルソーの３人の主張の類似点と相違点，その問題点をつかみましょう。

スクリプト　🔊 track 32

Listen to part of a lecture in a philosophy class.

1　　　Why do we have governments? More importantly, why have we, as individuals and society as a whole, agreed to give up some of our rights in exchange for certain benefits? Or is it even true that we have actually agreed to give up some of our rights? Do we really have a choice? After all, none of us have actually signed a contract saying we give up some rights in exchange for law, order, and certain services. And yet as citizens of countries we are expected to follow the laws and pay taxes. Fortunately, in democratic countries we have rights such as free speech, holding property, voting, and so on. Still, even in democratic countries, if we don't follow the rules, we can be punished with fines or even jail time. The question is, why do we have society and government, and are we better off because we've given up some rights in exchange for others? Today, I'm going to talk about that relationship between government and the people and some similar yet different views of that relationship.

2　　　Over the centuries philosophers have thought about the relationship between humans and government. European philosophers called the relationship a social contract. The social contract is an agreement between the people and the government or the sovereign in which the people agree to give up some rights — such as to kill whomever they please — in order to have basic needs provided and to avoid a state of chaos or constant violence. English philosopher Thomas Hobbes was one of the first to explain the basic idea of giving up some rights in order to guarantee others. His idea was that the state of nature, that is, life without society or government, was "solitary, poor, nasty, brutish and short."

Hobbes thought that human nature was self-interested and that without law and order people would simply kill each other and brute force would dominate over everything. Life under the rule of government, even if it was authoritarian, was far better than the lawlessness that would surely occur without a social contract. However, Hobbes' view is pretty bleak. It's even been used to justify tyrannical rule with arguments such as the people have no right to change the government under any circumstance and that the sovereign is always the final judge in all cases.

3   Other philosophers such as John Locke and Jean-Jacques Rousseau agree that we give up certain rights in order to assure other rights and to improve our situation in life. However, they disagreed with each other about the basis and reasons for entering a social contract. Locke believed humans have natural rights that come from God and that society and government were created in order to protect these certain rights. Among these natural rights are life, liberty and property. Locke believed we are morally obligated to respect these rights and that government is the best way to protect ourselves from individuals who refused to do so. The United States, with its Constitution and Bill of Rights, was deeply influenced by Locke's idea of basic rights that cannot be taken away and must be protected.

4   Rousseau agreed with Hobbes and Locke that the state of society is better than the state of nature or no organized society. However, Rousseau felt that direct democracy was the best way to guarantee the rights of each individual in society. People would come together as a "general will" to create society and make laws. This society and its laws would be just and no one would be dominated by anyone else because everyone had agreed to these laws as a collective. Rousseau's philosophy is in some ways the most democratic; however, it has also been blamed for encouraging mob rule. Just because a majority of the people agrees on the laws doesn't mean that these laws are the best for everyone. And though Rousseau was already dead, his ideas obviously had a great influence on the French Revolution.

5   Listening to me speak about social contracts, most of you probably

have questions or can even point out flaws in the idea. As I asked in the beginning, have we actually agreed to any kind of contract? I'm sure none of us recall signing a document or agreeing to give up certain rights. The idea that individuals previously existed by themselves in a state of nature seems kind of ridiculous and farfetched. Humans have always lived in groups, even if they were small and tribal. And is it true that humans are naturally inclined to hurt or kill each other? Perhaps we only kill when we have to. Perhaps when given other better options we'll take those instead. Or do the natural rights Locke speaks of only exist if we believe in God? There are many questions and no simple answers.

スクリプトの訳

哲学の授業における講義の一部を聞きなさい。

【1】私たちにはなぜ政府があるのでしょうか。さらに重要なことですが、なぜ私たちは、個人としても社会全体としても、何かしらの利益と引き換えに自分たちの権利の一部を放棄することに同意してしまったのでしょうか。あるいは、私たちが実際に自分たちの権利の一部を放棄することに同意したということ自体、本当なのでしょうか。私たちには実際に選択肢があるのでしょうか。結局のところ、法律や秩序、何らかのサービスと引き換えに権利の一部を放棄すると書かれた契約書に実際に署名をした人など誰もいません。それでも、国家の市民として、私たちには法律に従い税金を支払うことが求められます。幸い、民主主義国家では私たちには言論の自由、財産の所有、選挙などの権利があります。しかし、民主主義国家でも、もし規則に従わないと、罰金、そればかりではなく懲役により、罰が与えられることもあります。問題は、なぜ私たちには社会や政府があるのか、そして、別の権利と引き換えに一部の権利を放棄することで私たちの暮らしはよくなっているのかということです。今日私は、そのような政府と国民との関係、そして、その関係についての似ていながら異なる見解について話していきます。

【2】何世紀にもわたり、哲学者は人と政府との関係について考察してきました。ヨーロッパの哲学者は、その関係を社会契約と呼びました。社会契約というのは国民と政府あるいは君主との間での合意で、その中で、国民は基本的に必要なものを与えられ、無秩序な状況や恒常的な暴力が起こらないようにするために、一部の、例えば殺したい人を誰でも殺してよいというような権利を放棄することに同意します。イングランド人哲学者トマス・ホッブズは、他の権利を保障するために一部の権利を放棄するという基本概念を最初に説明した人の1人でした。彼の考えは自然状態、すなわち社会や政府が存在しない生活は「孤独で、貧しく、卑劣で残酷で短い」というものでした。ホッブズは人間の本質は自己中心的で、法と秩序がなければ、人はただ互いを殺し合い、暴力がすべてを支配するだろうと考えました。政府により統治されている生活は、たとえそれが権威主義であろうとも、社会契約がなければ確実に発生する無法状態よりもずっとよいというものでした。しかし、ホッブズの見解は極めて殺伐たるものです。それは、国民にはどんな状況下であれ政府を変える権利などない、どんな場合でも君主は常に最終決定者であるといった主張により、専制的な統治を正当化するの

に利用されたこともありました。

【3】ジョン・ロックやジャン＝ジャック・ルソーのような他の哲学者は、私たちが他の権利を保障し私たちの生活状況を向上させるために一定の権利を放棄するということには同意しています。しかし、彼らは社会契約を結ぶ根拠や理由の点では互いに意見が異なっていました。ロックは人間には神から授かった自然権があり、社会や政府はこれらの一定の権利を守るために創設されると考えました。これらの自然権には生命、自由、そして財産があります。ロックは、私たちには道徳上これらの権利を尊重する義務があり、政府とはそれを拒む人々から私たち自身を守るための最善策であると考えていました。アメリカ合衆国には憲法と権利章典がありますが、奪うことのできない守られるべき基本的権利というロックの思想に大きな影響を受けました。

【4】ルソーは、社会状態は自然状態あるいは無秩序な社会よりもよい、という点でホッブズやロックと同意見でした。しかし、ルソーは直接民主制が、社会の中で各個人の権利を保障するための最良の方法だと感じていました。人々は社会を創造し法律を作るために「一般意志」としてまとまります。このような社会やその法律は正当なものになり、人々は集合体としてこれらの法律に同意したため、いかなる人も他者からの支配を受けることはありません。ルソーの哲学はいくつかの点で、最も民主的です。しかし、それはまた、衆愚政治を促すものだとして非難されてきました。大多数の人々が法律に同意しているからというだけで、これらの法律が万人にとって最善のものだとは限りません。また、ルソーはすでに亡くなっていましたが、彼の思想は明らかにフランス革命に大きな影響を与えました。

【5】社会契約についての私の話を聞いて、皆さんの多くはおそらく疑問を持ったり、その概念の欠陥を指摘できたりさえするかもしれません。最初に尋ねたように、私たちは実際にどんなものであれ契約に同意したのでしょうか。私たちの誰ひとりとして、書類に署名したりある権利を放棄することに同意したりした覚えのある人はいないはずです。個人が以前は自然状態で単独で存在していたという考えは、少々ばかげており、こじつけのように思えます。人間は、たとえ小さな部族集団であれ、常に集団で暮らしてきました。それに、人間は自然にお互いを傷つけたり殺したりしたいと思うものだというのは事実でしょうか。私たちはそうせざるをえないときにしか殺したりはしないかもしれません。もっとよい別の選択肢を与えられるなら、代わりにそちらを選ぶかもしれません。あるいは、ロックの言う自然権とは、私たちが神の存在を信じる場合にしか存在しないのでしょうか。多くの疑問があり、簡単な答えなどありません。

---

12 正解 **B**

訳 講義の主旨は何か。

A 人はなぜ社会契約を結ぶのか

B 政府と権利についてのさまざまな意見はどのようなものか

C 人はどうすれば持っている権利を守ることができるのか

D 誰の社会契約論が最もよいか

解説 最初の方の発言にヒントがある。第1段落終盤の I'm going to talk about という語句を聞き取ったら，それに続く部分を確実に理解しておきたい。that relationship between government and the people and some similar yet different views of that relationship 「そのような政府と国民との関係，そして，その関係についての似ていながら異なる見解」について述べる，とある。その後で，社会契約についてのさまざまな哲学者の論点を述べている。したがって，⒝ が正解。さまざまな見解を紹介しているが，そのどれが最もよいかという話はしていないので，⒟ は誤り。

13 正解 ⒞

訳 教授によると，社会契約とは何か。

⒜ 社会にいる成人すべてが署名をする書類

⒝ 政府によって私たちに強要される考え

⒞ 何かしらの利益と権利の交換

⒟ 今日ではほとんど重要性がない古い政治哲学

解説 social contract は何度も出てくるキーワード。第2段落序盤に The social contract is ... というくだりがあり，「社会契約というのは国民と政府あるいは君主との間での合意で，その中で，国民は基本的に必要なものを与えられ」，一部の権利を「放棄することに同意する」とある。これは social contract という語句が出る前にも講義の初めで agreed to give up some of our rights in exchange for certain benefits 「何かしらの利益と引き換えに自分たちの権利の一部を放棄することに同意した」と説明されているのと同様。したがって，⒞ が正解。

14 正解 ⒟

訳 ホッブズの世の中に対する見方はどのようなものか。

⒜ 人は生まれながらに自然権を持っている。

⒝ 人は生まれつき道徳的な生きものである。

⒞ 民主主義は最高の政府の形態である。

⒟ 自然状態は暮らしやすいものではない。

解説 第2段落後半によると，ホッブズは自然状態を solitary, poor, nasty, brutish and short 「孤独で，貧しく，卑劣で残酷で短い」と言っている。さらに続けて，

human nature was self-interested and that without law and order people would simply kill each other and brute force would dominate over everything「人間の本質は自己中心的で，法と秩序がなければ，人はただ互いを殺し合い，暴力がすべてを支配する」との考えが紹介されている。つまり，自然状態を否定的に捉えている D が正解になる。A はロックの，C はルソーの考え方である。

15 正解 B

訳 ルソーが直接民主制が正当だと考えたのはなぜか。

A 誰にでも奪うことのできない権利があるから。

B 法律が万人によって決定されるから。

C アメリカ合衆国は彼が正しいことを証明していたから。

D それは個人を自然状態から守るから。

解説 ルソーが直接民主制を主張する理由は第4段落にある。People would come together ... 以下，「人々は社会を創造し法律を作るために『一般意志』としてまとまる。このような社会やその法律は正当なものになり，人々は集合体としてこれらの法律に同意したため，いかなる人も他者からの支配を受けることはない」と説明されている。人々が主体的に社会や法律を作ることで個人の権利が保障されるという考えなので，これに一致するのは B。

16 正解 C

訳 3人の哲学者は何の点で意見が異なっていたか。

A 社会契約が実際に存在するかどうか

B ある権利を放棄する必要性

C 国民が主導権を握るべき程度

D ときに自然状態が社会よりもよい場合があるかどうか

解説 3人の哲学者の論点の違いについては第3段落の初めで，they disagreed with each other about the basis and reasons for entering a social contract「彼らは社会契約を結ぶ根拠や理由の点では互いに意見が異なっていた」と述べられている。ホッブズは人間の性質を信用していなかったことにより専制的な統治のためにその思想を利用され（第2段落），ロックは「人間には神から授かった自然権があり，社会や政府はこれらの一定の権利を守るために創設される」（第3段落），ルソーは「直接民主

制が社会の中で各個人の権利を保障するための最良の方法だ」（第4段落）と考えていたとある。政府との関係で国民がどの程度の主導権を握るべきか，という点での相違なので，それを表しているのは ⓒ となる。

17 正解 Ⓐ

訳 もう一度，講義の一部を聞きなさい。

それから，設問に答えなさい。（スクリプトの下線部分を参照）

教授はこの発言をするとき何を示唆しているか。

Ⓐ 彼は社会契約論のいくつかの点に同意できないことを表明している。

Ⓑ 個人は社会契約よりも重要である。

Ⓒ 社会契約の存在を信じるには神の存在を信じることが必要である。

Ⓓ 社会契約がなければ人間が自然状態に戻ることは明白である。

解説　The idea that individuals previously existed by themselves in a state of nature とは，ホッブズが言った「自然状態」という社会や政府が存在しない状態を指している。教授はそれを seems kind of ridiculous and farfetched「少々ばかげており，こじつけのように思える」と言っている。人間は本質的に自己中心的で，政府がなければ殺し合いが起きるという考え方に対して，人間が「常に集団で暮らしてきた」ことを指摘するなど，教授はホッブズの考えに批判的で同意していないことがわかる。したがって，Ⓐ が正解。

学生はフェスティバルに出す短編映画の編集について教授に相談に来ました。教授はそれを見る約束をしてから，学生に夏の間，友人の映画監督の製作現場で働くことを提案します。リスニングの会話は「問題が生じる→解決へ向かう」が基本パターンですが，そうでないパターンもよく出題されるので，練習しておく必要があります。この問題のように途中から話題が大きく変わることもあります。

スクリプト　　🔊 track 39

Listen to a conversation between a student and a professor.

Student: Professor Monroe, thank you for meeting with me. I know you're busy.

Professor: No problem, Doug. How's your short film for the festival going?

Student: That's why I'm here. I just finished all the essential editing last night.

Professor: Great! How do you feel about it?

Student: Well, there are some things I had difficulty with. I think my footage is good, but I need some help with the final steps of editing.

Professor: Would you like me to take a look at it and give you some comments?

Student: Yes, if you don't mind. I was having trouble with the continuity between shots.

Professor: Continuity between shots is one of the hardest things about editing. I'll focus my comments on your editing. Because you're submitting the film to the festival, I can give you feedback, but just remember that I can't actually do any of the editing for you.

Student: I understand. Any help you could give me would be wonderful.

Professor: Leave a copy with me and I'll take a look at it and get back to you with notes by the end of the week.

Student: That would be great. Thank you very much.

Professor: Doug, before you go I want to ask if you have any plans this summer?

Student: I'm thinking about whether to go home and help my dad out with our family business or to stay on campus and take a course on film production.

Professor: Is that Professor Goodman's course?

Student: Yes, it is. I heard it's really good.

Professor: He's great. That will be an excellent class to learn about what goes on in film production. But you know, actually the best way to learn production and filmmaking would be to work behind the scenes on a film. How would you feel about working on the film crew of a fairly big production?

Student: That would be a dream come true. So there is a chance for being on a film crew this summer?

Professor: Only if you're interested. A good friend of mine is a pretty successful director and he's shooting a film in nearby Rosewood over the summer. I can talk to him about having you on the film crew.

Student: That would be fantastic. Thank you for considering me. I really appreciate it.

Professor: It's not for certain yet, but Mike, that's the director, is very supportive. Every time he makes a movie he tries to hire young people looking to build their experience. I've sent students to him before. I'm pretty sure there's an opening for you. I'll talk to him and let you know along with the feedback on your short film.

Student: Thank you. I hope I'm not overstepping, but do you think I'll get to assist the cameramen or even the director himself?

Professor: I don't know. That'll be up to Mike. First, let me talk to him and if he agrees to take you on we can arrange a meeting to work out the details.

Student: This is really exciting. I have one last question. What kind of film is it going to be?

Professor: It's a historical drama set in the 1930s. There's supposed to be some romance in it, too.

Student: Sounds interesting. I like movies set in historical times.

Professor: OK. Well, I've got a meeting to run to. Come see me on Friday after class and we can talk about your film and working on the film crew.

Student: Yes. Again, thank you so much for the opportunity.

Professor: You're welcome, Doug.

学生と教授の会話を聞きなさい。

学生：モンロー教授，お会いいただきありがとうございます。お忙しいのは存じています。

教授：大丈夫ですよ，ダグ。フェスティバルに向けたあなたの短編映画はどんな具合ですか。

学生：その件で伺いました。ちょうど昨夜，基本的な編集を全部終えたところです。

教授：いいですね！ 手応えはどうですか。

学生：そうですね，いくつか手を焼いたところがあります。映像はいいと思いますが，編集の最終段階に力を貸していただきたいのです。

教授：それを見て少しコメントをしてほしいのですか。

学生：はい，もしよろしければ。場面と場面のつながりに苦労しました。

教授：場面のつながりは編集の中で最も難しいことの1つです。あなたの編集について集中的にコメントしましょう。あなたがその映画をフェスティバルに出すので，感想を言うことはできますが，実際にあなたのために編集することは一切できないということを覚えておいてください。

学生：わかりました。どんな形でもお力をいただければ幸いです。

教授：コピーをもらえれば，それを見てコメントをつけて週末までには返します。

学生：そうしていただけるとうれしいです。ありがとうございます。

教授：ダグ，帰る前に聞きたいのだけれど，あなたは今年の夏，何か予定はありますか。

学生：実家に帰って父の家業を手伝おうか，あるいは大学に残って映画製作の講座を取ろうか考えているところです。

教授：それはグッドマン教授の講座ですか。

学生：はい，そうです。とてもいいと聞きました。

教授：彼はすばらしいです。それは映画製作の場で何が起きているのかを学ぶにはすばらしい授業でしょう。ただ，わかっていると思いますが，実際のところ演出や映画製作を学ぶ最もいい方法は，映画の現場で裏方として働くことです。かなり大きなプロダクションの映画製作班で働くとしたらどう思いますか。

学生：それは夢のような話です。つまり今年の夏，映画製作班で働く機会があるのでしょうか。

教授：もしもあなたに興味があればですが。私の親しい友人の1人が監督としてかなり成功していて，夏の間，近くのローズウッドで映画を撮る予定です。あなたを映画製作班の一員にしてもらうように，彼に話してみることはできますよ。

学生：それはすばらしいです。私のことを考えていただき，ありがとうございます。本当に感謝します。

教授：まだ確実ではありませんが，マイク，というのはその監督のことですが，彼はとても協力的です。彼は映画を作るたびに，経験を積みたいと望んでいる若者を雇おうとするのです。以前にも彼のところに学生を送ったことがあります。きっとあなたの分の空きがあると思います。彼に話をして，短編映画の感想と一緒に知らせましょう。

学生：ありがとうございます。出過ぎたことでないといいのですが，私がカメラマンとか，あるいは監督自身の助手になるということはあるでしょうか。

教授：わかりません。それはマイク次第でしょう。まず，私が彼と話をして，もしも彼があなたを採用することに同意すれば，詳細を検討するために会えるよう調整してみましょう。

学生：本当にわくわくします。最後に1つ質問があります。どんな種類の映画になるのでしょうか。

教授：1930年代の設定の歴史ドラマです。恋愛も多少あるはずです。

学生：面白そうですね。私は過去の時代を舞台にした映画は好きです。

教授：わかりました。では，私は会議に急がなければなりません。金曜日，授業の後で私に会いに来てください。あなたの映画と映画製作班での仕事の件を話しましょう。

学生：はい。改めて，機会をいただきありがとうございました。

教授：どういたしまして，ダグ。

1 正解 Ⓑ

訳 学生が教授を訪れた目的は何か。

Ⓐ 自分が映画製作の夏期講座を取ることを彼女に伝えること

Ⓑ 彼女に自分の作品に目を通してもらってコメントをもらうこと

Ⓒ 彼が映画製作班で働くことが受け入れられたかどうかを確認すること

Ⓓ 大学の映画祭を組織するのを手伝ってもらうこと

解説 学生は短編映画をほぼ完成させてから教授に会いに来て，I need some help with the final steps of editing「編集の最終段階に力を貸してほしい」と言っている。すると教授は Would you like me to take a look at it and give you some comments?「それを見て少しコメントをしてほしいのか」と尋ね，それに対して学生は Yes と答えている。したがって，Ⓑが正解。Ⓒが紛らわしいが，学生が映画製作に参加することは話の途中で出てきたことであり，学生が教授を訪れた目的とは関係がないので誤り。

---

2 正解 Ⓓ

訳 学生は自分の短編映画について何を心配しているか。

Ⓐ カメラの品質に満足できない。

Ⓑ 演技に自信がない。

Ⓒ 十分な映像を撮影しなかった。

Ⓓ 編集が難しかった。

> **解説** 学生は I need some help with the final steps of editing「編集の最終段階に力を貸してほしい」, I was having trouble with the continuity between shots.「場面と場面のつながりに苦労した」と言っている。つまり「編集が難しかった」ということなので，Ⓓ が正解。have difficulty with 〜 も have trouble with 〜 も「〜に苦労する」の意味。

---

3 正解 Ⓐ

> **訳** 教授は映画製作の夏期講座の受講について何を示唆しているか。
> Ⓐ それはよい講座だが，実務経験の方がよりよい。
> Ⓑ それはほとんど学生の時間の無駄だ。
> Ⓒ 学生はまず，実世界での経験をするべきだ。
> Ⓓ 彼女は教師があまりよくないと考えている。

> **解説** 教授は That will be an excellent class to learn about what goes on in film production.「それは映画製作の場で何が起きているのかを学ぶにはすばらしい授業だろう」と講座を評価しているが，その後で actually the best way to learn production and filmmaking would be to work behind the scenes on a film「実際のところ演出や映画製作を学ぶ最もいい方法は，映画の現場で裏方として働くことだ」と言っている。講座のことは評価しつつも，実際に働く方が重要であると考えているので，Ⓐ が正解。「映画の現場で裏方として働くこと」を hands-on experience「実務経験」と言い換えている。現場での経験の方がよいとは言っているが，まずそれを先にすべきだとまでは言っていないので，Ⓒ は不適切。

---

4 正解 Ⓓ

> **訳** 学生の夏の予定の選択肢として述べられていないものは次のどれか。
> Ⓐ 映画製作班で働く
> Ⓑ 映画製作の夏期講座を受講する
> Ⓒ 夏の間，実家に帰る
> Ⓓ 教授のプロジェクトを手伝う

> **解説** 夏の予定を尋ねられると，学生は I'm thinking about whether to go home and help my dad out with our family business or to stay on campus and take a course on film production.「実家に帰って父の家業を手伝おうか，あるいは大学に残って映画製作の講座を取ろうか考えている」と答えている。それから教授は学生に，友人の監督が夏に映画を撮るので手伝ってみないかと提案している。したがって，学生には Ⓐ Ⓑ Ⓒ の選択肢があることになり，Ⓓ は言及がない。

---

5 正解 Ⓒ

訳 もう一度，会話の一部を聞きなさい。

それから，設問に答えなさい。（スクリプトの下線部分を参照）

教授はこの発言で何を示唆しているか。

Ⓐ 学生が映画製作班で働くことは難しい。

Ⓑ 大半の監督は多少経験のある学生を好む。

Ⓒ その監督は映画製作に興味のある人に協力的だ。

Ⓓ その学生は来年の方がよりよいチャンスがあるかもしれない。

> **解説** 教授はこの発言の前に，友人の監督のことを very supportive「とても協力的だ」と評している。またこの発言の後で，実際に以前にも学生を送ったことがあることを述べている。監督は映画製作の経験を積みたいと思っている学生に積極的にチャンスを与えていることがわかるので，Ⓒ が正解。

生物学

目の機能，特に奥行きの認識についての講義です。人はどのようにして物の奥行きを認識しているのか，そして自分たちが目で見て認識していることは常に正しいのかが説明されます。聞き慣れない語句もあるかもしれませんが，具体例をよく聞いて理解に努めましょう。

スクリプト 🔊 **track 45**

Listen to part of a lecture in a biology class.

Professor①: OK, perception: how our minds affect and shape our world, and not the other way around. Today, let's focus on visual perception — how our eyes can determine depth in relation to distance and size. This is something that even babies start to do at one or two months of age.

There are two types of visual cues, monocular and binocular. Monocular cues are what a single eye can see — most of everything you have experienced can be done with one eye, um, such as comparing objects that are known to be similar-sized to gain a sense of the distance between you and the objects. So, let's say you look at two apples on a table. How do you know which one is closer? Well, simply by comparing them, we know that the answer is, just as you'd expect: the larger one. There are other ways to gather more information. If you see something that is being blocked by something else, you interpret it as being farther away, or if the lines of a road are merging, you sense that part of the road as being more distant.

Then, ah, concerning binocular cues — we get twice the amount of information, simply, and that amounts to greater depth perception. For example, your two eyes see two separate images of a certain distant object at slightly different angles, and then your brain analyzes the difference, giving you a sense of depth. And also, when you're looking at something closer to you, your eyes turn inwards toward the center to see it, and that gives you a very accurate sense of depth. Oh, and shadows, too.

Student 1: Shadows?

Professor②: Yes — shadows give us an extra understanding of depth as we compare them with two eyes.

Student 1: Why is that?

Professor③: Shadows are constantly changing in size and shape over time, and we don't have the memory of what each shadow could possibly look like, but once again, we can rely on our brains to analyze the image from each eye. So, the next time you see shadows in a painting or picture, think about how it must be for the artist to replicate.

Now, I'd like you to imagine what it is like to experience depth with one eye — well, to begin with, close one eye and then you'll no longer receive binocular cues. OK, now, there should also be lesser hand-eye coordination and lower accuracy of body positioning. Also, note that the world doesn't suddenly become two-dimensional, like in a photograph or a movie — no, nothing quite like that to worry about. So, back on track, is there another process that can help us see depth, then?

Student 2: Does it have to do with moving objects?

Professor④: I'm glad you mentioned that. It has to do with movement, size and distance. This is known as motion parallax. A single eye is able to catch the speed of the changing size and distance of a moving object. You have a full recipe for seeing depth, say, if a baseball is being thrown at you. And let's not forget that you can run, jump or turn around, too. Moving yourself is another way to generate this effect.

Now, earlier, I mentioned art. Your brain's perception can be susceptible to images or — illusions. For example, the distorted room illusion shows us how we might take our perception for granted. Imagine that there are two twin boys in a rectangular room, and you have to look at them with only one eye, yes, that's one eye again, through a peephole. Now, as you may recall, normally, if one boy looks smaller, we think he is farther away, right?

Student 1: Right.

Professor⑤: But, instead, it looks like a rectangular room, with one boy in each corner, left and right, so you think that distance is not a factor. Yet, what you actually experience is that the boy on the left looks huge while the boy on the right is tiny. What is happening here? Well, the room is actually in the shape of a trapezoid instead of a perfectly shaped rectangle. And the larger boy is indeed much closer to you. However, because of the trapezoid shape, your brain is being tricked into imagining the rectangular shape and that the boys are equally distant from you. So this means that our perception could always be as distorted as this, if we were constantly under these circumstances.

Student 2: I can't imagine seeing the world like that in real life.

Professor⑥: Well, how about this — it was noted in the early 60s in the country of Congo, that there were some natives living in dense forests who had little experience judging size over distance. One native was taken into a field for the first time, and there was a bison far away, but he thought it was a fly. Reportedly, he was shocked and scared as the "fly" grew bigger as he got closer until he realized what it was. So, these sorts of cases do actually happen. Well, OK, class, so, being fooled by illusions challenges our understanding of reality and reminds us that all we have is our perception, and life experiences will continue to play a role in shaping it.

スクリプトの訳

生物学の授業の講義の一部を聞きなさい。

教授①：よろしい，認識：我々の精神がいかに我々の世界に影響を与え，形作り，その逆ではないのか。今日は視覚認識に焦点を当ててみましょう——我々の目が，距離や大きさに応じていかに奥行きを決めることができるのかです。これは赤ん坊でさえ生後1，2カ月でし始めることです。

　視覚の手がかりには2種類あります。単眼性のものと両眼性のものです。単眼性の手がかりとは，1つの目で見ることができるものです——あなたが経験したことがあるほぼすべてのこと，つまりあなたとある物体の間の距離感をつかむために似たサイズであることが知られている物体を比べるといったことは，片方の目で行うことができます。そうですね，テーブルにある2つのリンゴを見るとしましょう。どうすればどちらのリンゴが近いかわかりますか。そう，単に2つを比べるだけで答えはあなたが予想する通り，大きい方だとわかります。もっと多くの情報を集める他の方法もあります。別の何かにさえぎら

れているものを見れば，あなたはそれがもっと遠くにあるのだと解釈します。あるいはある道路の複数の線が1つになりつつある場合，道路のその部分はもっと遠くにあるのだとわかります。

そして，えー，両眼性の手がかりに関してですが——単純に2倍の量の情報を得るわけで，そしてそれが奥行きの認識の向上につながるのです。例えば，あなたの2つの目は，少し異なる角度で，一定の距離がある物体の2つの別々のイメージを見て，それからあなたの脳は違いを分析し，あなたに奥行きの感覚を与えます。そしてさらに，あなたがもっと近いところにある物を見ているときは，あなたの目はそれを見ようとして中心に向かって内側に動き，それによってあなたはとても正確な奥行きの感覚を得るのです。そうだ，影もですね。

学生1：影ですか。

教授②：そうです——影のおかげで我々は奥行きについてさらによく理解することができます。我々が影を2つの目で比べるからです。

学生1：それはなぜですか。

教授③：影は時間とともに大きさと形が常に変化しており，それぞれの影がどのように見えうるのかは覚えていませんが，繰り返しますが，我々はそれぞれの目から入るイメージの分析を自分たちの脳に頼ることができるのです。ですから，今度あなたが絵や写真で影を見たら，芸術家がどのようにしてそれを再現するのか考えてみてください。

では，1つの目で奥行きを体験することがどのようなものなのか想像してみてください——そうですね，まず片方の目を閉じてください。すると両眼性の手がかりがなくなりますね。よろしい，すると，手と目の協調がうまくいかなくなり，身体の位置取りは正確ではなくなります。また，この世界が突然写真や映画のように2次元になることはないということに注意してください。いや，そのような心配はいりませんね。さて，本題に戻ると，では我々が奥行きを知るのに役立ちうる他のプロセスはありますか。

学生2：動いている物体と関係がありますか。

教授④：それを言ってくれてうれしいです。動きと大きさと距離に関係があります。これは運動視差として知られています。片方の目だけで，動いている物体の変化する大きさと距離の速度を把握することができます。例えば，あなたに向かって野球のボールが投げられた場合，あなたには奥行きを知るための十分な手段があるわけです。そして，あなたは走ったり，跳んだり，ぐるりと向きを変えたりできることも忘れないようにしましょう。自分自身を動かすことがこの効果を生むもう1つの方法です。

さて，先に私は芸術に触れました。あなたの脳の認識はイメージ——あるいは錯覚——に影響されやすいのです。例えば，歪んだ部屋の錯覚は，我々が自分たちの認識を当然のものだと考えかねないことを示しています。長方形の部屋に双子の男の子が2人いて，あなたはのぞき穴から片方の目で彼らを見なければならないと想像してください。はい，また片方の目ですね。すると，思い出しているかもしれませんが，普通，一方の男の子の方が小さく見えれば，彼の方が遠くにいると考えますよね。

学生1：その通りです。

教授⑤：ところが，そうではなく，長方形の部屋のように見えて，それぞれの隅，右と左に男の子が1人ずついるとします。するとあなたは距離は関係ないと考えます。それでも，あなたが実際に経験するのは，左側の男の子はとても大きく見えて，右側の男の子はとても小さく見えることです。これは何が起きているのでしょうか。そう，実は部屋は完璧な

長方形ではなく，台形の形なのです。そして，より大きく見える男の子の方が実際にずっとあなたの近くにいます。しかし，台形という形のため，あなたの脳はだまされて長方形を想像し，男の子たちはあなたから等しい距離のところにいると考えてしまったのです。ですから，これはつまり，我々がこうした環境に常にいるのならば，我々の認識はいつでもこれと同じぐらい歪められる可能性があるということです。

学生2：実生活においてそのような世界を見ることが想像できません。

教授⑥：ではこれはどうでしょうか——60年代初期にコンゴという国でわかったことですが，距離で大きさを判断した経験がほとんどない先住民が深い森に住んでいました。先住民の1人が初めて野原に連れて来られ，遠くにはバイソンが1頭いましたが，彼はそれがハエだと思いました。伝えられるところによると，それが何であるかを理解するまで，彼が近づくにつれて「ハエ」が大きくなったので，彼はショックを受けて怖がりました。そう，こうしたケースが実際に起こるのです。さあ，いいですね皆さん，つまり，錯覚にだまされることは自分たちの現実の理解に異を唱え，自分たちにあるのは認識だけだと気づかせてくれ，人生での経験が認識を形作る上で役割を果たし続けるのです。

---

6 正解 Ⓒ

訳 教授は主に何について議論しているか。

Ⓐ 奥行きの認識における1つの目の重要性

Ⓑ 奥行きの認識の発達

Ⓒ 奥行きを知る上でいかに脳が機能するか

Ⓓ 錯覚が現実に対する見解にいかに影響するか

解説 全体の内容を問う問題。講義では最初から最後まで奥行きについて話しており，奥行きを知ることができるのも，奥行きを勘違いするのも脳の働きのせいであることがわかる。これに一致するのはⒸ。奥行きについて，単眼性だけでなく，両眼性の手がかりについても説明しているので，Ⓐは不適切。講義では認識の発達についてではなく，機能そのものについて説明しているので，Ⓑも不適切。Ⓓは後半で述べられていることと関連するが，錯覚は目の機能を知るための一例であり，錯覚自体が講義の主題ではないので，不適切。

---

7 正解 Ⓒ

訳 教授はどのように講義の始まりを組み立てているか。

Ⓐ 用語を定義し，個人的な話をすることで

Ⓑ 視覚の手がかりの種類について話し，自分の意見を言うことで

Ⓒ 重要な用語を列挙し，例を挙げることで

Ⓓ コメントをし，学生に質問をするように促すことで

> 解説　講義は「視覚認識」について，その手がかりとして「単眼性（monocular）の手がかり」と「両眼性（binocular）の手がかり」があることを述べ，続けて具体的な説明をしているので，Ⓒ が正解。Ⓐ は個人的な話はしていないので，Ⓑ は自分の意見ではなく一般的な事実を述べているだけなので，Ⓓ は特に学生に質問するように促してはいないので，それぞれ不適切。

8 正解 Ⓐ Ⓓ

> 訳　両眼性の手がかりにしかない面は何か。
> 答えを2つクリックしなさい。
>
> Ⓐ 物体を違う角度で見ることで，奥行きを決めること
> Ⓑ 距離，大きさ，動きから，奥行きを分析すること
> Ⓒ 遠くを見ているときに平行している線が1つになるのを見ること
> Ⓓ 影から奥行きの手がかりを得ること

> 解説　Ⓐ は，教授の1回目の発言後半の両眼性の手がかりに関する説明の中で，your two eyes see two separate images of a certain distant object at slightly different angles「2つの目は少し異なる角度で一定の距離がある物体の2つの別々のイメージを見る」とあり，それを脳が分析して奥行きを感じることができるので，適切。また Ⓓ の影についても，1回目の発言の最後と2，3回目の発言から，2つの目で見て分析することで奥行きを感じることができるとわかるので，適切。Ⓑ は教授の1回目の発言と4回目の発言から，Ⓒ は1回目の発言から，単眼でもできるとわかるので，不適切。

9 正解 Ⓐ

> 訳　教授は1つの目で見ることについて話すとき，奥行きについて何を示唆しているか。
>
> Ⓐ 脳は決して奥行きの計算を止めない。
> Ⓑ 世界は時間の経過とともに徐々により2次元に見えてくる。
> Ⓒ 目は奥行きを知るために常に内側に向く。
> Ⓓ 奥行きを理解するために人は絶えず動いているべきである。

教授は1回目の発言で1つの目であってもサイズなどを比べて奥行きを判断すること, また4回目の発言でも片方の目だけで動いている物体を把握することができると述べている。したがって正解は Ⓐ。2次元については教授の3回目の発言で言及があるが, 世界が時間の経過とともに2次元に見えるわけではないので, Ⓑ は不適切。Ⓒ は内側を見ることについて教授の1回目の発言の終わりで触れているが, 2つの目で見るときの話なので不適切。Ⓓ は, 動きについて教授の4回目の発言に言及があるが, 絶えず動いているべきとは述べていないので不適切。

10 正解 Ⓑ

訳 なぜ教授はコンゴに言及しているのか。

Ⓐ 授業で紹介された概念について見直すため

Ⓑ 歴史的な説明を述べることで主張を強固なものにするため

Ⓒ 似た条件で実地調査をするよう学生に促すため

Ⓓ 話を, 歪んだ部屋の錯覚の例と対比するため

解説 教授が5回目の発言で歪んだ部屋の錯覚についての話を続けると, 学生が「実生活においてそのような世界を見ることが想像できない」と述べている。コンゴについて述べているのはその後で, 実際に起きた例として紹介し, それによって歪んだ部屋の錯覚を経験しうるという自らの主張を強固なものにしているので, 正解は Ⓑ。Ⓐ と Ⓒ については講義で言及がないので, Ⓓ は歪んだ部屋の錯覚との対比ではなく具体例を挙げているので, 不適切。

11 正解 Ⓒ

訳 もう一度, 講義の一部を聞きなさい。
それから設問に答えなさい。(スクリプトの下線部分を参照)

教授はこの発言をするとき何を意図しているか。

すると, 思い出しているかもしれませんが, 普通, 一方の男の子の方が小さく見えれば, 彼の方が遠くにいると考えますよね。

Ⓐ 彼は学生に覚えておいてほしいことを伝えている。

Ⓑ 彼は学生に自分の論点に反応するように訴えている。

Ⓒ 彼は先に触れた考えに言及している。

Ⓓ 彼はとある逸話の冒頭部分を話している。

解説 as you may recall は「思い出しているかもしれませんが」という意味。つまり同様の話をすでにしていることを示唆している。実際，教授は 1 回目の発言で，リンゴを例に挙げ，近くにあるのは大きく見えるリンゴだと述べている。ここでも距離と大きさの話をしているので，Ⓒ が正解。Ⓐ は，覚えておいてほしい内容であると言えるが，教授はこの発言で特に覚えておくようにと伝えているわけではないので，不適切。Ⓑ は，続く内容からも，自分が述べた論点に対して学生の反応を求めていないことがわかるので，不適切。またこれは学生に想像してもらいたい状況の例であり，逸話を語り始めようとしているわけではないので，Ⓓ も不適切。

Speaking Section 解答解説

▶問題編　p. 44 ～ 47

No. 1

No. 1 は，何かのテーマに対して賛成か反対か，あるいは 2 つのうちどちらがよいかを答える問題です。ここでは大学で 1 年生を強制的にキャンパス内に住まわせることに賛成か反対かを答えます。自分の経験などを踏まえると話しやすくなりますが，自分の考えや経験と異なる意見を述べることもできるので，あくまで話しやすい方を選びましょう。

スクリプト　🔊 track 52

Now, you need to state your opinion about a general topic. There will be 15 seconds of preparation time and 45 seconds for speaking.

スクリプトの訳

それでは，一般的なトピックについて意見を述べなさい。準備時間は 15 秒，話す時間は 45 秒である。

設問訳　多くの大学では，大学生活に適応し勉強に集中するように，1 年生にキャンパス内に住むよう義務づけている。1 年生がキャンパス内に住むことを義務づけることに賛成か反対か。

解答例　🔊 track 57

I disagree with the requirement that first year students live on campus. Universities should give students freedom, because it helps them become adults. When I first came to college, I lived off-campus, and it was good for me, because I learned to be responsible for things such as paying the electricity bill on time and getting along with my housemate.

People may worry about adjusting to college life, but if a student needs help adjusting, he or she can just join a club or activity. I joined a jazz music club and made many good friends there. By the end of my first year, I had perfectly made the adjustment to college life.

訳　1 年生がキャンパス内に住むことを義務づけることには反対です。
大学は学生に自由を与えるべきです。なぜなら，それは彼らが大人になるのに役立つからです。私は大学に入った当初，キャンパスの外に住みましたが，それは私にとってよいことでした。というのは，電気代を期日に支払う，同居者とうまくやっていくといったことに対して責

任を持つことを学んだからです。

大学生活に適応できるかと心配になる人もいるかもしれませんが，もし学生が適応できるよう助けが必要なら，クラブやアクティビティに参加すればよいのです。私はジャズ音楽のクラブに入り，そこで多くのよい友だちを作りました。1年生の終わりまでには，完全に大学生活に適応していました。

解説　賛成か反対かを答える課題なので，まず I agree または I disagree のどちらかを答え，次にその理由を述べ，自分の体験談などで内容を広げるとよい。ここでは「反対」の立場から意見を述べている。理由としては，学生に与えられる自由が「大人になるのに役立つ」からだとしている。そして，自分の体験から「責任を持つ」ことにつながると述べ，その主張を裏づけている。

さらにこの解答例では，想定される反論に答えて意見を述べている。このようなパターンは説得力を増すのに効果的である。問題文にある「大学生活への適応」に触れた上で，それは他の方法で解決できることを説明し，キャンパス内に住むことを強制する根拠にはならないことを示唆している。ここでも実体験から得た意見を追加することで，さらに主張に説得力を持たせている。

「賛成」の立場から意見を述べるなら，大学側の目的に沿って「大学生活への適応や勉強への集中に効果的だ」としたり，あるいは「キャンパス内の方が学生同士の交流がスムーズにでき，1年生の間に友人関係を築くことができる」などとしたりできる。

No. 2 では，まずパッセージを読み，それについての学生の意見を聞き，その内容をまとめます。ここでは，大学がファストフード店を構内に招致予定だという内容の大学新聞があり，それに関する2人の学生の会話を聞きます。パッセージの内容をできるだけ正確に理解しておくと，会話における学生の主張が把握しやすくなります。

大学がファストフードチェーンをキャンパスに招致予定

大学のフードサービスの質や種類の少なさに対する不満に対処するため，大学本部は有名なファストフードチェーン数社を招致し，キャンパス内に店舗を開き，キャンパスのカフェテリアにメニューを提供してもらうことを決定した。健康に対する不安を減らすため，大学はサラダなど，より健康的な料理をメニューに必ず取り入れるよう希望している。大学は，ファストフード店が通常のカフェテリアに取って代わることは意図していないとも述べている。むしろ，両者の料理の質が改善されることを願い，選択肢と競争を増やすことが狙いだ。

スクリプト 🔊 **track** 53

Now, you need to read a short passage and listen to a conversation related to that topic. Then, you will need to answer a question concerning these items. There will be 30 seconds of preparation time and 60 seconds for speaking.

The university administration has announced that it is inviting fast food restaurants to campus. Read the article from the university newspaper about the plan. You will have 45 seconds to read the article. Begin reading now.

Now listen to two students discussing the article.

W: Did you read the article? Inviting large corporate food chains to provide food for students is a terrible idea.

M: Why is that? We all know fast food is unhealthy, but the article says the restaurants will also be offering healthy items like salad.

W: I don't think the fast food restaurants are going to make a real effort to offer healthy items. Well, if the university were really serious about it, it should invite chefs famous for healthy food, or use locally grown fruits and vegetables in the dishes, but why did they choose fast food? The healthy items these fast food restaurants offer aren't anything to get excited about.

M: I know what you mean, but at least it's nice to have more options. They say the purpose is to increase competition, which will improve the cafeteria menu.

W: I can appreciate freedom of choice, but I doubt they mean it. My guess is that most students would go to fast food because it's cheaper, and very few would choose the old cafeterias. Would they keep the cafeterias even if no one goes there? Instead of encouraging cafeteria services to improve, I think fast food is eventually going to replace them completely.

スクリプトの訳

それでは，短いパッセージを読み，そのトピックに関連した会話を聞きなさい。その後で，これらに関する質問に答えなさい。準備時間は 30 秒，話す時間は 60 秒である。
キャンパスにファストフード店を誘致すると大学本部が発表した。その計画に関する大学新聞の記事を読みなさい。記事を読む時間は 45 秒である。それでは読み始めなさい。

では，2 人の学生が記事について話すのを聞きなさい。
女性：記事を読んだ？　大手フードチェーンを誘致して，学生に食事を提供してもらうなんて，ひどい考えだわ。
男性：どうして？　ファストフードが健康的でないことはみんな知っているけれど，そのお店ではサラダなんかの健康的なメニューも出すと記事には書いてあるよ。
女性：ファストフード店が本気で健康的なメニューを出そうと努力するとは思えないわ。そうねえ，もし大学が本気なら，大学は健康的な料理で有名なシェフを呼ぶとか，地元産の果物や野菜を料理に使うとかすべきなのに，なぜファストフードを選んだのかしら。こういうファストフード店が出す健康的なメニューなんて，まったくわくわくするようなものじゃないわ。
男性：言いたいことはわかるけど，少なくとも選択肢が増えるのはいいことだよ。目的は競争を増やすことだと言っているし，それはカフェテリアのメニューを改善することになるんだから。
女性：選択の自由はありがたいけれど，それは本気なのか疑わしいわ。私が思うに，ほとんどの学生は安いからファストフード店に行って，今までのカフェテリアを選ぶ人はほんのわずかになるわ。誰も行かなくてもカフェテリアを置いておくつもりかしら。カフェテリアのサービスがよくなるように働きかけるどころか，ファストフードは結局，カフェテリアに完全に取って代わると思うわ。

解答例 🔊 track 58

The woman's opinion is that the university should not invite fast food chains onto campus.

First, though the university says healthy items will be offered, she doesn't think the fast food restaurants will do a very good job. The university could do something better, such as inviting chefs famous for healthy food, but that option wasn't chosen. She doesn't expect healthy dishes of fast food restaurants to be good enough.

Second, she doesn't believe the university's intention to encourage a wider range of choice and competition. She is certain that many students would choose fast food because the price would be cheaper, and she wonders if the university will keep the regular cafeteria service when it has become unpopular. She's afraid that fast food will replace it completely.

For these two reasons, the female student is against the university's plan.

訳 女性の意見は，大学はファストフードチェーンをキャンパス内に招致するべきではないというものです。

第1に，健康的なメニューが出されると大学は言っていますが，ファストフード店はたいしたことをしないだろうと彼女は考えています。大学は健康的な料理で有名なシェフを招くなどもっと適切なことができるのに，そのような選択はされませんでした。彼女は，ファストフード店の健康的な料理がそれほどよいとは期待していません。

第2に，より幅広い選択肢と競争を促進しようという大学の意図を，彼女は信じていません。彼女は多くの学生が値段が安くなるためにファストフードを選ぶだろうと確信しており，従来のカフェテリアの人気がなくなったら，大学はそれをそのまま置いておくつもりがあるか疑問に思っています。彼女はファストフード店がすっかり取って代わってしまうのではないかと心配しています。

以上2つの理由から，女子学生は大学の計画に反対しています。

解説 No. 2 では，まずは記事の概要をつかむ。できるだけ正確に理解しておく方が会話の聞き取りが楽になるが，短い時間ですべて正確に読むのは容易ではないので，見出しの内容と，その大まかなポイントだけでもつかんでおきたい。次いで会話では，2人の学生のうち1人が積極的に意見を述べ，もう1人は聞き役になるので，意見を述べる方の学生の発言をできるだけ正確に理解したい。

この問題では，大学がキャンパスにファストフードチェーンを招致することがテーマで，記事にはファストフードではあるが健康的なメニューを用意すること，あくまで質の向上が狙いであり，従来のカフェテリアを廃止するつもりはないことが説明されている。これに対して，女子学生は反対の意見を述べており，ファストフード店が提供する健康的なメニューには期待できないこと，大学の意図は信用できず，結局は従来のカフェテリアがなくなってしまうのではないかと思えること，の2点を反対理由として挙げている。

解答では，記事について詳しく説明する必要はないので，女子学生の意見をできるだけ詳しく述べる。解答例は2つの理由を First, … Second, … という表現で挙げ，それぞれ詳細を加えて説明している。最後にまとめの一言を入れることは必須ではないが，余裕があれば入れておくとよりわかりやすい解答になる。

No. 3 では，まずパッセージを読み，それについての詳しい講義を聞き，その内容をまとめます。ここでは抽象芸術がテーマで，パッセージにはそれが何か，どのように誕生したかが簡潔に書かれています。講義では誕生の背景にある 2 つの要因について，具体的な作品を挙げながら詳しく述べられています。

パッセージの訳

抽象芸術

抽象芸術は，色，形，線を用いて，現実の世界のものの見え方とときに大きくかけ離れたイメージを創り出す。抽象芸術は，視覚的な正確さと写実性を重視したそれ以前の芸術様式に対する返答として，19 世紀に始まった。抽象芸術の多くは，産業化の結果として 20 世紀に現れた。産業化によって，芸術家が以前ならなかなか入手できず試すことができなかった新しい素材がもたらされた。さらに，それにより技術も発展し，ゆえに芸術家は独特で難解な画風を発展させることになった。

スクリプト　🔊 track 54

Now, you need to read a short passage and listen to a talk related to that educational topic. Then, you will need to answer a question concerning these items. There will be 30 seconds of preparation time and 60 seconds for speaking.
Now read the passage about abstract art. You will have 45 seconds to read the passage. Begin reading now.

Now listen to part of a lecture about this topic in an art class.

Sometimes abstract art gets dismissed as paint splattered on a canvas or something that any three-year old could do. However, abstract art emerged as a result of two factors brought about by industrialization.

The first factor was new materials. Industrialization in the 19th century exposed us to new materials and shapes. Artists started using materials such as plastic and scrap metals in their works. For example, the French abstract artist, Marcel Duchamp, was well known for his experimenting with unorthodox materials at the time. He went as far as using an actual porcelain toilet in his artwork. The piece, called *Fountain*, was an actual urinal — he didn't change anything except signed his false name on it. The idea of considering a toilet as art was what was new rather than the use of porcelain.

The second factor was technique. Particularly, the invention of photography meant that paintings were no longer just a means to record reality exactly as it appeared. Artists tried to represent everything in nature with just squares, circles, and triangles. This technique is evident in several of Cézanne's works depicting fruit and in Picasso's *Three Musicians* in which the three musicians are actually composed mostly of simple shapes such as squares and triangles.

スクリプトの訳

それでは，短いパッセージを読み，その教育的トピックに関連した講義を聞きなさい。その後で，これらに関する質問に答えなさい。準備時間は 30 秒，話す時間は 60 秒である。では，抽象芸術についてのパッセージを読みなさい。読む時間は 45 秒である。それでは読み始めなさい。

では，美術の授業におけるこのトピックに関する講義の一部を聞きなさい。

抽象芸術はときとして，キャンバスに絵の具をまき散らしたものだとか，どんな 3 歳の子どもでも描けるものだとして片づけられてしまうことがあります。しかし，抽象芸術は産業化によってもたらされた 2 つの要因の結果として出現したのです。

1 つ目の要因は新しい素材でした。19 世紀の産業化により，私たちは新しい素材や形状を目にすることになりました。芸術家はプラスチックや金属スクラップのような素材を作品に用い始めたのです。例えば，フランス人の抽象芸術家，マルセル・デュシャンは当時としては型破りな素材を実験的に使ったことでよく知られていました。彼は自分の作品に実際の磁器製便器を使うことまでしました。『泉』というタイトルのその作品は，実物の男性用小便器で，彼はそこに偽名をサインした以外には，何も手を加えなかったのです。斬新だったのは磁器を使ったことよりもむしろ，便器を芸術としてみなすという発想でした。

2 つ目の要因は技術でした。特に，写真の発明は，絵画がもはや現実を見えたまま正確に記録する単なる手段ではないことを意味しました。芸術家は自然界のあらゆるものを四角形，円，三角形だけを用いて表現しようと試みました。この技法はセザンヌが果物を描いた作品のいくつかや，3 人の音楽家が実際に四角形や三角形などの単純な形でほぼ構成されているピカソの『三人の音楽家』において顕著です。

設問訳 20 世紀の抽象芸術の出現をもたらした 2 つの要因について説明しなさい。

According to the lecture, the two factors that led to abstract art were the new materials and techniques brought about by industrialization.

First, the professor says that new materials like plastic encouraged artists to try new things. One French artist even used a real life toilet, made of porcelain, in his art. He just signed the toilet and showed it as an artwork.

Another important change was the advent of new techniques. Because photography developed, artists started expressing images that were not necessarily realistic or accurate. They believed that things could be described with shapes such as squares, circles and triangles. Cézanne showed this with his paintings of things like fruit, while the people in Picasso's paintings were often made up of simple shapes.

> 訳 講義によると，抽象芸術につながった２つの要因とは，産業化によってもたらされた新素材と技術でした。
>
> まず，プラスチックのような新しい素材により，芸術家は新しいことを試みようと考えたと教授は述べています。１人のフランス人芸術家は磁器製の実物の便器を自分の作品に用いるということまでしました。彼はただその便器にサインしただけで，それを芸術作品として披露したのです。
>
> もう１つの重要な変化は新技術の出現でした。写真が発展したため，芸術家は必ずしも写実的あるいは正確ではないイメージを表現し始めたのです。彼らは，四角形，円，三角形といった形でものを描写できると考えました。セザンヌは果物などのものを描いた絵でそれを表したのに対し，ピカソの絵の中の人物はしばしば単純な形で構成されていました。

解説 抽象芸術が誕生した背景にある２つの要因がテーマ。パッセージでごく簡単に言及された後，講義において具体的な作品名とともに詳しく説明されている。短時間でパッセージの内容を正確につかむのは難しいが，重要なのは講義なので，講義の内容を予測するために，パッセージの概要だけでも理解しておきたい。

講義では，新しい素材と技術という２つの要因について説明しており，前者ではデュシャン，後者ではセザンヌとピカソの作品が例として挙げられている。いずれも著名な芸術家ではあるが，英語では聞き取りづらかったり，うまく発音できなかったりするかもしれないので，難しければ無理に解答例に含める必要はない。芸術家の名前よりも，どのような作品だったかということの方が解答にあたって必要な情報である。

解答例は講義の流れに沿って重要な情報を正確に表現している。According to the lecture で始めて，First ...，Another important change was ... という言い方で２つの要因をわかりやすく説明している。１つ目の要因である新素材の説明では，講義での

Artists started using materials such as plastic and scrap metals in their works. を
new materials like plastic encouraged artists to try new things と巧みに言い換えてい
る。2つ目の要因である技術の説明では，写真が出現した後で芸術に起きた変化につ
いて，Because photography developed と簡潔に話し始め，講義で述べられた例につ
いて細かく説明し直している。

No. 4 では講義を聞き，その内容をまとめます。ここでは無人自動車，いわゆる自動運転車が経済に及ぼす影響について講義を聞きます。講義で述べられる2つの影響を理解しましょう。

スクリプト　🔊 track 55

Now, you need to listen to a segment of a lecture. Then, you will need to answer a question concerning it. There will be 20 seconds of preparation time and 60 seconds for speaking.

Now listen to part of a lecture in an economics class.

Driverless cars are expected to be a significant part of traffic within the next decade or so. Some analysts believe that they could completely replace conventional cars eventually. Let's think for a moment about how they could have an impact on two specific economic areas, productivity and consumer spending.

First, in terms of productivity, think about how cars are used today. During commutes, drivers are unable to do any kind of meaningful work. The driver has to keep his or her eyes on the road and hands on the wheel at all times. And if you've ever been in a traffic jam, that could be hours of your precious time lost.

In driverless cars, however, drivers, or should I say, "car operators," can work from their laptops or tablets or make business calls. If one is tired, the car seat can be pushed back for napping — with the person later waking up reenergized. In this way, driverless vehicles can act as mobile offices or break rooms. By the time people arrive at their offices, a good deal of their work may have been already completed. With less time wasted in commutes, we can expect worker productivity to rise.

Another way that driverless cars could affect the economy is through less consumer spending. At present, cars are some of the most expensive yet underutilized consumer goods around. When not on the road, they simply sit in parking lots or driveways. And on top of the purchase price, they have to be fueled, insured and maintained. Driverless cars could change all that. Companies are already working on how their businesses could provide transportation services using fleets of these cars anytime and anywhere. People would be able to use an app on their smartphones to arrange for a ride at a relatively low price. Moreover, two or more people — those with complementary work schedules, a day-shift worker and a night-shift worker, for example — might share one of these driverless cars without buying their own. Either way, with people needing to purchase vehicles at a lesser rate, they would have more money left over in their budgets to spend on other goods and services.

スクリプトの訳

それでは，講義の一部を聞きなさい。その後で，それに関する質問に答えなさい。準備時間は 20 秒，話す時間は 60 秒である。

では，経済の授業における講義の一部を聞きなさい。

今後 10 年以内くらいの間に無人自動車は交通の重要な部分を成すようになると期待されています。アナリストの中には，無人自動車はいずれ従来の自動車に完全に取って代わるかもしれないと考えている人もいます。無人自動車が 2 つの具体的な経済分野，つまり生産性と消費者支出にどのような影響を及ぼしうるのか少し考えてみましょう。

まずは生産性の観点から，今日の自動車の使われ方を考えてみてください。通勤中に，運転手は意味のある作業は何もできません。運転手は常に道路を見据え，手はハンドルに置いておかなければなりません。そしてもしあなたが交通渋滞を経験したことがあるのなら，それは何時間もの貴重な時間の損失だったかもしれませんね。

しかし無人自動車でなら，運転手は，あるいは「自動車操縦者」と言うべきでしょうか，ノートパソコンやタブレットを使って仕事をしたり，仕事の電話をかけたりすることができます。疲れていれば，仮眠するためにシートを倒すことができ，起きたときには活力を取り戻していることでしょう。このようにして，無人自動車は移動オフィス，あるいは休憩室としての役割を果たせるのです。職場に着いたときには，かなりの量の仕事がすでに終わっているかもしれません。通勤で無駄になる時間が減るので，労働者の生産性が上がることが期待できます。

無人自動車が経済に影響を与えうる別の方法は，消費者支出を抑えることによってです。現在，自動車は出回っている消費財としては最も高価なのに十分活用されていないものの 1 つです。道路にないときは，単に駐車場か私道に置かれているだけです。それに購入価格に加えて，燃料を入れ，保険をかけ，メンテナンスしなければなりません。無人自動車はそうしたことをすべて変える可能性があります。企業はすでに，時や場所を選ばずにこうした自動車を全車両活用した輸送サービスをいかに提供できるか，その事業化に取り組んでいます。人々はスマートフォンのアプリを使って比較的低価格で乗車の手配ができるようになるでしょう。さらに，2 人以上なら——例えば昼間勤務の人と夜間勤務の人など補完的な作業

設問訳 講義の要点と例を用いて，無人自動車が経済に影響を与える2つの方法について説明しなさい。

解答例 🔊 track 60

The professor states that driverless cars could boost worker productivity and change consumer spending habits.

Worker productivity would increase because car operators could use long commute times to do office work including working with their laptops or tablets or making business calls. Alternatively, drivers could simply reenergize by napping.

In addition, businesses might offer the use of driverless cars to customers. People could simply get cheap rides by arranging for these cars through a smartphone app. Another possibility is multiple people sharing ownership of one driverless car. Either way, consumer spending on cars could decrease. This would free up consumers' budgets to be spent on other types of goods and services.

訳 教授は，無人自動車は労働者の生産性を高め，消費者支出の動向を変化させうると述べています。

自動車の操縦者がノートパソコンやタブレットを使って仕事をする，または仕事の電話をかけるといったオフィスでの仕事に長い通勤時間を活用できるので，労働者の生産性は高まるでしょう。あるいは，運転手は単に仮眠をして活力を取り戻すこともできるでしょう。

さらに，企業が顧客に無人自動車の利用を提供するかもしれません。人々は単に，スマートフォンアプリでこうした車を手配し，安く乗ることができるかもしれません。もう1つの可能性は，1台の無人自動車の所有を複数の人たちで共有することです。いずれにしろ，自動車への消費者支出は減少するかもしれません。これにより消費者の予算が他の種類の商品やサービスに使えるようになるでしょう。

解説 無人自動車が経済に及ぼす影響がテーマ。「生産性」と「消費者支出」に与える影響について述べているので，それぞれの要点をまとめる。「生産性」については，講義では特に「労働者の生産性」に注目して解説しており，まず運転手が運転から解放されることで，通勤時間を利用してパソコンやタブレットを使った仕事や電話などが

可能になると述べている。続けて，移動している車内で仮眠をとることができることについて触れ，活力を取り戻すことで生産性の向上につながるとしている。「消費者支出」については，車を購入せず利用できるサービスに触れており，他者との自動車の共有が進む可能性を説明している。それにより自動車への支出が減り，その分のお金が他の商品やサービスに回ると述べている。

解答例では講義で解説されている順番に従って，まず「生産性」について，次に「消費者支出」について述べている。講義の重要な点と補足情報の取捨選択を上手に行って解答をまとめており，要点を明確に伝えることができている。

Writing Section 解答解説

▶問題編　p. 48 ～ 51

Integrated task

まずパッセージを読んでから講義を聞く課題で，通常，それぞれ３つのポイントが挙げられ，講義はパッセージに反論します。読むのはナスカの地上絵の目的についてのパッセージで，パッセージで述べられた３つの説に対し，講義ではこれに反論する立場から，それぞれの説の問題点が述べられています。

パッセージの訳

　　ナスカの地上絵は，２千年ほど前にナスカ文化によって作られた，ペルー南部にある一連の巨大な形をしたものである。この地上絵は，その地域の土地の大部分を覆う赤みがかった岩の層を掘り起こし，その下にある黄色い土壌をむき出しにすることによって作られた。その多くは単純な直線だが，幾何学模様やその他の模様の絵もある。最も印象的なのは，動物や植物，人間を描写した巨大な地上絵で，中には全長 300 メートルを超すものもある。こうした地上絵が何百点も見つかっている一方，その目的は謎のままだ。

　　１つの可能性として提示されていることは，地球に来た異星人が彼らの乗り物の滑走路のようなものとして使うために地上絵を作ったというものだ。空から見ると，地上絵は確かに飛行機を誘導して着陸させるために滑走路上に描かれた線のように見えることが多い。この説は，こうした地上絵の大きさと複雑さに基づくものであり，一部の人々は，地上絵はこの古代文明の能力を超えていると考えていた。

　　ポール・コソックやマリア・ライへのような考古学者が提唱した説によると，地上絵は暦を追うために天体の動きを記録する目的で作られたという。地上絵は，特定の祭日が来ると，ある星や惑星が地平線上のどこから現れるのかを示していた。これにより，ナスカの人々は宗教的儀式を正確に続けることができたのだという。

　　ナスカ文明が存在していたのは乾燥した気候だったので，スティーブン・B. マビーやドナルド・プルーといった研究者は，地上絵は水源を追跡するというもっと実用的な目的のためのものだったという理論を立てた。地上絵は，水が集まる地面の断層を指し示したり，断層に沿って描かれたりしたのだという。さらにこの説は，ナスカの神話で降雨や肥沃さと結び付けて考えられていた動植物の巨大な図形の説明にもなる。

スクリプト ◀ track 56

Now, you need to read a short passage and listen to a talk related to that educational topic. Then, you will need to reply to a question concerning these items.

Now listen to part of a lecture about the topic you just read about.

The Nazca Lines are a relatively new topic within archeology, amounting to less than 100 years of concentrated study. There's been a bit of a rush to be the first to prove the true purpose of the lines, which has created a plethora of proposals, some of them much more fanciful than others.

First, we're obligated to address the claim that aliens built the lines to use as navigation aids for their spaceships. Without any evidence of materials left by these aliens, there's no reason to attribute the construction of the lines to anyone but the people who lived there. The technologies needed to create the lines existed within those cultures at the time and wouldn't need to be taught by aliens. Crediting visitors from other planets is yet another example of the patronizing attitude some modern people take toward the accomplishments of ancient civilizations.

Another theory suggests that the lines served some sort of astronomical purpose. It sounds much more plausible and is consistent with other large-scale ancient monoliths. Calendar-keeping was a huge concern with many ancient cultures, particularly when it came to tracking religious observances. However, many of the lines do not line up with significant celestial bodies. With so many lines, it's likely that some of them line up with certain planets or stars, but that's not true for all of them. Pointing out lines that align with a specific constellation but ignoring ones that don't point at anything in particular is incomplete archeology.

One of the more promising hypotheses is the idea that the lines were used to mark water sources, either manmade or naturally occurring. It would make a lot of sense for people living in such an arid climate to be preoccupied with tracking water, but some of the methodology used by these researchers is dubious. One of the researchers mentioned in your textbook that advocates for the theory used dowsing to locate water sources. Dowsing is an old folk practice of using a forked stick to find water underground, and is a totally unscientific practice. It almost makes the basis for the theory as baseless as the alien theory.

スクリプトの訳

では，短いパッセージを読み，その教育的トピックに関連した講義を聞きなさい。その後で，これらに関する質問に答えなさい。

では，今読んだトピックに関する講義の一部を聞きなさい。
　ナスカの地上絵は，考古学では比較的新しいトピックで，集中的に研究されるようになってまだ100年もたちません。地上絵の真の目的を証明する最初の人物になろうとして少し慌ただしく進んだため，多くの提案がなされてきたのですが，中には他のものとくらべてかなり奇抜なものもあります。
　まず，異星人が宇宙船の航行援助として使うために作った，という主張に対処する必要がありますね。このような異星人が残していったものを示す証拠が一切なければ，そこに住んでいた人々以外の誰かが地上絵を作ったのだとする理由はまったくありません。当時の文化には，地上絵を作るのに必要とされる技術がありましたし，異星人に教えてもらう必要はなかったでしょう。他の惑星からの来訪者を信じるというのは，現代人の一部が古代文明の偉業に対して取る横柄な態度の一例でもあります。
　別の説は，地上絵はある種の天文学的な目的にかなうものだったと示唆しています。そちらのほうがずっと説得力がありますし，他の巨大な古代モノリスとも一致しています。暦の管理は，特に宗教的儀式をたどっていくという点では，多くの古代文明にとってとても大きな関心事でした。しかしながら，地上絵の多くは重要な天体と一致しません。とても多くの線がありますので，「一部」の地上絵はある惑星や恒星と一致しているように見えますが，それがすべてに該当するわけではないのです。特定の星座と一致している線を挙げながら，特にどの星も示していない線を無視することは，考古学として不完全です。
　もっと有望な仮説の1つは，人工の，または自然発生した水源の位置を示すのに地上絵が使われていたという考えです。そのような乾燥した気候で暮らしていた人々が水の追跡に夢中になるというのは，とても理にかなっているのですが，その研究者たちが用いた方法には疑わしいところがあります。皆さんのテキストに名前がある，この説を提唱した研究者の1人は，水源の場所を突き止めるためにダウジングを使用しました。ダウジングは地下水を見つけるのに分岐した棒を使うという昔ながらのやり方で，完全に非科学的な行為です。そのせいでこの説は，異星人説とほぼ変わらないくらい根拠のないものになっています。

解答を準備して書く時間は20分ある。解答はライティングの質と，講義の論点およびその短いパッセージとの関連を扱う能力に基づいて採点される。推奨される長さは約150〜225語である。

　　質問：講義で述べられた論点を要約しなさい。その際，それらの論点が，パッセージで述べられた具体的な論点に対して，どのように疑問を投げかけているか説明するようにしなさい。

解答例

　　The passage and lecture both discuss the Nazca Lines and their purpose. While the passage proposes several possible explanations for why these monuments were built, the professor disputes these claims, implying that the true purpose of the lines is still unknown.

　　First, the passage mentions that visiting aliens could have created the lines to help pilot their ships. The professor says that this theory is totally unfounded and unless there is evidence beyond the complexity of the lines, there is no reason to introduce a totally different group of beings to explain the lines. He also suggests it is insulting to the capabilities of the Nazca people to suggest they couldn't construct the lines.

　　Next, the idea that the lines were used to keep track of stars is proposed by the passage. The professor disagrees with this theory, based on the fact that only some of the lines point to important stars. With so many lines, it's most likely a coincidence that some are aligned with astronomical features.

　　Finally, the theory that the lines were used to track water sources is undermined by the methods used by the researchers promoting it. By using unscientific techniques like dowsing, it is hard to take the theory seriously. Even if the proposed purpose would have been helpful to the Nazca, there needs to be stronger evidence to support it.

(226語)

訳　　パッセージと講義はどちらもナスカの地上絵とその目的について論じています。パッセージはこのような遺跡が作られた理由について，可能性がある説明をいくつか提示していますが，教授はこうした主張に反論し，地上絵が描かれた本当の目的はまだわかっていないとほのめかしています。

　　まずパッセージは，やって来た異星人が宇宙船を操縦するのに役立てるために地上絵を作ったのかもしれないことに言及しています。教授は，この説は完全に根拠がなく，地上絵の複

雑さを超える証拠がない限り，地上絵を説明するためにまったく異なる生き物の集団を取り上げる理由はないと述べています。彼はさらに，ナスカの人々が地上絵を作ることはできなかったと言うことは，彼らの能力を侮辱していると述べています。

　次に，地上絵は星の動きを記録するために使われていたという考えがパッセージによって示されています。教授は，一部の地上絵だけが重要な星を示しているにすぎないという事実に基づいて，この説に賛同していません。これだけたくさんの地上絵があるのですから，一部が天文的な特徴と一致しているというのは偶然である可能性がとても高いのです。

　最後に，地上絵は水源を追跡するのに使われていたという説は，その説を推していた研究者たちが使用した方法のせいで，根拠に瑕疵があります。ダウジングのような非科学的なテクニックを使用していたため，その説はまじめに受け取り難いものです。示された目的はナスカの人々にとって役に立つものだったのだろうとしても，それを裏づけるもっと強力な証拠が必要です。

■解説■　解答例では，最初の段落でパッセージと講義の概要，第2〜4段落ではパッセージで説明している3つの説の問題点について述べている。この課題では，パッセージで述べられたポイントに対し，講義がどのような疑問を投げかけているかを押さえて講義を要約する必要がある。講義を正確に聞き取るためには，パッセージの内容をできるだけ正確に読み取ることが重要である。少なくとも，3つの説の概要は把握したい。
3つの説を「パッセージ」→「講義」の順に挙げると，①「ナスカの地上絵は古代文明の技術では描けないので，異星人が書いた可能性がある」→「異星人が残した証拠がないばかりか，その態度は古代文明の技術を見下すものである」，②「宗教的な儀式のため，天体の動きを記録して暦を追うために作った」→「たくさんある地上絵のうち星の動きと一致するものは一部だけである」，③「水源の追跡のために作られた」→「この説を打ち立てるために用いた方法は非科学的である」である。
解答例では First, Next, Finally という語で論理の流れをわかりやすくしながら，上記の3点を正確に記している。パッセージが提示した3つの説と，講義で示されたそれぞれへの疑問点がはっきりと説明できており，内容や関連性を伝える上で不正確な記述もない。言い換えについても，講義の patronizing attitude（第2段落）を insulting と表現したり，With so many lines, it's likely that some of them line up with certain planets or stars, but that's not true for all of them.（第3段落）の内容を coincidence という1語で表したり，makes the basis for the theory as baseless（第4段落）を undermined と言い換えたりするなど，自分の言葉で要約できている。なお，講義の第2段落で使われている monoliths とは，イースター島にあるモアイ像のような，彫刻や建築に用いる一枚岩のこと。

MEMO

オンラインでのディスカッションを模した形式で，教授からのトピックの説明と質問，それに対する学生2人の意見を読んだ上で自分の意見を書く課題です。ここでは公共サービスの利用手続きを電子申請にすべきか問われています。肯定的な意見と否定的な意見が出されているので，それらを参考に自分の立場を明確にしましょう。

設問訳 あなたは授業を受けていて，教授が政治学について話している。メッセージの投稿により教授の質問に答える必要がある。投稿では，裏づけとともに自分の意見を述べ，自身の考えを使って議論に付け加える必要がある。推奨される長さは最低100語である。

ディスカッションの訳

バット教授

さて，人々が必要な許可を申し込んだり，生活保護の支給などの公共サービスを利用したりすることを妨げる障壁について話してきました。最もよくある不満の1つは，必要事項を満たすのがほとんどの人にとってあまりにも面倒で，昔ながらの書類仕事をたくさんしなければならないということです。役所を訪れたり，用紙を郵送するのに紙を使いきったりするために，時間もお金もかかります。多くの人々は，こうした手順は電子申請に移行すべきだと考えています。皆さんはどう思いますか。こうした制度は徹底的に見直してデジタル化すべきでしょうか。理由も教えてください。

スティーブ

手書きで用紙に記入する必要があるというのは，現在では本当にあまりにも時代遅れです。大半の人たちは，毎日の生活の中で電子フォームに記入することにはるかに慣れていますし，電子申請に移行することでファイルの共有がかなり簡単になり，承認のプロセスもスピードアップするでしょう。電子フォームはまた，はるかに読みやすいです。特に，手書きの機会が減って，人々にとって手書きが苦手になりつつある場合にはなおさらです。

ナオミ

大半の人たちにとって電子申請のほうが便利であることには同意しますが，全員に当てはまるわけではありません。高齢者はこうした新しいシステムにはなじみがありませんし，貧しい人たちもテクノロジーを利用する手段がないかもしれません。行政のサービスは誰でも利用できる必要があり，それには私たちのような人が当然のものと考えているまさにそのテクノロジーを利用していない人々も含まれます。

解答例

I think Naomi makes a good point, but I still agree with Steve. Electronic filing is simply expected by most people, and more people will simply opt out of these public services if they're not as easy to fill out as media subscriptions or online shopping. Also, it's not like we'd have to get rid of paper filing altogether. People like the ones Naomi talked about could still do things the old-fashioned way. Even if we moved to a system based primarily on electronic filing, people who don't have computers could use those at government offices. That way they could get even more help with filling out forms.

(108語)

訳 ナオミはよい指摘をしていると思いますが，私はそれでもスティーブに同意します。電子申請は多くの人々が期待しているものであり，メディアの定期購読やオンラインショッピングと同じぐらい簡単に記入できるのでなかったら，こういった公共サービスを利用しない人が増えるだけでしょう。さらに，それによって紙での申請をすっかりやめなければならない，というわけではありません。ナオミが言及していたような人々は，依然として昔ながらの方法で物事をすることができます。主に電子申請に基づいたシステムに移行したとしても，コンピュータを持っていない人たちは，役所でそれを利用することができます。そうすればフォームに入力するのにもっと多くの手助けを得ることだってできます。

解説 ディスカッションのテーマは公共サービス利用手続きの電子申請化について。バット教授は，時間と費用の面でデジタル化を望む声が多くなっていると説明し，電子申請化に関して学生の意見を求めている。スティーブは電子申請化に賛成の立場で，その利点として，多くの人が電子申請にすでに慣れていること，ファイルの共有が簡単になること，承認のスピードが上がること，手書きの必要がなくなり文字が読みやすくなることを挙げている。一方のナオミは反対の立場で，高齢者や貧しい人たちなど，電子申請の利便性を享受できない人もいることを指摘し，行政によるサービスは誰もが利用できるものでなければならないと訴えている。

これらの意見を踏まえ，解答例は電子申請化に賛成の立場で意見を述べている。電子申請は簡単なこと，多くの人々が電子申請化を期待していることを挙げている。立場が異なるナオミの意見については，従来の申請方法を完全になくす必要はないこと，コンピュータがなくても役所に行けば手助けも得られることを説明して反論している。このように，解答ではただ自分の意見を述べるだけでなく，異なる立場の意見についても自分の考えを説明することで議論に貢献する必要がある。なお，ナオミに同意する場合は，電子申請の弱点を挙げるとよい。具体的には，停電が起きたらパソコンやインターネットが使えなくなること，電子情報はハッキングされる可能性があることなどが考えられる。

表現面では，解答例では冒頭で譲歩の表現を使っており，I think Naomi makes a

good point と立場の違う相手の意見を認めた上で，but I still agree with Steve と述べている。これにより自分の主張に説得力を持たせることができる。自分の考えの説明では，条件節や media subscriptions or online shopping といった具体例を効果的に使用しており，ナオミの意見に反論する際も elderly people と poorer people を people like the ones Naomi talked about と言い換えるなどの工夫が見られる。

MEMO

Test **3**

フル模試 ②

解 答 解 説

Answer Keys
解答一覧

Reading Section

Passage 1

1. C
2. A
3. B
4. A
5. D
6. C
7. C
8. A
9. B
10. ① ② ④ (2 points)

Passage 2

1. C
2. A
3. D
4. C
5. D
6. A
7. D
8. A
9. B
10. ① ④ ⑥ (2 points)

■ Speaking Section と Writing Section の解答例は，それぞれ解答解説を参照してください。

■ 自己採点の仕方は，p. 60 の「自己採点の手引き」を参照してください。

Listening Section

Passage 1-1

1. D
2. B
3. D
4. B
5. D

Passage 1-2

6. C
7. B C
8. A
9. A
10. C
11. B

Passage 1-3

12. C
13. A
14. D
15. C
16. Yes: (1) (3)   No: (2)
17. B

Passage 2-1

1. B
2. B
3. B C
4. C
5. A

Passage 2-2

6. B
7. C
8. B D
9. B
10. A
11. C

Reading Section 解答解説

▶問題編　p.54〜65
■解答一覧　p.174

Passage 1

ブラックホールはアインシュタインの一般相対性理論以来，存在がほぼ確認されています。ブラックホールの発生過程，科学者による研究の推移，存在を裏づける理由，未解決の問題など，さまざまな話題が触れられていますが，それほど複雑な内容ではないので，1つ1つ順を追って理解していきましょう。

ブラックホール

パッセージの訳

【1】 宇宙のあらゆる現象の中で，ブラックホールは最も興味深いものの1つかもしれない。科学者でない私たち，ブラックホールについて実際に研究をしたことがない私たちでさえも，それらが非常に強力であることを知っている。しかし，多くの人はブラックホールとは厳密に何であるかは知らない。

【2】 簡単に言うと，ブラックホールとは巨大な星が死んだ後に残るものである。大半の星は死滅すると，白色矮星と呼ばれる比較的小さく密度の高い塊になる。ところが，太陽の10〜15倍の大きさの星は死滅するとブラックホールになる。このような星には命の終わりに，超新星と呼ばれる爆発を起こすものがある。爆発は凄まじい力で星の塊を拡散するので，死んだ芯の部分だけが残る。この死んだ芯はとても大きな重力を生み出すので，内部崩壊が始まる。この重力は非常に強力なため，星の残骸が発するありとあらゆる光は中に吸い込まれてしまう。その結果生まれる完全な闇がブラックホールという名前のゆえんである。ブラックホールは極めて密度が高いが，ほとんどは実際にはとても小さい。銀河系の中心にあるブラックホールでさえも，太陽の4倍の大きさにすぎない。もし，太陽がブラックホールになりうるなら，その幅は6.5キロメートルに満たないだろう。ブラックホールは暗く非常に小さいため，直接見ることができないのである。

【3】 ブラックホールを最初に考えついたのはイングランドの哲学者，ジョン・ミッチェルである。1783年，ミッチェルは大きさの割に密度が高いため，光でさえその引力の力から逃れることができない塊を想像した。数年後，フランス人数学者，ピエール＝シモン・ラプラスがブラックホールに関して似た考えを思いついた。しかし，彼がこれを独自に考え出したのか，あるいはミッチェルの影響を受けたのかは不明である。いずれにしても，この考えはかなり時代の先を行っていたため，おおむね無視された。ブラックホールという考えは何度か再浮上したのだが，1915年にアインシュタインの一般相対性理論が展開されるまでは，科学者の間で広く受け入れられること

はなかった。アインシュタインの理論は，重力は光を曲げることができ，星は寿命の終わりに達したときに密度が極めて高い物体を残すということを証明した。

【4】ブラックホールを見ることは不可能だが，科学者はブラックホールがその周りにあるものに与える強い影響によってその存在をほぼ確認することができる。最初に科学者は中性子星を発見した。それは質量が太陽の2倍になることもありうるのだが，マンハッタンほどの大きさにすぎない。中性子星は星の死によってもたらされて，強大な重力を作り出すという点でブラックホールに似ているが，サイズはもっと小さい。したがって中性子星は，周囲を取り巻くすべての光を吸収するといったある種の現象を説明できるほど大きくはない。しかし，物体がブラックホールの中に吸収されるとき，必ず放射線が放出される。1962年にX線検出器により，中性子星にしては大きすぎる何かが放射線を放出していることが発見された。後に，科学者は「重力レンズ効果」というものを発見した。それは，地球とある星の間にあるブラックホールが光を屈折させ，その結果，1つの星が2つの像になることである。このように，科学者はブラックホールを見ることができなくても，その影響を見ることはできるのである。

【5】ブラックホールは複雑な現象で，その特徴や働きについてすべての科学者の意見が一致しているわけではない。1つの難解な問題は，ブラックホールの中に吸い込まれた物質はどうなるかということである。もしブラックホールが絶対に消滅しないなら，その物質はブラックホールの中に単に閉じ込められたままでいるだろう。ブラックホールはホーキング放射というエネルギーをゆっくりと放出しながら死を迎えると言われている。[**しかしながら，この放射からはブラックホールの中に何があったのかに関して何の情報も得られない。**]科学者たちは，その物質がどこに行ってしまったのかいまだにわかっていない。ブラックホールに関するもう1つの興味深い議論は，ワームホールと呼ばれるブラックホールの一種が存在するのかどうかということである。もし存在するなら，ワームホールは遠く離れた2つの場所を結びつける宇宙のトンネルということになる。それが存在するなら，私たちが宇宙のはるかかなたの場所へほとんど瞬時に移動することが可能になるかもしれない。近年，ブラックホールに関して多くのことがわかってきたが，いまだ科学者が答えを出していない疑問がたくさんある。

---

1 正解 Ⓒ

> **訳** パッセージの中の immensely という語に最も意味が近いのはどれか。

Ⓐ 面白く

Ⓑ 謎めいて

Ⓒ 非常に

Ⓓ 非常に綿密に

> **解説**　選択肢はいずれも -ly で終わる副詞。文脈から考えて Ⓐ Ⓑ Ⓓ のような意味が合うとは考えにくい。形容詞の powerful「強力な」を修飾することから，Ⓒ が正解。immensely は「とても，すごく，非常に」の意味。

2 正解　Ⓐ

> **訳**　第2段落によると，ブラックホールの特徴でないものは以下のどれか。
>
> Ⓐ どんな大きさの星からも形成されうる。
>
> Ⓑ あらゆる光を吸収する。
>
> Ⓒ 視覚的に検出できない。
>
> Ⓓ 密度が極めて高い。

> **解説**　第2段落では，ブラックホールとはどのようなものかについて書かれている。2〜3文目に「大半の星は死滅すると，白色矮星と呼ばれる比較的小さく密度の高い塊になる。ところが，太陽の10〜15倍の大きさの星は死滅するとブラックホールになる」とある。つまり，大きさによってブラックホールになる星とならない星があるので，Ⓐ は当てはまらない。Ⓑ は7文目，Ⓒ は最後の文，Ⓓ は9文目と一致する。

3 正解　Ⓑ

> **訳**　第3段落によると，宇宙にある極めて高い密度の塊というミッチェルの考えは
>
> Ⓐ すぐに広まった
>
> Ⓑ 後にラプラスによる似た考えが続いた
>
> Ⓒ 非科学的だと非難された
>
> Ⓓ すぐに誤りであると証明された

> **解説**　第3段落では1〜2文目で最初にブラックホールを考えたミッチェルのことが言及されている。3文目では「数年後，フランス人数学者，ピエール＝シモン・ラプラスがブラックホールに関して似た考えを思いついた」とあるので，Ⓑ が正解。5文目にミッチェルやラプラスによるブラックホールの考えは無視されたとあるので，Ⓐ は誤り。Ⓒ Ⓓ のような記述はない。

4 正解 (A)

> 訳 第3段落によると，アインシュタインの一般相対性理論はどのようにしてブラックホールという考えの確立に役立ったのか。

(A) 重力は光に影響を与えうると証明したこと

(B) 最も近いブラックホールを見つけるのに役立ったこと

(C) ブラックホールの成り立ちを説明したこと

(D) 科学者にブラックホールを測定する方法を提供したこと

> 解説 アインシュタインの一般相対性理論については，第3段落の最後の2文に書かれている。アインシュタインの理論が展開されるまでブラックホールの考えは科学者の間で広まらなかったという説明の後に，「アインシュタインの理論は，重力は光を曲げることができ，星は寿命の終わりに達したときに密度が極めて高い物体を残すということを証明した」とある。アインシュタインの理論によって，重力は「光を曲げる」ことができると証明されたので，(A) が正解。

5 正解 (D)

> 訳 第4段落によると，ブラックホールが存在するとわかる理由は何か。

(A) 星の死によってもたらされるから。

(B) 私たちがいる太陽系の近くにあるから。

(C) 極めて明るいから。

(D) 周りの物体に影響を与えるから。

> 解説 第4段落1文目に「ブラックホールを見ることは不可能だが，科学者はブラックホールがその周りにあるものに与える強い影響によってその存在をほぼ確認することができる」とある。本文の the powerful effect they have on the things around them を They affect surrounding objects. と言い換えている (D) が正解。

6 正解 Ⓒ

（訳） パッセージの中の confirming という語に最も意味が近いのはどれか。

Ⓐ ～を高めること

Ⓑ ～を否定すること

Ⓒ ～を証明すること

Ⓓ ～を要求すること

> **解説** come close to ～ing で「～することに近づく」という意味で，「ブラック
> ホールは目に見えないが別の手段によって～することに近づける（＝ほぼ～できる）」
> という文脈から，ブラックホールの存在を「確認できる」のだと推測する。選択肢の中
> で最も近い意味になるのは Ⓒ。confirm は「～を確認する，裏づける」。

7 正解 Ⓒ

（訳） パッセージでハイライトされた文の重要な情報を，最もよく表現しているの
は以下の文のうちどれか。不正解の選択肢は重大な点で意味を変えたり，重
要な情報を欠いたりしている。

**中性子星は星の死によってもたらされて，強大な重力を作り出すという点
でブラックホールに似ているが，サイズはもっと小さい。**

Ⓐ ブラックホールによって生まれた強大な重力は，中性子星に影響を与えるこ
とができるが，その影響は比較的小さい。

Ⓑ ブラックホールは中性子星が死んで崩壊した結果として形成され，それによ
り強大な重力が生まれる。

Ⓒ 中性子星は，その大きさは別として，形成と影響の点ではブラックホールに
似ている。

Ⓓ 中性子星は非常に大きな重力を生み出すブラックホールの一種だが，より限
られた条件下で存在する。

> **解説** in that ～ は「～する［である］という点において」の意味で，that 節の主
> 語は it，動詞は is created と produces という構造。中性子星は「星の死によってもた
> らされる」，「強大な重力を作り出す」という 2 点においてブラックホールと似ているが，
> より小さい，という意味で，その内容を表すのは Ⓒ。

180

8 正解 Ⓐ

訳 ブラックホールについて第5段落から推測できることは以下のどれか。

Ⓐ ある種のものは将来, 実際に利用されるかもしれない。

Ⓑ 最初に思われるほど奇妙ではない。

Ⓒ その存在を直接確認できそうである。

Ⓓ その内部で何が起きているか, 十分に理解されている。

解説 第5段落6～8文目にワームホールというブラックホールについて書かれている。8文目に,「それ（＝ワームホール）が存在するなら, 私たちが宇宙のはるかかなたの場所へほとんど瞬時に移動することが可能になるかもしれない」とある。ワームホールを実際に移動に利用できるかもしれないということなので, Ⓐ が正解。Ⓑ や Ⓒ のような記述はない。Ⓓ は2文目以降から, 内部の様子はまだ不明であることがわかる。

9 正解 **B**

訳 次の文がパッセージに追加されうる場所を示す4つの正方形[■]を見なさい。

しかしながら, この放射からはブラックホールの中に何があったのかに関して何の情報も得られない。

どこに挿入するのが最適か。

文をパッセージに追加するには, ■をクリックしなさい。

解説 第5段落にはブラックホールに関する難解な問題が2つ書かれていて, 1つは「ブラックホールの中に吸い込まれた物質はどうなるか」, もう1つは「ワームホールと呼ばれるブラックホールの一種が存在するのかどうか」である。挿入文中の what was inside the black hole は「ブラックホールの中に吸い込まれた物質」に関係があると推測でき, ワームホールの話題とは関係がないので, **C** と **D** は除外できる。また, 挿入文で大きなヒントになるのは this radiation で, Hawking radiation「ホーキング放射」を受けていると考えられる。したがって, **B** に入るのが適切。

10 正解 ① ② ④

指示：パッセージの短い要約の最初の文が以下に与えられている。パッセージの最も重要な考えを表す３つの選択肢を選んで要約を完成させなさい。パッセージで示されていない考えを表しているため，あるいはパッセージ中の重要ではない内容であるため，要約に含まれるべきではない文もある。この問題の配点は２点である。

解答を該当する空欄にドラッグしなさい。解答を取り消すには，それをクリックしなさい。

ブラックホールは多くの人の興味をそそるが，大半の人はその現象についてほとんど何も理解していない。

① ブラックホールの強大な引力は，それが周囲に強い影響を与えるということを意味する。

② 科学者はブラックホールの存在について，長い間，推測を重ねてきた。

③ もしもブラックホールが存在するなら，宇宙旅行を可能にするワームホールも必ず存在するはずである。

④ 中性子星に関する研究は，ブラックホールの研究と理解と密接な関係がある。

⑤ 重力レンズ効果は現在のところ，ブラックホールを確認するための唯一の方法である。

⑥ 超新星の研究はブラックホールをさらに理解するための鍵である。

解説 ① は第４段落の内容を集約している。ブラックホールの存在を最初に主張した学者からアインシュタインの功績（第３段落），ブラックホールの存在確認に関する科学者の論点（第４段落），ブラックホールに関して科学者の抱える問題（第５段落）など，長期間にわたる科学者の研究は ② でまとめられている。第４段落から，ブラックホールと中性子星には関係性があることがわかるので，④ も重要な内容である。③ ワームホール，⑤ 重力レンズ効果，⑥ 超新星について，それぞれ本文にある記述と異なっている。

自然選択説で知られるダーウィンですが，彼の考えに影響を及ぼした科学者がいました。その1人は「斉一説」を唱えたライエル，もう1人は「進化は必要性による」と考えたラマルクです。ここではダーウィン，ライエル，ラマルク，それぞれが提唱した理論の概要と，ライエルとラマルクの理論にはどんな問題があったのかを読み取りましょう。

チャールズ・ダーウィンの陰で

パッセージの訳

【1】生命体に順応性があることは，今では科学者に広く受け入れられている。しかしながら，19世紀より前は，生物の種は生物学的に不変であると一般的に考えられていた。そのため生物は，ほとんど，あるいはまったく根本的な変化をすることなく繁殖するものであった。古生物学，つまり化石化した絶滅して久しい生物の収集・組み立て・研究に焦点を定めた研究分野の台頭が，この意見の一致に対する科学的な異議へとつながった。化石の記録が増えることで，種は実際に変化しないのかどうかに関する既存の考えに対し，とりわけ明確な異議が生じた。ジョルジュ・キュビエなど一部の科学者は，一部の種を絶滅させて他の種の出現を可能にした環境的な大災害によって，絶滅を説明しようと努めた。キュビエの大災害に基づく絶滅モデルは，多くの主要な宗教の教えに適合したものでもあった。しかしながら，同時に，数々の科学者がこの種の考えの妥当性を認めていなかった。

【2】こうした科学者の中で最も著名な存在がチャールズ・ダーウィンだった。ダーウィンは，種は何千年もの時間をかけて根本的に変化——あるいは進化——したという理論を発展させた。この進化は突然変異，つまり標準的な状態からの生物学的な逸脱の結果であった。アヒルや他の水鳥の水かきのある足は，ダーウィンの理論によると，水かきのない足からずっと昔に変異した結果である可能性が高い。水のある環境でよりよく繁栄できたことから，この逸脱は水かきのある足を持ったアヒルの子孫を優位に立たせた。この生物学的な優位は十分に大きく，やがてこれらの水かきのある足を持つ子孫の生存率が他のアヒルの生存率を上回り，完全に置き換えるほどのものだった。種の繁栄能力に影響を及ぼすこの突然変異のプロセスは，「自然選択」と呼ばれた。同様に，ダーウィンは絶滅を徐々に進むプロセスと見なし，進化の過程で環境的な競争上の優位を何も得られないのなら，特定の種や亜種は排除されてしまうと考えた。ダーウィンにとって生存あるいは絶滅は，運命でもなければ大災害に左右されるものでもなく，論理的に可能性がある自然選択の結果だった。

【3】自然選択の理論は包括的であり印象的でもあったが，他の人たちが行っていた草分け的な研究に言及せずに作られたものではなかった。その最たる存在が，チャールズ・ライエルだったと言えるかもしれない。彼はダーウィンに早くから深く影響を与

えていた。ライエルは斉一説を展開した。この説は，地球は当時考えられていたよりも何百万年も前から存在し，今の地質は圧力や熱といった内部の巨大な力が徐々に作用した結果であると示唆した。例えば，ライエルの火山調査は，火山は大変な高温に熱せられた岩の層がマグマという形でゆっくりと上方へと押し進んでできたものだということを証明した。これやその他の重要な概念は，とても影響力のあるライエルの作品である『地質学原理』で記された。そこでまとめられている概念には彼の分野を変えるような影響力があった。彼の重要な主張——何千年もかけた漸進的な変化に関する主張——はダーウィンの研究の中にはっきりと登場するものだ。ダーウィンとライエルは実際のところ，親密な仲間であった。ただしライエルは，地質の形成だけでなく生物にも漸進的な変化の理論が当てはまるということについては，しぶしぶ受け入れるようになったにすぎない。

【4】ダーウィンに影響を与える考えを持っていたもう1人の学者がジャン＝バティスト・ラマルクであった。ラマルクは研究を通じて，生物は何世代もかけて変化しうるのであり，そうした変化はある特定の器官あるいは付属肢を使うか使わないかに基づいていると考えるようになった。例えば，最も初期のキリンは首が短かった可能性が高く，より高いところにある葉を取ろうとしていつも上方へと体を伸ばすにつれて，首が少し伸びたのだと仮定した。そうしたキリンの少し伸びた首が子孫へと伝わり，子孫もまた同じようにより高いところにある葉を取ろうとして体を上方へ伸ばし，さらに長い首を有する子孫を持ったのだ。最終結果が現代のキリンであり，こずえの高さにある植物を食べることができる。ラマルクはこの考えをもう一歩進め，生命は常により単純な形態からより複雑な形態へと発展していると仮定した。これは彼の分野の多くの学者が持っている固定観念に反するものだった。そうした当時の人々にとってラマルクの説は，生物は環境に応じて自然なプロセスを通して変化すると示唆していた点において，急進的なものだった。

【5】ライエルもラマルクも重要な科学的貢献をした一方，どちらもダーウィンのレベルの認識は持ちえなかった。これは彼らの説の一部に重大な欠陥があったせいなのかもしれない。例えばライエルは，地質的な力は時間が経過しても同じままだと考えていた。彼はこれに基づいて，地質学に関する限り「現在が過去の鍵である」と主張した。それゆえにただ現在の状態を注意深く調べるだけで，ある表面の過去の形を推測することができ，それはその表面に作用している力がずっと変わってこなかったというものだ。[後の発見で，これらの力は実際に極めてゆっくりと作用していたが，作用のスピードや種類は実際のところ必ずしも不変だったわけではないことが証明された。] ラマルクの方は，動物における時間をかけた変化の源は，何らかの身体的活動ではなく，むしろダーウィンが特定したように，突然変異だったことを理解していなかった。ラマルクの主張とは反対に，キリンは努力で首を長くすることはできない。さらに言えば，生物における複雑さのレベルはその環境の作用の1つであり，単

純な生物が常により複雑化するとは限らないのである。

1 正解 Ⓒ

訳 第1段落によると，19世紀よりも前に，種に関して科学的に信じられていたことの特徴を最もよく述べているのは以下のどれか。

Ⓐ 生物は絶滅を避けるために根本的に変化したにすぎなかった。

Ⓑ 繁殖は環境の中で手に入る資源次第だった。

Ⓒ 動植物は時を経ても元々の形を維持した。

Ⓓ 科学者たちは化石化した生命の重要性を大いに無視した。

解説 19世紀よりも前の状況については第1段落2文目に However, prior to the 19th century, it was commonly held that species were biologically immutable. とある。immutable を retained their original forms と言い換えている Ⓒ が正解。immutable「不変の」がわからなくても前後の内容から類推しておきたい。

2 正解 Ⓐ

訳 種に及ぼしうる影響とともに，突然変異について第2段落から推測できることは何か。

Ⓐ 生物の生存率を高めることができる。

Ⓑ 一部の対立する種を排除するのに役立つかもしれない。

Ⓒ とりわけゆっくりと進む生物学的なプロセスである。

Ⓓ 自然な進化の過程の珍しい部分である。

解説 mutations「突然変異」については第2段落2文目に Darwin developed the theory that species changed — or evolved — fundamentally over many thousands of years. とあり，次の文でそれは mutations の結果であると述べている。さらに同段落の最後から3文目で This process of mutation affecting species' ability to flourish was termed "natural selection." と述べており，以上から，突然変異とは時間をかけて変化した結果であり，それが繁栄する能力に影響を与えることがわかるので，正解は Ⓐ。Ⓑ は，最後から2文目から，環境に応じて変われなかった種が排除されていくとわかるので，不適切。Ⓒ と Ⓓ は本文に記述がない。

3 正解 Ⓓ

訳 次のうち第2段落の構成を最もよく説明しているのはどれか。

Ⓐ 競合する分析の比較

Ⓑ 理論とそれに続く批判

Ⓒ データで実証された，一連の論理的な主張

Ⓓ 例によって裏づけられている理論

> **解説** 第2段落ではダーウィンが唱えた理論をアヒルの例とともに説明している。よって Ⓓ が正解。Ⓐ は特に記述がない。Ⓑ は followed by criticism が，Ⓒ は substantiated by data が誤り。

4 正解 Ⓒ

訳 パッセージでハイライトされた文の重要な情報を，最もよく表現しているのは以下の文のうちどれか。不正解の選択肢は重大な点で意味を変えたり，重要な情報を欠いたりしている。

ダーウィンにとって生存あるいは絶滅は，運命でもなければ大災害に左右されるものでもなく，論理的に可能性がある自然選択の結果だった。

Ⓐ 絶滅を切り抜けて助かった種は，論理的には自然選択の原則に一層依存していた。

Ⓑ 種の生存は，自然選択の法則によって運命づけられている大惨事次第であった。

Ⓒ 種が生き延びるか絶滅するかは，運命づけられているというより環境内での自然の結果である。

Ⓓ 自然界には，自然選択が結果にある役割を果たした場合を除き，真に運命づけられているものは何もないだろう。

> **解説** この文では，種の生存について運命や大災害次第であるという考えを否定し，自然に選択された結果だと述べている。第2段落では，自然の中で生存に有利な変異をした種が生き残っていくと述べており，その変異は自らの意思で行うものではないので，正解は Ⓒ。

5 正解 Ⓓ

訳 パッセージの中の encapsulated という語に意味が最も近いのはどれか。

Ⓐ 選ばれた

Ⓑ 順応させられた

Ⓒ 知らされた

Ⓓ 要約された

解説 encapsulate は en（中へ）＋ capsule（カプセル）＋ ate〈～する〉「～をカプセルに包む」から「～を要約する」という意味。これに最も近いのは Ⓓ。

6 正解 Ⓐ

訳 第3段落によると，チャールズ・ライエルが展開した新しい理論の対象でないものは次のうちどれか。

Ⓐ 地球の自転の基本速度

Ⓑ 地球内部の力

Ⓒ 地球のだいたいの年齢

Ⓓ 火山形成の背後にある要因

解説 Ⓑ は4文目後半，Ⓒ は4文目前半，Ⓓ は5文目に説明がある。地球の自転については段落内に記述がないので，正解は Ⓐ。

7 正解 Ⓓ

訳 ジャン＝バティスト・ラマルクと関連して，種の中での世代間の変化についての見方を最もよく表しているのは次のうちどれか。

Ⓐ 母親から狩りの仕方を習っているトラの子

Ⓑ 身を守ってくれる殻が自然と成長する何世代にもわたるカメ

Ⓒ なわばり内で手に入るよりも少ない量の獲物を食べるクマ

Ⓓ 通常よりも速く走ろうとしているレイヨウ

解説 ラマルクの説については第4段落に説明がある。2文目後半に世代間の変化について based on use or disuse of certain organs or appendages とあり，3文目

以降で，高いところにある葉を取ろうとするキリンを例に詳しい説明をしている。ラマルクは，動物の変化はその努力の結果だと考えていたことがわかる。正解は **D**。第5段落の **C** の後に Contrary to Lamarck's assertion, a giraffe cannot elongate its neck through effort. とあるのもヒントになる。

---

8 正解 **A**

訳 パッセージの中の contemporaries という語に最も意味が近いのはどれか。

A 仲間

B メッセンジャー

C 顧客

D 役人

解説 「contemporaries にとってラマルクの説は急進的だった」とあるので，誰にとって急進的だったかを考える。この語が含まれる文の直前で「これは彼（ラマルク）の分野の多くの学者が持っている固定観念に反するものだった」とある。つまり those contemporaries とは彼の時代の学者たちのこと。正解は **A**。contemporary は形容詞で「同時代の」，名詞で「同時代の人」という意味。

---

9 正解 **B**

訳 次の文がパッセージに追加されうる場所を示す4つの正方形[■]を見なさい。

後の発見で，これらの力は実際に極めてゆっくりと作用していたが，作用のスピードや種類は実際のところ必ずしも不変だったわけではないことが証明された。

どこに挿入するのが最適か。
文をパッセージに追加するには，■をクリックしなさい。

解説 文挿入問題では，挿入される文の中に明確なヒントがあることが少なくない。ここでは these forces に注目して各空所の前を探すと，**B** の前の文にだけ forces という語がある。これは3文目に出てくる geological forces を受けたもので，地質学的な力は不変であるというライエルの考えを説明している。「力が不変ではないことが後にわかった」という挿入文の内容がこの後に続くと自然なので，**B** が正解とわかる。

10 正解 ① ④ ⑥

> **訳** 指示：パッセージの短い要約の最初の文が以下に与えられている。パッセージの最も重要な考えを表す３つの選択肢を選んで要約を完成させなさい。パッセージで示されていない考えを表しているため，あるいはパッセージ中の重要ではない内容であるため，要約に含まれるべきではない文もある。この問題の配点は２点である。
>
> 解答を該当する空欄にドラッグしなさい。解答を取り消すには，それをクリックしなさい。
>
> **チャールズ・ダーウィンは，自然選択説の少なくとも一部を同時代の他の科学者の研究に基づいて構築した。**
>
> ① ダーウィンの自然選択説は，種に対して潜在的な競争上の優位を提供する突然変異を中心としていた。
>
> ② ジョルジュ・キュビエは自身の研究で，数多くの宗教指導者に反対されたため，突然変異の役割に関する一切の言及を削除した。
>
> ③ チャールズ・ライエルはダーウィンの考えを非常にしぶしぶながら受け入れただけだった。
>
> ④ チャールズ・ライエルもジャン＝バティスト・ラマルクも，ダーウィンに影響を与えた，変化に関する独特な考えを展開した。
>
> ⑤ ダーウィンは何年もかかってライエルともラマルクとも親しい仲間になった。
>
> ⑥ ダーウィンの研究がライエルとラマルクの研究よりも評価されているのは，おそらく２人の研究にある欠陥のせいである。

解説 ①はダーウィンの説の重要な点であり，第２段落の内容に合う。②は，第１段落後半にキュビエの考えは宗教上の教えと一致していたとあるので，不適切。③は第３段落最終文に記述があるが，要約に含めるような重要な内容ではない。④は第３，４段落の内容に合う。⑤については，ライエルについてのみ第３段落にダーウィンと親しかったという記述があるだけで，重要な内容でもない。⑥は第５段落の主旨そのものなので，適切。

Listening Section 解答解説

Passage 1-1

▶問題編　　p. 66 ～ 75
■解答一覧　p. 175

大学の警察官と女子学生の会話です。女子学生は大学のキャンパスの駐車場でトラブルに遭遇したようです。トラブルとは何か，その原因は何か，この後に何をすべきなのか，といったことを会話の流れの中から聞き取りましょう。

スクリプト　　🔊 track 61

Listen to a conversation between a student and a campus police officer.

Student: Excuse me, that's my car. Why are you putting a boot on my tire? I was gone less than ten minutes.

Officer: You do realize that this is a faculty parking spot, right?

Student: Yes. Umm ... I'm assisting Professor Moore in a project and I couldn't find any other space within walking distance of Professor Moore's office. I had a large number of reference books and other materials that I had to carry up to her office. I realize that I was in a faculty space, but I didn't know what else to do. Like I said, I was only gone a few minutes.

Officer: According to my records, this is the sixth parking violation for this car.

Student: Sixth violation?

Officer: This is a hassle for us, too, so we are very hesitant to put a boot on a car, but we do it in cases where there has been blatant disregard for the rules. Not to mention that you would have gotten a warning about this the last time you parked illegally.

Student: The last time? I have no idea what you're talking about. I just bought this car last week from an exchange student going back home. I don't know anything about any violations.

Officer: Well, first of all, let me see your license, registration and student ID card.

Student: Sure. Here's my license and student ID. I need to get into the car to get the registration ... OK, here's the registration.

Officer: All right, so the registration does say you've only owned the car since last week. OK, let me get this boot off.

Student: I really appreciate this.

Officer: I know now this is the first time for you, but you did violate the regulations. Can you come to the campus police office sometime this week?

Student: I think I can, but what do I have to do there?

Officer: Well, first, there's some paperwork. Though you won't be fined, I want to keep a record of this.

Student: Oh, OK.

Officer: It's important that faculty parking spaces only be used by cars with faculty stickers on them. If we don't enforce this, people like Professor Moore are left in the lurch with nowhere to park.

Student: Got it. I won't let it happen again.

Officer: And when you come to the office, maybe I can tell you where you should park next time, too. There are some parking lots on campus where people don't usually go.

Student: Thank you. And I'll be sure to go to the office.

スクリプトの訳

学生とキャンパス警察官の会話を聞きなさい。

学生：すみません，それは私の車です。なぜ私の車のタイヤに車輪止めをつけているのですか。私は10分も離れていませんでした。

警察官：ここは教員用駐車場だってわかっていますね？

学生：はい。ええと……，私はムーア教授のプロジェクトのお手伝いをしていて，ムーア教授の研究室から歩いて行ける距離の駐車スペースは他に見つからなかったのです。研究室に持っていかないといけない参考図書や他の資料もたくさんあったのです。教員用駐車スペースだったとわかっていますが，他にどうしたらいいかわからなくて。さっきも言ったように，ほんの数分離れていただけなのです。

警察官：私の記録では，この車の駐車違反は6回目ですね。

学生：6回目の違反？

警察官：こんなことは私たちとしても面倒ですから，車に車輪止めなんか付けたくないのです。でも規則をあからさまに無視されている場合にはやりますよ。前回の駐車違反の際もこのことで警告されているはずなのは言うまでもありません。

学生：前回の？　何の話をしているのか，さっぱりわかりません。この車は先週，帰国する交換留学生から買ったばかりです。違反のことなんて何も知りません。

警察官：まあ，まずは免許証と登録証，学生証を見せてください。

学生：はい。免許証と学生証です。登録証は車の中に入らないと……はい，これが登録証です。

警察官：よろしい，なるほど，登録証にはあなたは先週からこの車を所有したばかりだとありますね。わかりました，この車輪止めを外します。

学生：本当にありがとうございます。

警察官：これがあなたにとって初めてのことだと今わかりましたが，あなたは規則を破ったのですよ。今週のいつか，キャンパス警察署に来られますか。

学生：行けると思いますけど，そこで何をしなくてはいけないのですか。

警察官：そうですね，まず書類作業がありますね。罰金はありませんが，今回の件を記録しておきたいので。

学生：ああ，そうですか。

警察官：大事なのは，教員用の駐車スペースは教員ステッカーを貼った車だけが使うということです。これを実施しないと，ムーア教授のような人たちがどこにも駐車できなくて困るのを放置することになります。

学生：わかりました。もう二度とやりません。

警察官：それと，署に来たときに，今度はどこに駐車したらよいか教えてあげることもできるかもしれません。人が普段行かない駐車場がキャンパス内にありますから。

学生：ありがとうございます。必ず署に行きます。

---

1 正解 Ⓓ

   訳 女性の問題は何か。

   Ⓐ 研究室がどこにあるかを知らない。

   Ⓑ 車をどこに駐車すればいいかについてアドバイスを必要としている。

   Ⓒ 違反切符のお金をどこで払えばいいか知りたい。

   Ⓓ 車をその場にロックされた。

> **解説** トラブルの内容を問う問題。女性の最初の発言にヒントがある。boot という語になじみがなくても，car, tire, less than ten minutes などが聞き取れれば，駐車違反で車輪止めを付けられたのだと推測できる。正解は Ⓓ。Ⓐ は，女性は研究室を見つけられなかったわけではないので誤り。Ⓑ は，女性は最終的に車の駐車場所について警察官からアドバイスをもらえることにはなったが，アドバイスを求めていたわけではないので誤り。女性は罰金を払うわけではないので，Ⓒ も不適切。

---

2 正解 Ⓑ

   訳 学生の車の登録証を見て，警察官は何を確認しているか。

Ⓐ どれくらいの書類作業が必要になるか

Ⓑ どれくらいの期間，学生が車を所有しているか

Ⓒ 学生の前に誰が車を所有していたか

Ⓓ 車はいつどこで登録されたか

> 解説　警察官が登録証を要求したのは，女性が「車は買ったばかりで違反のことなど知らない」という趣旨の発言をした後。そして登録証を確認した後，警察官は「登録証にはあなたは先週からこの車を所有したばかりだとある」と述べているので，Ⓑの「学生が車を所有している期間」を確認しているとわかる。Ⓐは登録証を見てもわからないので除外できる。ⒸとⒹは，その後の会話に出てこないので，それらを確認したのではないとわかる。

---

3 正解 Ⓓ

> 訳　警察官は学生にこれから何をしてほしいと言っているか。

Ⓐ 特別な駐車許可証を取得する

Ⓑ 車輪止めを外す手配をする

Ⓒ すぐに罰金を払う

Ⓓ キャンパス警察署を訪れる

> 解説　会話の後半で，警察官の男性は Can you come to the campus police office sometime this week?「今週のいつか，キャンパス警察署に来られますか」と尋ね，そこで何をするかを説明している。したがって，Ⓓが正解。Ⓐは特に言及がないので誤り。車輪止めについては警察官自身が外すと言っているので，Ⓑも当てはまらない。Though you won't be fined「罰金はないが」とはっきり言っているので，Ⓒも不適切。

---

4 正解 Ⓑ

> 訳　警察官は自分が知っている駐車場について何を示唆しているか。

Ⓐ よく教員に使われている。

Ⓑ たいてい空いている。

Ⓒ 見つけるのは難しいかもしれない。

Ⓓ 学生に人気がある。

5　正解　Ⓓ

　訳　もう一度，会話の一部を聞きなさい。
　　　それから，設問に答えなさい。（スクリプトの下線部分を参照）

　　　学生はこう言うとき，何を示唆しているか。
　　　学生：前回の？　何の話をしているのか，さっぱりわかりません。

　Ⓐ　車輪止めについて警告を受けたことを忘れた。
　Ⓑ　警察官との意思疎通に苦労している。
　Ⓒ　前にも警察官に状況を説明した。
　Ⓓ　どのような警告も受けたことがない。

　解説　I have no idea は「私にはさっぱりわからない」という意味。警察官の「前回の駐車違反の際も警告されているはず」という発言に対してこう答えているので，Ⓓの意味だと考えられる。過去に警告を受けたことも警察官と話したこともないはずなので，ⒶⒸは誤り。I have no idea what you're talking about. を文字通り理解すればⒷのように思えるかもしれないが，「意思疎通に苦労している」のではなく，事実と異なる内容を相手が話すので困っている，という学生の状況を理解したい。

194

Passage 1-2

政治学

民主主義では選挙によって指導者を選びますが，投票を義務にする義務投票制を採用する国があり，投票を棄権した場合に罰則を科す国さえあります。義務投票制は民主的なのか，民主主義に必要なのか，議論が展開されます。

スクリプト　🔊track 67

Listen to part of a lecture in a politics class.

Professor①: One thing that differentiates democracies from other types of government such as monarchies or dictatorships is that in democracies, the people choose their leaders. As we all know, we do this through elections. The idea is that a leader chosen by the people has more legitimacy than a leader who takes control by force or by birthright. However, for this to work, as many people as possible have to vote. If only a few people vote, a small and sometimes extreme minority may end up choosing a leader that the majority of the people don't want. So, how can we avoid this situation? Does anyone have any ideas? Yes, Ken?

Student 1: We have to have laws and rules that make sure people are not kept from voting just because they are poor or because of their race or gender or other factors.

Professor②: Thank you, Ken. Indeed, making sure that there is no discrimination that keeps certain groups of people from voting is important. Today I want to talk about a method some countries use to make sure that everyone who can vote does vote. It's a method called compulsory voting. While it is not used in most countries, there are a handful of countries that have it as part of their voting system. It is where everyone is required to vote or else, they are punished. Some countries think that educating people or making it easy to vote is not enough. Right now, more than 20 countries have laws that require people to vote, although only half of them actually enforce the law. It's a diverse group of countries in different parts of the world and includes

Argentina, Australia, Luxembourg, Singapore, and so on. The idea is that a government has more legitimacy when everyone votes. Also, if everyone has to vote, then it is hard to keep people from voting because of poverty, ethnicity, or some other reason. People in support of compulsory voting argue that everyone should have to vote in the same way everyone has to pay taxes.

Student 2: I wonder how democratic it is to force people to vote. If I don't want to vote, isn't that my choice? In these countries with compulsory voting, what happens to people who choose not to vote? Are they punished?

Professor③: Well, there are people who believe compulsory voting is not very democratic. Their view is that compulsory voting is an infringement on free speech. They argue that non-voters are expressing their dissatisfaction with the overall system, or they are saying that non-voters simply don't care. Also, some religions forbid people to participate in politics, so requiring people to vote violates their religious beliefs. However, countries with compulsory voting usually have exemptions for people with certain beliefs or for those who are ill or living overseas.

As for punishments, they differ from country to country. Many countries have a fine for not voting. In Belgium, which has the oldest compulsory voting system, not voting can make it hard for a person to get a job in the public sector, so people who want to work for the government must vote. In Peru, citizens may have to show a stamped card proving they voted in order to receive certain public services.

Student 1: If someone doesn't want to vote for any of the candidates or parties on the ballot, can they just leave the ballot blank?

Professor④: In some countries with compulsory voting, a person can leave the ballot blank. But this is not true everywhere. Australian law, for example, requires that the ballot be marked. It doesn't say how, only that the ballot be marked and handed in.

Student 2: It seems to me that compulsory voting is a good way to make sure that everyone's voice is heard and not just the loudest voice or those with the most money.

Professor⑤: As you learn about compulsory voting, I want you to think about the value of voting in a democratic society. If legitimacy and participation are the most important components of a democracy, then compulsory voting may be a necessary tool. However, if freedom of choice is the most important component of a democracy, then perhaps compulsory voting may not have a place in a democratic system. These are issues that we will continue to learn about and debate in this course.

スクリプトの訳

政治学の授業における講義の一部を聞きなさい。

教授①：民主主義国と君主制や独裁政治のような別の政治体制とを区別するものの１つは，民主主義国では国民が自分たちの指導者を選ぶということです。私たちの誰もが知っているように，私たちはこれを選挙を通じて行います。その考え方は，国民によって選ばれた指導者は武力や生得権により支配権を握る指導者よりも合法性があるというものです。しかし，これがうまく機能するためには，できるだけ多くの人が投票しなければなりません。もしほんのわずかの人しか投票しなければ，少数の，場合によってはごく少数の人々が，大多数の国民が望まない指導者を選んでしまうことになりかねません。それでは，どうすればこのような状況を避けることができるでしょうか。誰か意見がありますか。はい，ケン。

学生１：私たちは単に貧しいからとか，人種や性別，あるいはその他の要素によって国民が投票できなくなることがないようにする法律や規則を持たなければなりません。

教授②：ありがとう，ケン。確かに，一部のグループの人々に投票をさせないような差別がないようにすることは重要です。今日は，投票できる人が全員必ず投票をするために一部の国で採られている方法について話したいと思います。それは義務投票制と呼ばれる手法です。大半の国では用いられていませんが，選挙制度の一部としてそれを採用している国は多少あります。そこではすべての人に投票する義務があり，行わないと罰則があります。人々を教育したり投票を簡単にしたりするだけでは十分ではないと考える国もあります。今現在，20を超える国に国民に投票を義務づける法律がありますが，実際に法律を施行しているのはわずか半数です。それは世界各地の多様な国々で，アルゼンチン，オーストラリア，ルクセンブルク，シンガポールなどがあります。その考え方は，全員が投票すると政府の合法性が高まるということです。また，もし全員が投票しなければならないなら，貧困，民族性，あるいはその他の理由で人々が投票できないようにすることが難しくなるのです。義務投票制を支持する人々は，全員に納税の義務があるのと同様に，全員が投票しなければならないようにするべきだと主張しています。

学生２：人々に投票を強制することは，どの程度民主的なのでしょうか。もし私が投票したくないとしたら，それは私の選択ではないのでしょうか。それらの義務投票制の国では，投票しないという選択をする人には何が起きるのでしょうか。罰を受けるのですか。

教授③：そうですね，義務投票制はあまり民主的ではないと考える人もいます。彼らの見解

は義務投票制が言論の自由を侵害するというものです。そういう人は，投票しない人は体制全体への不満を表明している，あるいは，単に関心がないと言っているのだと主張します。また，人々が政治に参加することを禁じている宗教もあって，投票を義務づけることは彼らの宗教的信仰に反するのです。しかし，義務投票制の国々では，特定の信仰を持つ人々や病気の人，海外居住者に対して免除を行うのが普通です。

罰則に関しては，国によって異なります。多くの国では投票しない場合，罰金が科せられます。ベルギーには義務投票制が最も古くからあり，投票をしないと公的機関に就職することが難しくなる場合があります。ですから政府で働きたい人は投票しないといけません。ペルーでは一部の公的サービスを受けるために，市民は投票したことを証明する押印済みのカードを提示しなければいけないことがあります。

学生１：もし投票用紙に書かれているどの候補者や政党にも投票したくない場合は，白票を出すことはできますか。

教授④：義務投票制の国の中には，白票を出せるところもあります。しかし，どの国にも当てはまるわけではありません。例えばオーストラリアの法律では，投票用紙に印を付けることを義務づけています。やり方については明記されていませんが，ただ，投票用紙には印を付けてから出すことになっています。

学生２：私には義務投票制は，最も声の大きい人やお金持ちの人だけではなく，みんなの声を確実に聞いてもらうよい方法のように思えます。

教授⑤：義務投票制について学ぶとき，民主的社会における投票の意義について皆さんに考えてもらいたいと思います。もし合法性や参加が民主主義国の最も重要な要素なら，義務投票制は必要な手段かもしれません。しかし，もし選択の自由が民主主義国の最も重要な要素なら，義務投票制は民主主義体制の中では存在の余地がないかもしれません。これらはこの講義で私たちが引き続き学び議論していく課題です。

---

6 正解 Ⓒ

訳 講義は主に何についてか。

Ⓐ 一部の国が義務投票制をやめるべきかどうか

Ⓑ 言論の自由は選挙権よりも重要かどうか

Ⓒ 義務投票制に関するさまざまな見解

Ⓓ 義務投票制の実施はどうすれば最もうまくいくか

解説 教授の１回目，２回目の発言から，講義の話題は義務投票制だとわかる。その後，教授は学生の意見も聞きながら，義務投票制の仕組みや各国の状況などを説明して，最後に「民主的社会における投票の意義について考えてもらいたい」と述べている。この内容に最も合う Ⓒ が正解。Ⓑ も重要な点だが，議論の一部でしかないので不適切。

7　正解　Ⓑ　Ⓒ

訳　教授によると，義務投票制の長所は何か。

答えを2つクリックしなさい。

Ⓐ　人々の言論の自由を守る。

Ⓑ　有権者の差別を減らす。

Ⓒ　選挙で選ばれた政府の合法性を高める。

Ⓓ　少数派に多数派を制する力を与える。

解説　2回目の教授の発言の後半に a government has more legitimacy when everyone votes「全員が投票すると政府の合法性が高まる」とあり，これは Ⓒ に一致する。また，続けて if everyone has to vote, then it is hard to keep people from voting because of poverty, ethnicity, or some other reason「もし全員が投票しなければならないなら，貧困，民族性，あるいはその他の理由で人々が投票できないようにすることが難しくなる」とあり，これは Ⓑ と一致する。

8　正解　Ⓐ

訳　人々がときに投票しない理由の1つは何か。

Ⓐ　体制への不満を示したい。

Ⓑ　罰を与えられても構わない。

Ⓒ　仕事を休むことができない。

Ⓓ　暴力で脅されている。

解説　教授の3回目の発言に投票しない人についての意見が述べられており，non-voters are expressing their dissatisfaction with the overall system「投票しない人は体制全体への不満を表明している」とある。これは Ⓐ と一致する。

9　正解　Ⓐ

訳　義務投票制に反対する論拠の1つは何か。

Ⓐ　人々の宗教的信仰を侵害する可能性がある。

Ⓑ　選挙をもっと実行しにくいものにする。

Ⓒ　しばしば海外居住者に罰を与える。

Ⓓ　人口がわずかしかない国でしかうまくいかない。

教授の3回目の発言に義務投票制に異を唱える人がいる理由が述べられている。1つ目は compulsory voting is an infringement on free speech「義務投票制が言論の自由を侵害する」，2つ目は some religions forbid people to participate in politics, so requiring people to vote violates their religious beliefs「人々が政治に参加することを禁じている宗教もあって，投票を義務づけることは彼らの宗教的信仰に反する」。Ⓐはこの2つ目の理由に一致するので，これが正解。

10 正解 Ⓒ

訳 教授はベルギーについて何と言っているか。

Ⓐ 市民に投票したことを証明するカードを持つよう義務づけている。

Ⓑ 投票用紙に印をつけることを義務づけている。

Ⓒ 投票をしない人が政府の仕事に就くことを許可しない場合がある。

Ⓓ 投票しない市民に高額の罰金を科す。

解説 教授は3回目と4回目の発言で義務投票制を実施している国の具体例について述べている。ベルギーについては「義務投票制が最も古くからある」とし，not voting can make it hard for a person to get a job in the public sector「投票をしないと公的機関に就職することが難しくなる場合がある」とあるので，Ⓒが正解。make it hard for A to ～ は「Aが～することを難しくする」。Ⓒの withhold ～ from A は「Aに～を許可しない」の意味。選択肢のⒶはペルー，Ⓑはオーストラリアの実例。Ⓓの高額の罰金を科している実例は挙げられていない。

11 正解 Ⓑ

訳 もう一度，会話の一部を聞きなさい。
それから，設問に答えなさい。（スクリプトの下線部分を参照）

教授はこの発言をするとき何を意味しているか。

Ⓐ 義務投票制は健全な民主主義には極めて重要である。

Ⓑ 義務投票制を支持するかどうかは人の価値観次第である。

Ⓒ 義務投票制の必要性は増加している。

Ⓓ 合法性は自由よりも重要である。

解説 発言の2文はいずれも if ~ is[are] the most important component(s) of a democracy, then compulsory voting may ... 「もし~が民主主義国の最も重要な要素なら，義務投票制は…かもしれない」という文。民主主義の第一義を何に置くかによって義務投票制が必要にも不要にもなるということを言っている。つまり義務投票制を支持するかどうかは人それぞれの価値観によるので，**B** が正解。

天文学

太陽系にある８つの惑星の大気について説明しています。各惑星の大気の成分と，大気がその惑星の環境にどのような影響を及ぼしているのかをつかみましょう。

スクリプト 🔊 track 74

Listen to part of a lecture in an astronomy class. The professor has been talking about the atmospheres of the different bodies in the solar system.

1   Every planet in our solar system has an atmosphere. However, they are all quite different from each other in what they are made of and how they affect their planets' environments. Today, we're going to look at the Earth's atmosphere and how it formed. Then, we'll talk about the atmospheres of the other planets.

2   First, we'll start with the planet we call home. The Earth's atmosphere is about 78 percent nitrogen followed by almost 21 percent oxygen. The rest of the elements, including the carbon dioxide that plants breathe, add up to barely 1 percent of the atmosphere. Of course, as we know, the specific atmosphere of our planet is one of the reasons life has been able to thrive on Earth. But it hasn't always been this way. Billions of years ago, when the surface was extremely hot, the Earth had no atmosphere. Eventually, the Earth cooled but the first atmosphere formed was different from what it is today. This early atmosphere was formed from the release of gasses from volcanoes and consisted mainly of nitrogen and some carbon dioxide. From about half a billion years ago, plant life on Earth breathed in enough carbon dioxide and breathed out enough oxygen to eventually create the animal-friendly atmosphere we have today.

3   What about other planets? Let's go to Mercury, which has the thinnest atmosphere of all eight planets. This is not surprising as it is the smallest of the planets — thus less able to hold onto its atmosphere. However, a fun fact is that the most common element in Mercury's super

thin atmosphere is oxygen. Mercury's atmosphere has a higher proportion of oxygen than the Earth's — in fact, it has double the amount. Just remember it's extremely thin. Another reason Mercury's atmosphere is so thin is that its close proximity to the sun means whatever atmosphere it does have is getting constantly blown around by solar winds.

4   <u>Venus, on the other hand, has an atmosphere that is much denser than the Earth's. Venus is a perfect example of the greenhouse effect.</u> The atmospheric pressure on its own surface is nearly 100 times stronger than that of Earth on its surface. The atmosphere is almost all carbon dioxide and so of course we would find it poisonous. The thick atmosphere traps the heat from the sun. This effect makes Venus even hotter than Mercury — 462 degrees Celsius versus 426 degrees Celsius. The thick layer of atmosphere also means Venus is about the same temperature wherever you are on the planet. And get this — it's so hot that lead melts.

5   The atmosphere of Mars is similar in composition to that of Venus. It is also mostly carbon dioxide. However, because Mars is much farther away from the sun and thus much colder, there is no greenhouse effect like Venus. What makes Mars interesting is that small amounts of the gas methane have been found. This could be a sign of some sort of life on Mars, but it could also be produced from volcanoes or other geological activities.

6   The remaining planets in our solar system are the gas giants Jupiter, Saturn, Uranus, and Neptune. They are made almost entirely of atmospheres and non-solid materials, and may have small cores of rock or ice. We don't know for sure because of course we've never actually been to the centers of these planets. The atmospheres of gas giants are made up mostly of hydrogen and helium, while Uranus and Neptune are sometimes referred to as ice giants because they also have large amounts of water, ammonia, and methane. Jupiter is famous for its Great Red Spot, which is a giant storm the size of up to three Earths. Neptune has its own megastorm called the Great Dark Spot. Meanwhile, Saturn is one of the windiest planets with wind speeds up to 1,800 kilometers per hour.

Uranus, because of its atmospheric composition, is colder than the further out Neptune, making it the coldest planet in the solar system.

天文学の授業の講義の一部を聞きなさい。教授は太陽系の異なる天体の大気について話している。

【1】 太陽系のすべての惑星に大気があります。しかしながら、何でできているか、そして惑星の環境にどのように影響しているかという点でどれも互いにかなり異なっています。今日は地球の大気とそれがどのようにできたのかについて見ていきます。それから他の惑星の大気について話しましょう。

【2】 まず、我々が故郷と呼ぶ惑星から始めます。地球の大気は約78%が窒素で、次いでほぼ21%が酸素です。残りの成分は、植物が呼吸をする二酸化炭素を含め、合計してもようやく大気の1%です。もちろんご存じの通り、地球特有の大気は生命が地上で繁栄できる理由の1つです。しかし、ずっとそうだったわけではありません。何十億年も前、地表が極めて高温だったとき、地球には大気がありませんでした。最終的に地球は冷えましたが、最初にできた大気は今日のものとは異なっていました。この初期の大気は火山のガスが放出されてできたもので、主に窒素といくらかの二酸化炭素で構成されていました。約5億年前から地球の植物が十分な量の二酸化炭素を吸い込み、十分な量の酸素を吐き出すようになった結果、ついに今日あるような動物にやさしい大気ができたのです。

【3】 他の惑星についてはどうでしょうか。水星に移りましょう。この惑星の大気は全部で8つある惑星の中で最も薄いものです。これは惑星の中で最も小さい――つまり大気をあまりとどめておけない――ので、驚くようなことではありません。しかしながら、面白い事実は、水星の極めて薄い大気の最も一般的な成分が酸素であることです。水星の大気は地球の大気よりも酸素の比率が高いのです――実は2倍の量があります。ただ覚えておいてほしいのは、それは極めて薄いということです。水星の大気がそんなに薄いもう1つの理由は、水星は太陽に近く、これは水星がどんな大気を有していようとも太陽風によって常時あちこちに吹き飛ばされているということを意味しているのです。

【4】 一方、金星には地球よりもずっと濃い大気があります。金星は温室効果の例として申し分がありません。自身の地表にかかる大気圧は地球の地表の100倍近くになります。大気はほぼすべてが二酸化炭素で、もちろん我々には有毒でしょう。分厚い大気は太陽からの熱を閉じ込めます。この効果により、金星は水星よりもさらに暑いのです――金星のセ氏462度に対して水星はセ氏426度です。大気の層が分厚いということは、金星ではどこにいてもほぼ同じ気温ということでもあります。そしてちょっと聞いてほしいのですが、そこは暑すぎて鉛が溶けてしまいます。

【5】 火星の大気は金星の大気と似た構成になっています。それもほとんどが二酸化炭素です。しかし、火星は太陽からずっと離れていて、そのためにずっと気温が低いので、金星のような温室効果はありません。火星を興味深くしているのは、少量のメタンというガスが見つかっていることです。これは、ある種の生命が火星に存在することの表れかもしれませんが、火山や他の地質活動からできることもあります。

【6】 太陽系の残りの惑星は巨大ガス惑星である木星、土星、天王星、そして海王星です。それらはほぼ全体が大気および固体でない成分でできており、岩か氷の小さな核があるかもしれません。もちろん実際にこうした惑星の中心に行ったことは一度もないので、確かなこと

はわからないのです。巨大ガス惑星の大気は、ほとんど水素とヘリウムでできていますが、天王星と海王星には、大量の水、アンモニア、そしてメタンもあることから、氷の巨人と呼ばれることもあります。木星は大赤斑で有名で、それは最大で地球3つ分の大きさもある巨大な嵐のことです。海王星には大暗斑と呼ばれる独自のメガストームがあります。一方で、土星は風速が最大で時速1,800キロにもなる、最も風の強い惑星の1つです。天王星は大気の構成のせいで、ずっと外側にある海王星よりも寒く、そのため太陽系で最も寒い惑星です。

12 正解 Ⓒ

訳 教授によると、地球はどのようにして呼吸ができる大気を持つようになったのか。

Ⓐ 火山の噴火が大量の酸素を作り出した。

Ⓑ 地球の冷却によって二酸化炭素が減った。

Ⓒ 植物が酸素を大気中へと放出した。

Ⓓ 温室効果が酸素を閉じ込めた。

解説 第2段落後半で現在の地球の大気がどのようにできあがったのか、順を追って説明している。「当初は高温で大気はなかった」→「冷えて、窒素と二酸化炭素から成る最初の大気ができた」→「植物が二酸化炭素を吸い、酸素を放出し始めた」→「動物も住める今日の大気になった」という流れ。正解は Ⓒ。Ⓐ は、火山から出ていたガスに酸素は含まれていないので誤り。Ⓑ は、冷却によって窒素と二酸化炭素から成る最初の大気ができたので不適切。Ⓓ のような記述はない。

13 正解 Ⓐ

訳 水星の大気について正しくないのはどれか。

Ⓐ 太陽系で最も暑い。

Ⓑ 高い割合の酸素を含む。

Ⓒ 太陽風の影響を受けている。

Ⓓ ひどく不安定である。

解説 水星の説明は第3段落にある。その大気は地球の大気よりも酸素の割合が高いが、どんな大気でも太陽風が吹き飛ばしてしまうので、Ⓑ, Ⓒ, Ⓓ は正しい。気温については第4段落に水星よりも金星の方が高いとあるので、正しくないのは Ⓐ である。

14 正解 Ⓓ

> 🔊 火星に生命があるかもしれないことを示す兆候は何か。
> Ⓐ 大気の二酸化炭素の濃度が高い。
> Ⓑ 大気が金星の大気に似ている。
> Ⓒ 温室効果の影響を受けていない。
> Ⓓ 大気中にメタンがいくらかある。

> **解説** 火星の説明は第5段落にある。生命が存在する可能性について，最後に面白いこととして small amounts of the gas methane have been found という事実を取り上げ，This could be a sign of some sort of life on Mars と指摘している。正解はⒹ。Ⓐ, Ⓑ, Ⓒ はいずれも火星に関する正しい記述だが，「生命があるかもしれないことを示す兆候」ではないので，不適切。

15 正解 Ⓒ

> 🔊 土星の特徴は何か。
> Ⓐ 太陽系で最も寒い惑星である。
> Ⓑ 氷の巨人と描写される。
> Ⓒ 極めて速い風が吹いている。
> Ⓓ 地球3つ分の大きさの巨大な嵐がある。

> **解説** 土星の説明は第6段落にある。木星，天王星，海王星とあわせて説明しているので，整理して聞くこと。土星については他の惑星との共通点として gas giants の1つで，大気のほとんどが水素とヘリウムであるという特徴がある。段落最後には土星固有の特徴が述べられており，風が最も強く，最大で時速1,800キロになるとある。以上から正解はⒸ。Ⓐ は天王星，Ⓑ は天王星と海王星の特徴。Ⓓ は木星の大赤斑のこと。

16 正解 Yes: (1) (3)　No: (2)

> 🔊 巨大ガス惑星の特徴あるいは性質として言及されているのは次のうちどれか。各文の正しいボックスをクリックしなさい。
> (1) 水素とヘリウムから成る。
> (2) 巨大な核がある。

(3) ほとんどがガスと他の固体でないものからできている。

解説 巨大ガス惑星についての説明は第6段落にある。(1) は，4文目の The atmospheres of gas giants are made up mostly of hydrogen and helium という説明に合う。続けて while Uranus and Neptune are sometimes referred to as ice giants because they also have large amounts of water, ammonia, and methane とあるが，これは天王星と海王星には水素とヘリウムがないという意味ではなく，水素とヘリウムに加えて大量の水，アンモニア，メタンがあるという意味。(2) は，2文目の They are made almost entirely of atmospheres and non-solid materials, and may have small cores of rock or ice. という説明に合わず，一方で (3) はこの説明に一致する。

---

17 正解 Ⓑ

訳 もう一度，講義の一部を聞きなさい。
それから，設問に答えなさい。（スクリプトの下線部分を参照）

教授はこの発言をするとき何を意味しているか。
金星は温室効果の例として申し分がありません。

Ⓐ 金星には地球のものに似た植物があるかもしれない。

Ⓑ 金星にはそれをとても暑くする条件が備わっている。

Ⓒ 金星の大気は酸素で満たされている。

Ⓓ 金星はつい最近温暖化した。

解説 この箇所に続く説明部分で，金星の大気は二酸化炭素の分厚い大気であり，それが熱を閉じ込め，水星よりも暑い惑星になっていると説明している。つまり金星には暑くなる条件がそろっているので，正解は Ⓑ。Ⓐ と Ⓓ については説明がない。Ⓒ は第4段落4文目の「大気はほぼすべてが二酸化炭素」という説明に矛盾する。

大学院に進学を希望している学生と教授の会話です。大学院に進めないのではないかと心配している学生に対し，教授がどのようなアドバイスをするのか注意して聞きましょう。GPA などの言葉はぜひ知っておくべきですが，知らなくても文脈から意味を判断するようにしましょう。

Listen to a conversation between a student and a professor.

Student: Excuse me, Professor Winters? I'm Gail Simmons. I made an appointment to meet with you for academic counseling.

Professor: Hi, Gail, nice to meet you. Come on in. You're right on time. I appreciate that.

Student: Thank you ... sorry, I'm a little nervous.

Professor: No need to be. Have a seat. How can I help you?

Student: Well, I had sort of given up on being able to go to graduate school because my grade point average, er, GPA, is so low, but a friend suggested I talk to somebody and find out if there is a way to compensate for the low GPA, or something.

Professor: Let me pull your student record up and see what we're up against. Here we go. So, you're a second semester senior. Last semester you pulled in a three-point-two, that's good. But your overall average is two-point-six. Most graduate schools only consider candidates with three-point-oh or higher.

Student: That's what I was afraid of. Look, I don't want to waste your time.

Professor: Gail, we've just gotten started, and you're not wasting my time. Sit back down, and tell me why your grades were so much lower in your freshman and sophomore years. I can see from your record that last year's GPA was three-point-one. Can you tell me how you brought your grades up from the very low GPA of your first two years?

Student: Well, I started out as a psychology major, but I had a lot of trouble with the math and science requirements. And, actually, the psychology classes weren't nearly as interesting as I thought they would be. I started to think about what I really wanted for a career and applied to the School of Social Work. I was accepted, and it's turned out to be a much better fit for me.

Professor: OK, it isn't so unusual that a change in major will bring a GPA up. Most graduate schools have an optional essay portion of the application. What you will need to do is take that option and point out the difference between your grades for the first two years and the second two years, and explain the change of major. When I look more closely at your transcript, I see that it's clearly the math and science classes that brought your GPA down. If you took those classes out of the equation, your GPA would be closer to a three-point-five.

Student: Can we do that?

Professor: No, we can't erase those lower grades, but you can explain them to your prospective graduate school. And your transcript provides the data to support your rationale.

Student: So, do you think I'll be able to get into grad school?

Professor: I don't think you're out of the running, and there are some other things you can do to improve your eligibility, as well. You could wait a couple of years to apply for grad school, and in the meantime take a job in social work to demonstrate your commitment to the field. That would strengthen your overall application. You could also take post-baccalaureate classes.

Student: Post-baccalaureate classes? What does that mean?

Professor: Well, post-baccalaureate classes are classes you take after graduation. Those grades can then be averaged in with your undergraduate scores, to bring your GPA up, also demonstrating your commitment to the profession.

Student: I didn't realize I could still take some courses. Of course I wouldn't want to make the situation worse ... what would I be studying?

Professor: There are a variety of choices, but there are courses for a counseling certificate that might be just right for you.

Student: You're right, that might work. If it doesn't work out, I guess I could get some sort of job or internship for a while. Professor Winters, thank you so much for this advice. I feel so much better now about my chances of going on to graduate school.

Professor: You're very welcome, Gail. Feel free to come back and see me if you think that would be helpful.

スクリプトの訳

学生と教授の会話を聞きなさい。

学生：すみません，ウィンターズ教授ですか。ゲイル・シモンズです。アカデミック・カウンセリングの予約をした者です。

教授：こんにちは，ゲイル，はじめまして。入ってください。時間通りですね。助かります。

学生：ありがとうございます……すみません，ちょっと緊張してしまって。

教授：緊張する必要はありません。おかけなさい。どういう相談ですか。

学生：あの，私は成績の平均点，つまり GPA がとても低くて，大学院に進学できることをちょっとあきらめていたんです。でも友人が，誰かに話して，低い GPA を補う方法などがあるかどうか確かめたらどうかと勧めてくれたんです。

教授：あなたの学生成績記録を出して，どんな問題があるか見てみましょう。さあ，ありました。あなたは 4 年生の 2 学期にいるわけですね。前の学期の成績は 3.2 ですか，いいですね。でも全体の成績の平均は 2.6 ですね。ほとんどの大学院は 3.0 以上の候補者しか受け入れを検討しないのですよ。

学生：そうじゃないかと恐れていたんです。あの，先生のお時間を無駄にしたくはありませんので。

教授：ゲイル，まだ相談を始めたばかりですし，私の時間を無駄になんてしていませんよ。さあ，椅子に戻って，なぜあなたの 1 年生，2 年生のときの成績がこんなに悪かったのか話してください。この成績表によると去年の GPA は 3.1 でした。最初の 2 年間のとても低い GPA からどうやって成績を引き上げたのか教えてくれますか。

学生：ええ，私は最初，心理学専攻でしたが，数学と科学の必須科目でかなり手こずってしまいました。それに，実は，心理学の授業は私が思っていたほど興味深いものではまったくありませんでした。本当はどういう仕事がしたいのか考え始め，社会福祉学科に応募しました。そこに入ることができて，私にはずっとその方が向いていることがわかったのです。

教授：なるほど。専攻を変更した結果，GPA が上がるのはそれほど珍しいことではありません。ほとんどの大学院では応募の際に選択部分としてエッセイがあります。あなたがする必要のあることは，この選択をして，最初の 2 年間の成績と次の 2 年間の成績との違いを指し示して，専攻を変えたことを説明することですね。あなたの成績証明書をもっと詳しく見ると，あなたの GPA を引き下げていたのは明らかに数学と科学の授業だとわかります。もしこれらの授業を差し引くと，あなたの成績は 3.5 に近くなるでしょう。

学生：そんなことができるのですか。

教授：いえ，それらの低い成績を消すことはできません。でも志願先の大学院に対して説明することはできます。そして成績証明書があなたの説明を裏づけるデータを与えてくれます。

学生：では，私は大学院に入れると思われますか。

教授：可能性がないとは言えませんし，あなたが出願資格をよりよくするためにできることが他にもあります。大学院に出願するのを2，3年待って，その間に社会福祉の仕事をして，この分野への傾倒ぶりを示すこともできます。そうすればあなたの願書全体が強化されます。それに学士号取得後の授業を受けることもできますよ。

学生：学士号取得後の授業ですか。どういうものですか。

教授：まあ，学士号取得後の授業とは卒業後に受ける授業です。それらの授業の成績は学部時代の成績とともに平均化され，GPA を上げられますし，さらにあなたのこの職業への傾倒ぶりを示すこともできます。

学生：この上まだ講座が取れるとは知りませんでした。もちろん，状況を今以上に悪くするようなことはしたくありません……何を勉強することになるのでしょうか。

教授：いろいろな選択肢がありますが，あなたにぴったりかもしれないカウンセリング資格を取れる講座がありますよ。

学生：そうですね，それはうまくいくかもしれませんね。もしそれでうまくいかなければ，しばらく何か仕事に就くか，インターンになることもできますね。ウィンターズ教授，アドバイスをありがとうございました。大学院に行ける可能性についてかなり希望が見えてきました。

教授：どういたしまして，ゲイル。私が何か役に立てることがあれば，いつでもまた来てください。

---

1 正解 Ⓑ

> **訳** 学生はなぜ教授に会っているのか。

Ⓐ 専攻を社会福祉に変更したいと考えている。

Ⓑ 卒業後どうしたらいいか悩んでいる。

Ⓒ 数学のテストで悪い成績を取った。

Ⓓ 科学の授業に手こずっている。

> **解説** 相談の主題は最初に話すはずである。「大学院に行くのをあきらめたが，友人に何か方法があるかどうか確かめたらどうかと言われた」という話から，卒業後の進路を決めかねているとわかるので，Ⓑ が正解。Ⓐ は2年から3年になるときに，Ⓒ と Ⓓ は1，2年のときにあったと考えられ，すべて過去のことなので不適切。

---

2 正解 Ⓑ

> **訳** 学生の成績の平均点が上がったのは何が原因か。

Ⓐ 数学の授業を増やしたこと

Ⓑ 専攻を変更したこと

Ⓒ 科学の授業を追加したこと

Ⓓ 1学期あたりに取る科目の数を減らしたこと

> 解説　1, 2年のときの成績は悪かったのに，どうやって上げたのか，と教授が尋ね，それに対して学生が会話中盤で答えている。1, 2年のときにうまくいかなかったので自分のやりたいことについて考え，専攻を変えたところ，成績がよくなったと説明しているので，正解は Ⓑ。学生の applied to the School of ...「…の学科に応募した」という発言や，教授の a change in major「専攻の変更」などが聞き取れればヒントになる。Ⓐ と Ⓒ は言及がなく，学生が数学や科学が苦手だったことと矛盾する。Ⓓ も言及がない。

---

3 正解 Ⓑ Ⓒ

> 訳　教授がしている提案は次のうちどれか。
>
> 答えを2つクリックしなさい。

Ⓐ 成績を変えてもらうよう訴える

Ⓑ 低い成績について説明する

Ⓒ 大学院に入る前に関連した仕事に就く

Ⓓ もう1つ学士号を取る

> 解説　会話中盤で学生が成績を上げた理由について聞いた教授は，学生にアドバイスをする。Most graduate schools have an optional essay portion of the application. 以降で，成績が上がった理由について応募時に説明できると言っているので，Ⓑ が正解。また，その少し後で，take a job in social work「社会福祉の仕事に就く」こともできると述べているので，Ⓒ も正解。数学と科学が明らかに GPA を下げており，それらを差し引けば成績はよくなる，と教授は述べているが，すぐ後で実際にはそれはできないと言っているので，Ⓐ は誤り。Ⓓ については言及がない。

---

4 正解 Ⓒ

> 訳　もう一度会話の一部を聞きなさい。
>
> それから，設問に答えなさい。（スクリプトの下線部分を参照）
>
> 学生はこの発言をするとき何を示唆しているか。
>
> **学生：そうじゃないかと恐れていたんです。あの，先生のお時間を無駄に**

したくはありませんので。

(A) 驚いて，もっと続きを聞きたいと思っている。

(B) 怯えて，初めからやり直したいと思っている。

(C) がっかりして，あきらめかけている。

(D) 話が理解でき，満足して帰ろうとしている。

解説 この発言の直後，教授の Sit back down「椅子に戻って」という言葉から，学生が立ち上がって帰ろうとしていることがわかる。That's what I was afraid of. は「それが私の恐れていたことだ，そうだろうと思っていた」という意味であり，「先生の時間を無駄にしたくない」は，「思っていた通りだめなのだとわかったので，話はこれで終わりにしたい」ということ。これはあきらめの態度であり，(C) が正解。「続きを聞きたい」という態度ではないので，(A) は誤り。afraid と言っているが，scared「怯えている」という意味ではなく，「初めからやり直したい」と思っているわけでもないので，(B) も不適切。帰ろうとしているのは，happy to leave「満足して帰る」わけではないので，(D) も不適切。

---

5 正解 (A)

訳 もう一度，会話の一部を聞きなさい。
それから，設問に答えなさい。（スクリプトの下線部分を参照）

教授はこの発言をするとき何を示唆しているか。

(A) 授業を取ることは 2 つ以上の点で彼女のチャンスを高めるのに役立つ。

(B) 彼女が選んだ分野には幅広い講座がある。

(C) GPA を上げるのではなく，これが本当に正しい分野なのかどうか決断するべきである。

(D) もし彼女が GPA を上げられなかったら，自分のこの分野への強い傾倒を説明すればよい。

解説 学士号取得後の授業を学生に勧める文脈の中での発言。学士号取得後の授業は，「GPA を上げることができる」，「この職業への傾倒ぶりを示す」という 2 つのメリットがあると述べているので，(A) が正解。(B) は言及がない。福祉の分野が正しいかどうかこれから改めて考えなさいとは述べていないので，(C) は誤り。(D) は，教授は学生が GPA を上げられなかった場合を想定して話しているわけではないので，不適切。

213

マーケティング

栄養補助食品業界についての講義です。米国の市場におけるここ数年の傾向と変化について概要を述べ，サプリメント，機能性食品・飲料，薬用化粧品の今後の動向について予測する，という流れです。さまざまな概念が出てくるので，混乱しないよう情報を整理しましょう。

スクリプト　　　◀ track 87

Listen to part of a lecture in a marketing class.

1　　So, I'd like to continue talking about trends and changes in the health supplement and nutrition field. For the past two decades, the term "nutraceuticals" has been used to describe products in this market, a combination of nutrition and pharmaceuticals. The U.S. nutraceutical market is one of the fastest growing business sectors you can imagine. It is growing at about 5 percent a year and is expected to exceed $75 billion just a few years from now. We're not only talking about the U.S., but this trend is anticipated worldwide, with the global market expected to reach $204.8 billion in the next few years. The U.S. market will remain number one with the Asia-Pacific region, including Japan, to have the second largest share.

2　　While all of us are very familiar with dietary supplements, that is only one part of this growing market. Nutraceuticals also include what are called functional food and functional beverages. Originally, when we spoke of health foods, we meant things that were sugar-free, fat-free or salt-free, which all had some ingredient "subtracted" from them, but functional food and beverages are different. The idea of "functional" here is that the food has some purpose beyond nutrition, that is to say, it boosts your energy, helps your memory, lowers your cholesterol, and so forth. All of these nutraceutical-type foods add something.

3　　Actually, in the past few years, reduced calorie or sugar-free foods have been outsold by functional food and beverages. The low-calorie beverage industry has always been strong, but now we see more and more drinks that contain real fruit, fiber and other nutritional elements gaining in popularity. These functional foods and beverages are good examples of nutraceuticals. People are even more attracted to food and drink claiming to be natural or organic than ever before. Just between 2012 and 2013, the natural foods part of this market grew a startling 28%.

4   So, let's talk about the trends that increasingly motivate people toward these various nutraceuticals. The number one use of nutraceuticals is as a supplement or a replacement for traditional pharmaceuticals in treating chronic health conditions. This is a trend that is likely to continue. Some health practitioners argue that the nutraceutical industry is not regulated strongly enough and that many of these products do not undergo enough testing, but things are more stringent than ever before. The functional food sector of nutraceuticals contains items that are by and large organic. Labeling a product "organic" requires special certification and there are increasingly strict rules regarding calling a product "natural." In the past, supplements simply relied on anecdotal support for health benefit claims, but these days there are an increasing number of nutraceuticals on the market that have undergone medical trials.

5   Let's look at a concrete example. There is a nutraceutical called AHCC, Active Hexose Correlated Compound, which is perhaps one of the most promising nutraceuticals in recent memory. Developed in Japan from mushrooms and mushroom roots, this substance has been shown to increase natural killer cell activity, so it can be used to boost the immune system of cancer patients, even those undergoing chemotherapy, which is known to suppress the immune system. It can also be used by people who wish to boost their system, or catch fewer colds. What makes this different than most nutraceuticals is that there have been more than 20 clinical trials conducted for the product and it is used in a number of clinics around the globe, though I believe it will undergo a lot more testing.

6   Other trends in nutraceuticals have to do with people's eating

habits. For example, it is estimated that more than 30 million Americans tend to skip breakfast, yet eating breakfast is known to be important to maintaining health. Consequently, nutraceuticals are making a lot of inroads in the breakfast bar market. These new healthful bars are also part of another huge market, the functional food snack. In a sector where carbohydrates, fat and salt used to be king, alternative grains, protein and a wide variety of fruits and nuts are starting to take over.

7   We've been talking solely about things that we ingest, but there is another submarket of nutraceuticals called cosmeceuticals that encompasses topical products — what we rub onto or rub into the surface of our bodies. Although I'm nesting this category under nutraceuticals, you will surely be surprised to learn that the term cosmeceutical is actually older than the word nutraceutical. Cosmeceutical was coined by a cosmetic scientist way back in 1962, while the word nutraceutical started more recently, in 1989. In any event, with people wanting to improve the function of their hair and skin, more than $8 billion of the U.S. expenditures I mentioned before go to functional skin and hair care products.

8   Many people are looking up advice for minor health concerns on the Internet, so it stands to reason that these people are choosing their own remedies for skin and hair issues. The technical term for this is "self-directed care." I think it's safe to say that we can look to self-directed care to continue to prop up all sectors of the nutraceutical market.

スクリプトの訳

マーケティングの授業における講義の一部を聞きなさい。

【1】それでは，引き続き，健康補助食品と栄養の分野における傾向と変化について話します。過去 20 年間に，栄養と薬品を合わせた「栄養補助食品」という用語が，この市場での商品を説明するのに使われてきました。米国の栄養補助食品市場は，想像できる限り最も成長の速い事業部門の 1 つです。年間およそ 5％成長しており，これからほんの数年以内に 750 億ドルを超えると見込まれています。米国のことだけを言っているのではありません。この傾向は世界中で予測されており，世界市場は今後数年で 2,048 億ドルに達すると予想されているのです。米国市場が 1 位を維持し，日本を含むアジア太平洋地域が第 2 位を占めるのは変わらないでしょう。

【2】サプリメントは私たちみんなにとって非常におなじみのものですが，それはこの成長市

場のほんの一部にすぎません。栄養補助食品にはいわゆる機能性食品, 機能性飲料というものも含まれます。もともと, 健康食品といえば, 無糖, 無脂肪, 無塩のものを指していました。どれも食品から一部の成分を「抜いて」いたのですが, 機能性食品・飲料は違います。ここで言う「機能性」とは, その食品には栄養だけではない何らかの目的, つまり活力を高める, 記憶を助ける, コレステロールを下げるなどがあることを指します。それらの栄養補助タイプの食品はすべて何かを加えているのです。

【3】実際, ここ数年, 低カロリーあるいは無糖の食品よりも, 機能性食品・飲料の方がよく売れています。低カロリー飲料産業はこれまでずっと強いものでしたが, 今や本物の果物, 繊維, その他の栄養素を含む飲料がどんどん人気を得ています。こうした機能性食品・飲料は, 栄養補助食品のよい例です。人々はこれまでになく, ナチュラルとかオーガニック (有機栽培) とうたった食品や飲料に引きつけられています。2012 年から 2013 年の間だけでも, この市場の自然食品部門は 28％という驚くべき伸びを示しているのです。

【4】それでは, こうしたさまざまな栄養補助食品に人々をますます向かわせる傾向について話しましょう。栄養補助食品の用途の第 1 位は, 慢性的な健康状態を治療する伝統的な薬剤の補完あるいは代用品としてのものです。この傾向はおそらく続くでしょう。医療関係者の中には, 栄養補助食品業界は十分に規制されていない, これらの製品の多くが十分な検査を受けていないと主張する人もいますが, 事態はこれまでになく厳しくなっています。栄養補助食品のうち機能性食品部門には, 全般的にオーガニックなものが含まれています。製品に「オーガニック」のラベルを貼るためには特別な認可が必要で, ある製品を「ナチュラル」だと呼ぶことに関しては, さらに規制が厳しくなっています。過去には, サプリメントはただ健康によいという主張を体験談による裏づけに頼っていたのですが, 最近は臨床試験を経た栄養補助食品の数が市場に増えています。

【5】具体的な例を見てみましょう。活性化糖類関連化合物, AHCC と呼ばれる栄養補助食品があります。最近覚えている限りでは最も将来有望な栄養補助食品の 1 つかもしれません。日本でキノコとキノコの根から開発されたこの物質は, ナチュラルキラー細胞の活動を増やすことが証明されていますので, がん患者の免疫系を強化するために使うことができますし, 免疫系を抑制することがわかっている化学療法を受けている患者にも使えます。体を強くしたい, あるいは風邪をひく回数を減らしたいと考えている人々にも使うことができます。大部分の栄養補助食品と異なるのは, この製品のために 20 以上の臨床試験が行われ, 世界中の多くの診療所で使われているということです。これからもっと多くの試験を受けるのだとは思いますが。

【6】栄養補助食品におけるその他の傾向は, 人々の食習慣に関係があります。例えば, 3,000 万人以上のアメリカ人が朝食を抜く傾向があると見積もられていますが, 朝食を食べることは健康を保つために重要だと知られています。その結果として, 栄養補助食品は朝食バーの市場に数多く進出しつつあります。こうした新しい健康的なバーは, 機能性食品スナックというもう 1 つの巨大市場の一部でもあります。かつて炭水化物, 脂肪, 塩が王者だった分野では, 代替の穀物, タンパク質, さまざまな果物や木の実が取って代わり始めています。

【7】ここまで口から摂取するものだけについて論じてきましたが, 栄養補助食品にはもう 1 つ, 体の表面に塗ったりすりこんだりする外用剤を包括する, 薬用化粧品と呼ばれる二次市場があります。私は栄養補助食品の下にこのカテゴリーを置いていますが, 薬用化粧品という用語が実際に栄養補助食品という言葉よりも古いと知ったら, 皆さんきっと驚くでしょうね。薬用化粧品は美容科学者によってずいぶん昔の 1962 年に造られた言葉で, 栄養補助食

品はもっと最近の 1989 年に使われ始めた言葉なのです。いずれにしても，髪や肌の機能を改善したいという人々のおかげで，先ほど話した米国の支出のうち，80 億ドル以上が機能的スキンケア・ヘアケア製品に使われています。

[8] 多くの人々は小さな健康上の不安に対する助言をインターネットで調べるので，そうした人々が肌や髪の問題に関して自分自身の治療法を選ぶのも当然でしょう。これを専門用語で「自主治療」と呼びます。自主治療が栄養補助食品市場のすべての分野を支え続けることを期待できると言っていいと思います。

---

6 正解 Ⓑ

(訳) 講義の主な目的は何か。

Ⓐ 医療における傾向についての前の講義を振り返ること

Ⓑ 栄養補助食品の人気の伸びを説明すること

Ⓒ 機能性食品・飲料という概念を紹介すること

Ⓓ 自主治療の経済的な影響を説明すること

解説 全体の目的を問う問題。講義の目的は冒頭で述べられることが多い。この講義の場合も，冒頭で「健康補助食品と栄養の分野における傾向と変化について話す」と述べている。その後，講義全体を通じて栄養補助食品の傾向やさまざまな具体例を説明しており，その内容に一致するのは Ⓑ。continue talking という表現からこれまでの講義でもその話をしていたとわかるが，前の講義の内容を振り返ってはいないので Ⓐ は誤り。機能性食品・飲料，また自主治療は講義で触れられてはいるが，それ自体が講義の目的ではないので，Ⓒ と Ⓓ は不適切。

---

7 正解 Ⓒ

(訳) 教授によれば，現在，低カロリー食品・飲料製品と競合しているのは何か。

Ⓐ 局所的に栄養を与えるクリームや化粧水

Ⓑ スピーディーな朝食のためのインスタント朝食の製法

Ⓒ 非常に栄養価が高い，ナチュラルまたはオーガニックな製品

Ⓓ 食品に加える高タンパクのサプリメント

解説 低カロリー食品・飲料と競合している商品については第 3 段落で言及がある。第 2 段落で説明された機能性食品・飲料の説明の続きで，今は低カロリー食品・飲料よりも機能性食品・飲料の方がよく売れると言っている。その説明の中で，People are even more attracted to food and drink claiming to be natural or organic than ever before.「人々はこれまでになく，ナチュラルとかオーガニックとうたった食品や飲料に引きつけられている」と述べているので，Ⓒ が正解。

8 正解 Ⓑ Ⓓ

訳 教授が説明している業界の傾向は次のうちどれか。
答えを2つクリックしなさい。

Ⓐ キノコのさらなる消費
Ⓑ 目的を増やした食品
Ⓒ 製品への政府による規制の緩和
Ⓓ サプリメントによる薬の代用

解説 第2～3段落で，機能性食品・飲料について説明されている。第3段落で売上が好調であることが述べられ，それが業界の大きな動きだとわかるが，具体的には第2段落で説明されているように「活力を高める，記憶を助ける，コレステロールを下げる」など「何らかの目的がある」ものなので，Ⓑ が正解とわかる。また，第4段落では「栄養補助食品の用途の第1位は，慢性的な健康状態を治療する伝統的な薬剤の補完あるいは代用品としてのもの」と説明しているので，Ⓓ も一致する。Ⓐ は，第5段落でキノコの話をしているが，キノコの消費が増えるのが傾向というわけではない。Ⓒ は，政府による規制については言及がなく，また第4段落後半に製品への規制はむしろ厳しくなっているとあるので，不適切。

9 正解 Ⓑ

訳 朝食について教授は何を示唆しているか。

Ⓐ 人々は健康バーよりも伝統的な食べ物を好む。
Ⓑ 栄養補助食品は人々を朝食を食べる気にさせる。
Ⓒ 朝食は栄養補助食品市場では役割を果たしていない。
Ⓓ 朝食は伝統的に脂肪と塩分が多すぎる食事である。

解説 朝食については第6段落で触れている。3,000万人以上のアメリカ人が朝食を抜いていて，「その結果として，栄養補助食品は朝食バーの市場に数多く進出しつつある」と述べている。朝食が重要であるにもかかわらず多くの人が朝食を抜くので，そういった人に食べやすい朝食を提供するということで，Ⓑ が正解。Ⓐ Ⓒ は本文の内容と矛盾する。Ⓓ のようなことは述べられていない。

10 正解 Ⓐ

> **訳** 薬用化粧品を栄養補助食品の一部に分類しようとするときに意外かもしれないのは何か。
> Ⓐ 薬用化粧品は栄養補助食品よりも昔から存在している。
> Ⓑ 薬用化粧品は栄養補助食品のように機能を高めるのに役立たない。
> Ⓒ 栄養補助食品には薬用化粧品と共通する点はない。
> Ⓓ 薬用化粧品は栄養補助食品よりもずっと大きな市場があると主張している。

> **解説** 薬用化粧品については，第7段落で説明している。Although I'm nesting this category under nutraceuticals, you will surely be surprised to learn that the term cosmeceutical is actually older than the word nutraceutical. 「私は栄養補助食品の下にこのカテゴリーを置いているが，薬用化粧品という用語が実際は栄養補助食品という言葉よりも古いと知ったら，皆さんきっと驚くだろう」とあるので，この内容に一致する Ⓐ が正解。Ⓑ については本文で述べられていない。栄養補助食品の下のカテゴリーに薬用化粧品を入れていることから考えて，Ⓒ と Ⓓ は誤り。

11 正解 Ⓒ

> **訳** もう一度，会話の一部を聞きなさい。
> それから，設問に答えなさい。（スクリプトの下線部分を参照）
>
> 教授がこう言うのはなぜか。
> Ⓐ 栄養補助食品を使うのがなぜ危険ではないのかを説明するため
> Ⓑ 医薬品よりも栄養補助食品を好む人々がいることを説明するため
> Ⓒ 栄養補助食品の市場の持続的成長を予言するため
> Ⓓ 今日，インターネットがどのように自己治療に影響するかを解説するため

> **解説** 講義の結びの部分でのコメント。I think it's safe to say that ... は「…と言うのは安全だと思う」，つまり「…と言っていいと思う」の意味。言っていいと思っているのは「自主治療が栄養補助食品市場のすべての分野を支え続けることを期待できる」という内容なので，一致するのは Ⓒ。Ⓐ は safe という語から栄養補助食品の安全性が話題かと誤解してしまうかもしれないが，これについては触れていない。Ⓑ Ⓓ は本文中で言及はあるが，この発言の意図とは関係がない。

MEMO

Speaking Section 解答解説

No. 1　　　　　　　　　　　　　　　　　　　　　　　▶問題編　p. 76〜79

No. 1 は，何かのテーマに対して賛成か反対か，あるいは2つのうちどちらがよいかを答える問題です。ここでは，集合住宅でペットを飼育することに賛成か反対かを述べます。ペットを飼った経験や，反対に隣人のペットに悩まされた経験のある人は，それを思い出して話すとよいでしょう。経験がなくても，友人からの話やテレビで見た話など，材料を探して話しましょう。

スクリプト　　🔊track 94

Now, you need to state your opinion about a general topic. There will be 15 seconds of preparation time and 45 seconds for speaking.

スクリプトの訳

それでは，一般的なトピックについて意見を述べなさい。準備時間は15秒，話す時間は45秒である。

設問訳 隣人の迷惑になる可能性があるので集合住宅ではペットを許可すべきでないと考える人がいる。ペットは人によい影響を与えるので，集合住宅での飼育を許可すべきだと考える人もいる。あなたはどちらの意見か，そしてその理由は何か。

解答例　　🔊 track 99

I believe we should be allowed to have pets in apartments, because there are positive effects of living with animals which are very important. Experts have shown that elderly people live longer and stay healthier if they take care of pets. In addition, having pets helps build relationships. If you go for a walk with your dog, for example, you might see a neighbor who also has a dog and become friends.

Yes, it is true that in apartments pets' noises can be annoying. But people usually put up with other kinds of noises such as loud music, blasting TVs, and screaming children, so I don't think it makes sense to ban pets just because they sometimes make noise.

訳　私は，集合住宅でペットを飼うのは許されるべきだと思います。動物と暮らすことにはとても大切なよい影響があるからです。高齢者はペットの世話をしているとより長生きするし，より健康を保つと専門家は示しています。さらに，ペットを飼うことは人間関係を築くのに役立ちます。例えば，もしあなたが自分の犬と散歩に行ったら，同じく犬を連れた近所の人と会って友達になるかもしれません。

　確かに集合住宅ではペットによる騒音は不快なことがあるでしょう。しかし，人はたいてい，大音量の音楽，騒々しいテレビ，叫ぶ子どもといった他の種類の騒音を我慢しているので，ときどき騒音を立てるという理由だけでペットを禁止するのは道理が通らないと私は思います。

解説　解答例では，I believe という表現で集合住宅でのペット飼育は認めるべきであるという意見を表明し，続けて because 以下でその理由を単刀直入に述べている。集合住宅でのペット飼育を可とする理由として述べているのは，動物と暮らすことで人々が得られるよい影響である。高齢者へのペットの影響を専門家の見解として挙げ，さらにペットが人間関係の構築に役立つと述べている。

さらに，「確かにペットによる騒音は不快なことがある」と，あえて自分への反論を想定して，それに対する反論をしているのが，説得力を増すのに非常に効果的である。ペット飼育のデメリットを認めつつも，大音量の音楽やテレビ，子どもの叫び声などの騒音は我慢しているではないか，とわかりやすく反論している。Yes, it is true that ... But ...「確かに…だが，…だ」や，such as ... と具体例を挙げる表現などは使えるようにしておきたい。

飼育に反対の立場を取る場合は，ペットの鳴き声などの騒音，臭い，集合住宅の共用部分の汚れなどといったトラブルの具体例を挙げることや，飼育するための一般的なルールの周知が不十分だといった，トラブルが発生する理由を分析することも考えられる。

No. 2

No. 2 では，まずパッセージを読み，それについての学生の意見を聞き，その内容をまとめます。ここでは，大学がスタジアムを改修するという記事があり，それについての男女の学生の会話を聞きます。パッセージの内容をできるだけ正確に理解しておくと，会話における学生の主張が把握しやすくなります。

大学のスタジアム改装へ

今後数学期にわたり，大学のスタジアムの長らく先送りになっていた改修が 150 万ドルかけて行われます。前回のスタジアム修理は 20 年前に完了したもので，ここ数年間，ひび割れが見え始めています。寄付金が尽きたため，この目的のための資金がなかったのです。改修でより多くの試合やイベントを開催することができ，観客数は倍になると見込まれます。これは大学に利益をもたらすでしょう。

スクリプト 🔊 track 95

Now, you need to read a short passage and listen to a conversation related to that topic. Then, you will need to answer a question concerning these items. There will be 30 seconds of preparation time and 60 seconds for speaking.

The university is planning to renovate the sports stadium. Read the article from the university. You will have 45 seconds to read the article. Begin reading now.

Now listen to two students discussing the article.

W: Did you see this article? It looks like they're going to renovate the stadium.

M: Yes. I can't believe they're spending a million and a half dollars on nicer seats and fresh paint. What a waste!

W: Well, I guess it is a lot of money.

M: Why don't they use that money on other facilities, like biology labs? Our labs have a long history, and many epoch-making discoveries have been made there, but they've never been refurbished!

W: I suppose that's true. They'll get a lot of money from holding sporting events, though.

M: Yes, well, if the money is going to be used for educational purposes, then it's fine, but I don't believe that will happen. All the profits from the football games will most likely be used to create more scholarships for football players, you know. Normal students like us will not see a dime of it. So I don't care if the university gains money or not. They're not going to spend that money on things that really need it!

W: I never thought of it that way.

スクリプトの訳

それでは，短いパッセージを読み，そのトピックに関連した会話を聞きなさい。その後で，これらに関する質問に答えなさい。準備時間は 30 秒，話す時間は 60 秒である。

大学はスポーツスタジアムの改修を計画中である。大学による記事を読みなさい。記事を読む時間は 45 秒である。それでは読み始めなさい。

では，2 人の学生が記事について話すのを聞きなさい。

女性：この記事を見た？　スタジアムを改修するらしいわね。

男性：うん。きれいな座席と新しい塗装に 150 万ドルも使うなんて信じられないよ。なんという無駄遣いだ！

女性：まあ，大金よね。

男性：なぜそのお金を他の施設に使わないんだろう，例えば生物学研究室とか。僕らの研究室は歴史が長くて，そこで画期的な発見もたくさんあったのに，一度も改修されていないんだよ！

女性：確かにそうね。でも大学はスポーツイベントを開催するとたくさんのお金が入るのよ。

男性：そうだけど，そのお金が教育目的に使われるのならいいんだけど，そうはならないと思うよ。フットボールの試合から得られる利益は全部，フットボール選手の奨学金を増やすために使われる可能性が高いよね。僕らみたいな普通の学生にはわずかの金額も関係がないことだよ。だから僕は大学がお金をもうけるかどうかはどうでもいいんだ。彼らは本当に必要なものにお金を使おうとしないんだから！

女性：そんなふうに考えたことはなかったわ。

設問訳　男性は大学の運動用のスタジアムを改修する計画に対する意見を述べている。彼の意見を述べ，彼がその意見を持つ理由を説明しなさい。

The university plans to spend 1.5 million dollars to renovate the school stadium. The male student is against this plan and states that this is all a waste of money.

First, he implies that this large amount of money should be used to renovate other facilities that have not been renovated, such as his biology laboratory, which is credited with many great discoveries.

Second, though the renovations of the stadium will bring money to the university, he doesn't believe the gained money will be used for educational purposes. Rather, he believes that the money will only benefit the athletic programs, such as scholarships for football players, not the general students.

Therefore, he is against using the money this way.

> **訳** 大学は学校のスタジアムを改修するために 150 万ドル使うことを計画しています。男子学生はこの計画に反対で，これはまったくお金の無駄遣いだと述べています。
>
> 第 1 に，この多額のお金は，例えば多くの偉大な発見で評価されている彼の生物学研究室のような，まだ改修されていない他の施設を改修するために使うべきだと彼は示唆しています。
>
> 第 2 に，スタジアムの改修は大学にお金をもたらしますが，得られたお金は教育目的には使われないだろうと彼は思っています。むしろそのお金は，一般の学生ではなく，フットボール選手を対象とした奨学金などのスポーツプログラムに利益をもたらすだけだと彼は考えています。
>
> だから，彼はお金をこのように使うことには反対なのです。

　　解説　記事の概要をつかむ際，できるだけ正確に理解しておく方が会話の聞き取りが楽になるが，時間が短いので，難しければせめて大まかなポイントだけでも理解しておきたい。会話では，意見を述べる方の学生の発言をできる限り正確に理解したい。解答例では，記事の内容をひと言で述べ，続けて男性の意見を「学生はこの計画に反対で，お金の無駄遣いだと言っている」と端的にまとめている。さらに男性が反対している理由を First, he implies that ..., Second, ... he doesn't believe ... と，論理の流れをはっきりさせる語や表現を使って，設問が要求する関連情報を説明している。男性の話の中の具体的で詳細な情報も含ませながら，わかりやすい順序に整理している。最後に，Therefore, he is against using the money this way. と結論をまとめている。結論を述べるのは必須ではないが，述べておくとわかりやすい。この例のように，結論を加える場合は問題文や解答の冒頭とは少し表現を変えて述べるとなおよい。

No. 3

No. 3 では，まずパッセージを読み，それについての詳しい講義を聞き，その内容をまとめます。ここでは，前向きな考え方が人間の生活に及ぼす影響がテーマです。ある研究内容がパッセージで紹介され，それと別の例が講義で説明されています。修道女に関するどのような研究が考え方と生活の関係を立証したのか，理解しましょう。

パッセージの訳

前向きな考え

前向きな考え方の力は数十年にわたってしつこく推奨されてきたが，前向きな態度を保つことは生死に関わる問題かもしれないということを重要な研究が示している。1991 年から 2006 年にかけて，オランダ人の研究者たちは高齢者（65 歳から 85 歳まで）の縦断的な心理学的研究を行った。その後続研究とあわせて，前向きさと死亡率の間に強い関連性があることがわかった。病気，性別，喫煙，飲酒などのさまざまな要因に応じて調整し，研究者たちは今では，71％もの確率で否定的な態度の高齢者は前向きな考え方をする人々よりも早く死ぬということを信じるに至った。

スクリプト  track 96

Now, you need to read a short passage and listen to a talk related to that educational topic. Then, you will need to answer a question concerning these items. There will be 30 seconds of preparation time and 60 seconds for speaking.
Now read the passage about the effect positive attitudes have on people's lives. You will have 45 seconds to read the passage. Begin reading now.

Now listen to part of a lecture about this topic in a psychology class.
　　I think this will help you get a picture of what your textbook is describing. It's hard to find a longitudinal, long-term study of people in similar conditions. To accomplish this, a study was conducted by three psychology researchers at University of Kentucky on a large group of Catholic nuns in 2001. They read the autobiographies, uh ... sort of like personal diaries, the nuns had written about themselves when they first started working and were young adults. These autobiographies contained

a lot of emotional information, like how happy or sad they were, so the researchers were able to count the number of positive, negative and neutral emotion words and chart their level of positivity. From this, the researchers put the nuns into four groups, from least to most positive. By age 80, only 25% of the most cheerful group had died, while 60% of the least positive had died. On average, the happiest nuns lived ten years longer than the least happy nuns, with some living to age 94. This ended up being a valuable comparison, scientifically, because they were using a large group of people with very similar lifestyles and health habits. This certainly shows that being positive will help you live longer.

スクリプトの訳

それでは、短いパッセージを読み、その教育的トピックに関連した講義を聞きなさい。その後で、これらに関する質問に答えなさい。準備時間は 30 秒、話す時間は 60 秒である。では、前向きな態度が人々の人生に及ぼす効果についてのパッセージを読みなさい。読む時間は 45 秒である。それでは読み始めなさい。

では、心理学の授業におけるこのトピックに関する講義の一部を聞きなさい。

　これで、テキストで説明されていることが理解できるのではないでしょうか。同じような条件にある人々の縦断的かつ長期にわたる研究を見つけるのは難しいものです。これを成し遂げるため、ケンタッキー大学の 3 人の心理学研究者によって、カトリックの修道女たちの大きなグループを対象にしたある研究が 2001 年に行われました。研究者たちは自伝を読みました……まあ、個人的な日記のようなもので、修道女たちが働き始めた頃、まだ若者だった頃に、自分たちについて書いたものです。それらの自伝には、自分たちがどんなに楽しかったか、あるいは悲しかったか、といったようなたくさんの感情的な情報が含まれていましたので、研究者たちは肯定的、否定的、中間的な感情の言葉の数を数えて、前向きさのレベルを表にまとめることができました。ここから、研究者たちは修道女を最も否定的から最も肯定的まで、4 つのグループに分けました。80 歳までに、最も陽気なグループで亡くなったのはたったの 25% ですが、最も否定的な人たちの方は 60% が亡くなっていました。平均して、最も明るい修道女たちは、最も明るくない修道女たちより 10 年長生きし、94 歳まで生きている人もいました。このことは結局、科学的に貴重な比較になりました。というのも非常に似通ったライフスタイルと健康習慣を持った大きなグループを使ったからです。これで前向きでいることが長生きの助けになるということが確かにわかります。

設問訳 修道女研究の例を使って、前向きさと長生きの関連を説明しなさい。

The passage explains that there is a strong connection between positive thinking and living longer. There are research studies that have confirmed this link.

The professor describes a study of nuns conducted by three researchers at University of Kentucky. When the nuns were young, they wrote about themselves, including a lot of emotional words, like happy or sad. The researchers then analyzed them and put the nuns into four groups from least to most positive. By age 80, 60% of the least positive group had passed away, while only 25% of the positive group had. Some of the happy nuns lived to age 94. This seems to show a clear link between being positive and living longer.

> **訳**　パッセージは，前向きな考えと長生きの間に強い関係があるということを説明しています。この結びつきを裏づける調査研究があります。
>
> 教授は，ケンタッキー大学の３人の研究者によって行われた修道女たちの研究について説明しています。修道女たちは若いときに自分たちについて書いており，それには楽しい，悲しいなどの感情を表す言葉が数多く含まれていました。研究者たちはそれらを分析し，修道女たちを最も否定的から最も肯定的まで４つのグループに分けました。80 歳までに，最も否定的なグループの 60％が亡くなりましたが，前向きなグループは 25％しか亡くなっていませんでした。明るい修道女たちの中には 94 歳まで生きた人もいました。これは前向きでいることと長生きの間に，明らかな関連があることを示していると思われます。

> **解説**　前向きな考えと長生きとの関連がテーマ。まずパッセージで１つの研究結果が示され，講義では別の研究結果が示されている。短い時間なので正確に読むのは難しいかもしれないが，大まかなテーマを把握するだけでも，講義を理解するのに役立つ。
>
> 講義では，修道女の生活と態度を研究した結果について述べている。年齢やパーセンテージまで正確に聞き取って話すことが理想的だが，それが難しい場合には，どのような研究が行われたのかという内容だけでも正確に述べることができれば，ある程度のスコアを確保できるだろう。
>
> 解答例ではまずパッセージの概要を The passage explains that … とひと言で要約し，続いて The professor describes … と教授の講義の内容について話し始めている。修道女たちが若いときに自分たちについて書いたものを分析し，前向きさのレベルに応じて４つにグループ分けしたという研究方法と，前向きさと長生きの関連を示す詳しい結果を，正確に説明している。さらに最後に改めて結論をまとめており，構成がわかりやすい。

No. 4 では講義を聞き，その内容をまとめます。ここでは製品の販売に関する 2 つの異なる流通戦略についての講義を聞きます。それぞれの戦略がどのような目的で用いられるのか理解しましょう。

スクリプト 🔊 track 97

Now, you need to listen to a segment of a lecture. Then, you will need to answer a question concerning it. There will be 20 seconds of preparation time and 60 seconds for speaking.

Now listen to part of a lecture in a business class.

Companies use different types of distribution strategies to bring their products to market. The approaches differ depending on the kind of product they are selling. Two of these strategies are intensive distribution and selective distribution.

Intensive distribution refers to a strategy in which a brand sells its products at as many locations as possible. In order to achieve an intensive distribution strategy, the company will not establish strict requirements about what retailers are allowed to sell its products. Instead, they will allow any retailer to distribute their product in order to make it available, anytime, anywhere. You may have noticed that certain brands of soft drinks are available everywhere you look, such as in convenience stores, fast food restaurants, and vending machines. The producers of these drinks have employed an intensive distribution system in order to make their product available at any time to anyone who wants it.

On the other hand, in selective distribution, the company distributes its product to a more limited number of retailers. This means that they are more particular about which stores they allow to sell their product, and they may have strict requirements about what kind of retailers qualify to carry it. One of the reasons a producer or manufacturer may adopt such a strategy is to protect the image of their brand. This often happens when the brand is known as a high-quality or luxury brand. For example, you might notice that products made by certain luxury clothing manufacturers are only available at select retail stores — often ones that have specifically been built to sell their products. You will not find their products at lower-end stores that sell a variety of affordable brands.

スクリプトの訳

それでは，講義の一部を聞きなさい。その後で，それに関する質問に答えなさい。準備時間は 20 秒，話す時間は 60 秒である。

では，ビジネスの授業における講義の一部を聞きなさい。

　企業はさまざまな種類の流通戦略を使用して，自社製品を市場に投入しています。それらの手法は，販売している製品の種類によって異なります。こうした戦略のうちの 2 つが，集中的流通と選択的流通です。

　集中的流通とは，あるブランドが製品をできる限り多くの場所で販売する戦略のことです。集中的流通戦略を成し遂げるため，企業はその製品の販売をどんな小売業者に認めるかに関して，厳しい条件は設けないでしょう。代わりに，製品をいつでも好きな場所で購入可能にするため，どんな小売業者に対しても流通を許可するでしょう。あるソフトドリンクのブランドが，コンビニエンスストア，ファストフードレストラン，自動販売機など，どこを見ても購入可能であるのに気づいたことがあるかもしれません。こうした飲料のメーカーは，いつでも，ほしいと思う人は誰でも製品を購入できるように，集中的流通システムを採用したのです。

　一方，選択的流通では，企業は製品をもっと限られた数の小売店にしか流通させません。これはつまり，どの店に自分たちの製品の販売を認めるかについてこだわりがより強く，どんな小売店にその取り扱いの資格があるかについて厳しい条件がある可能性があります。メーカーや製造業者がそのような戦略を採用するかもしれない理由の 1 つは，ブランドイメージの保護のためです。これは高品質あるいは高級ブランドとして知られているブランドの場合にはよくあることです。例えば，お気づきかもしれませんが，ある高級衣料品メーカーが作った製品が選び抜かれた小売店——よくあるのはその製品を売るために特別に建てられた店——でしか購入できないことがあります。さまざまなお手頃なブランドを扱う割安な店ではそうした製品を見つけられないのです。

設問訳 講義の要点と例を用いて，集中的流通と選択的流通の違いを説明しなさい。

解答例 🔊 track 102

Intensive distribution and selective distribution are two different strategies used to sell products. Intensive distribution makes a product available in as many places as possible, whereas in selective distribution, only certain stores can sell it. Intensive distribution does not have strict conditions about what kind of stores it can be sold in, so a customer can find it quickly in many locations. A product sold using selective distribution is different because there are specific requirements for which stores can sell it. This means a customer has fewer places to buy it. Products sold by intensive distribution prioritize availability and include soft drinks that can be found at any convenience store. Products sold by selective distribution focus on protecting the brand's image and include luxury items such as high-end clothing.

訳 集中的流通と選択的流通は，製品を売るために用いられる２つの異なる戦略です。集中的流通はできる限り多くの場所で製品を購入可能にする一方，選択的流通では，特定の店でしか販売できません。集中的流通では，製品の販売が可能な店の種類について厳しい条件がないので，客は多くの場所で製品をすぐに見つけることができます。選択的流通を用いて販売されている製品は，どの店がその製品を売ることができるかについて明確な条件があるので異なります。つまり，客が製品を買える店がもっと少ないということです。集中的流通で売られる製品は入手のしやすさを優先しており，どのコンビニエンスストアでも見られるソフトドリンクがそれに含まれます。選択的流通で売られる製品はブランドのイメージを守ることに重点を置いており，高級衣料品などの高級品がそれに含まれます。

解説 製品の販売における２つの流通戦略がテーマ。集中的流通と選択的流通それぞれの特徴をつかむ。聞き取れない部分があってもあきらめず，具体例を手がかりにどのような戦略なのか推測すること。講義では集中的流通の例として「コンビニエンスストア，ファストフードレストラン，自動販売機」が挙げられており，一方の選択的流通では「選び抜かれた小売店」で販売されると説明している。例をつかむだけでも理解の助けになる。解答例では，これらの例をそれぞれ include を用いて手短に紹介している。専門用語や具体例を繰り返すだけでなく，話の要点を自分の言葉でまとめるようにしたい。

Writing Section 解答解説

▶問題編　p. 80 ～ 83

Integrated task

まずパッセージを読んでから講義を聞く課題で，通常，それぞれ３つのポイントが挙げられ，講義はパッセージに反論します。読むのは低カロリー甘味料（LCS）についてのパッセージで，ここで述べられた健康へのメリットや利便性に対し，講義ではこれに反論する立場から，LCS への疑問点が述べられています。

> ### パッセージの訳
>
> 　低カロリー甘味料（LCS）は最近，市場においてますます人気になっている。人工的に造られた製品が市場に出るときには常に疑われるが，最近の研究で LCS に関する興味深い現象が明らかになった。この研究は LCS 使用者と積極的なライフスタイルとの関係を示している。
>
> 　第１に，LCS を使う人々は健康的な食べ物を選ぶ傾向があるということが研究で示されている。LCS を使うと答えた回答者の 30％が，実は概してより健康的な食べ物を選んでいることを研究者たちは発見した。彼らは，野菜，果物，乳製品，全粒穀物，肉，豆類といった自然食品を，LCS を使わない人々よりも多く食べていたのだ。さらに，LCS を使っているグループは実は，「SoFAAS」つまり固形脂肪，アルコール飲料，そして添加砂糖から摂取するカロリーが少なかった。
>
> 　第２に，LCS 使用者は健康的な食品を食べることに加え，健康的なライフスタイルを楽しむとも研究は述べている。彼らは LCS を使わない人よりも運動をする傾向があり，LCS を使わない人と比べて体重を減らすか維持することに積極的に取り組んでいる。重要な疑問の１つは LCS の使用が体重を減らすのに役立つかどうかということで，役立つのだと新たな証拠は示唆している。また LCS 使用者は使わない人より飲酒や喫煙をすることも少なく，つまり彼らは生活のさまざまな面においてより健康的であろうと努力しているのだ。
>
> 　最後に，これらの事実に加えて，LCS が非常に便利だということはよく知られている。何種類かの LCS は後味がなく，温めても安定しているので，オーブン料理に使える。さらに，異なる pH レベルでも安定しているので，レモンジュースのようなものに加えても甘さを保つことができる。冷たい料理にも温かい料理にもとても使いやすいという事実は，LCS がいかに広い用途に使えるかを示している。

Now, you need to read a short passage and listen to a talk related to that educational topic. Then, you will need to reply to a question concerning these items.

Now listen to part of a lecture about the topic you just read about.

Well, the information that you read, although interesting, is not completely accurate. The research itself is noteworthy, but the statements about the product are not true.

First, even if there is research that some LCS users tend to enjoy a healthier diet, this is still questionable. How can their diet be considered truly healthy when they are consuming great amounts of unnatural substances? Some types of LCS have not undergone enough testing to prove they are completely safe. They may offer some advantages, but that does not mean there aren't health risks that the reading doesn't mention. Some researchers claim that long-term use of LCS may significantly increase the risk of disease.

Second, contrary to what the article says, LCS have been accused of promoting excessive weight gain. To get a picture of this, imagine someone who drinks a low-calorie, diet soda with their meal, you know, trying to be healthy. Then, he or she will think, "Well, because I did something healthy, maybe I can have a nice dessert as a reward," and then will eat a high-calorie dessert, like a piece of chocolate cake or sundae. It is widely accepted that LCS may trigger this type of eating. There are studies that indicate that using LCS stimulates greater appetite and some people are eating more because of them.

Finally, the point about convenience. LCS are readily available and can be used for many types of cooking. It sounds nice, right? But if you talk about convenience for cooking, why do you have to use something so artificial? When you want sweetness in your food, there are various types of natural materials that you can put in it, not just sugar. You may want to use honey or maple syrup, for example. Every time you cook, you can choose what is suited best for that dish. Well, you may complain that natural sweeteners aren't sweet enough, but LCS are so excessively sweet that you can easily get accustomed to them, and then soon feel them insufficient. So being highly sweet isn't necessarily as good as you may imagine. I recommend you choose what you like from things that are made totally from natural substances, which I believe are much safer.

スクリプトの訳

では，短いパッセージを読み，その教育的トピックに関連した講義を聞きなさい。その後で，これらに関する質問に答えなさい。

では，今読んだトピックに関する講義の一部を聞きなさい。

　さて，あなた方が読んだ情報は面白いのですが，完全に正確ではありません。研究そのものは注目に値しますが，製品についての説明は真実ではないのです。

　第1に，LCS 使用者の一部はより健康的な食事を楽しむ傾向があるという研究結果があったとしても，これはまだ疑問の余地があります。自然のものでない物質をたくさん消費していて，彼らの食生活は真に健康的であるとどうして言えるでしょうか。何種類かの LCS は完全に安全であると証明するための十分な試験を受けていません。LCS にはいくつか利点があるかもしれませんが，リーディングで述べられていない健康リスクがない，ということにはなりません。長期間の LCS の使用は病気のリスクを著しく増す可能性があると主張する研究者もいます。

　第2に，記事の主張に反して，LCS は，過度の体重増加を促進すると非難されています。これを正確に把握するためには，食事と一緒に低カロリーのダイエットソーダを飲む人を想像してみてください。まあ，健康的であろうとしてそうするわけですね。そのとき，彼または彼女は考えるわけです。「さあ，私は健康的なことをしたから，ご褒美としておいしいデザートを食べてもいいかもしれない」と。そしてチョコレートケーキ1切れとかサンデーのような高カロリーのデザートを食べるのです。LCS がこうしたタイプの食べ方を引き起こすかもしれないということは，広く認められています。LCS を使うと食欲が増し，そのために余計に食べる人もいるという研究があります。

　最後に，便利さという点です。LCS はすぐに手に入り，さまざまな種類の料理に使うことができます。いいことに聞こえますよね。しかし，料理での便利さについて話すのだとしたら，こんな人工的なものを使わないといけない理由があるでしょうか。食事に甘さがほしいとき，砂糖だけではなく，さまざまな種類の天然の素材を入れることができます。例えばハチミツやメープルシロップを使おうとするかもしれませんね。料理をするときはいつだって，その料理に最も合ったものを選ぶことができます。まあ，天然の甘味料は甘さが足りないと不平を言いたくなるかもしれませんが，LCS はあまりに過剰に甘いため，容易に慣れてしまって，すぐに不十分だと感じる可能性があります。つまり，とても甘いということは，あなたが思っているほどよいこととは限らないのです。完全に天然の物質から作られたものの中から好きなものを選ぶことを私はお勧めします。その方がずっと安全だと私は考えます。

解答を準備して書く時間は 20 分ある。解答はライティングの質と，講義の論点およびその短いパッセージとの関連を扱う能力に基づいて採点される。推奨される長さは約 150 ～225 語である。

質問：講義で述べられた論点を要約しなさい。その際，それらの論点が，パッセージで述べられた具体的な論点に対して，どのように疑問を投げかけているか説明するようにしなさい。

解答例

The passage praises LCS, referring to their healthy aspects and their convenience, but the professor takes issue with that idea. He believes that what is written about LCS is not true.

First, while the passage claims that those who use LCS tend to choose healthier foods, the professor questions this, stating that these sweeteners may be harmful. According to him, some types of LCS are not sufficiently tested to prove their safety. Some researchers even mention the risk of disease caused by using LCS for a long time.

Second, the passage suggests that those who use LCS are likely to choose healthier lifestyles and often succeed in losing weight. However, the professor denies this, saying that LCS actually lead to weight gain. LCS are known to trigger stronger appetites, and also cause users who usually opt for healthy foods to eat high-calorie food afterwards as reward.

Finally, the passage mentions several advantages that make LCS convenient for cooking. The professor, however, points out that there are many types of natural materials that can be used for cooking, such as honey or maple syrup. Although natural substances may be less sweet than LCS, being sweeter is not always good, because strong sweetness can make you accustomed to it. Thus, the professor says people should choose sweeteners that are made from natural substances, which are much safer.

(225語)

訳 パッセージは，LCS の健康的な側面と便利さに言及することで LCS を称えていますが，教授はその考えに反論しています。LCS について書かれていることは真実ではないと彼は考えています。

第 1 に，LCS を使う人はより健康的な食品を選ぶ傾向がある，とパッセージは主張してい

ますが，教授はこれに疑義を唱え，こうした甘味料には害があるかもしれないと述べています。彼によれば，何種類かの LCS はその安全性を証明するために十分に試験を受けていません。長期にわたって LCS を使うことによって引き起こされる病気のリスクに言及する研究者さえいます。

　第 2 に，LCS を使う人はより健康的なライフスタイルを選ぶ傾向があり，よく減量に成功していると，パッセージは示唆しています。しかし教授はこれを否定し，LCS は実際には体重増加につながると述べています。LCS はより強い食欲を引き起こすことが知られており，普段は健康的な食べ物を選ぶ使用者が，後でご褒美として高カロリーの食べ物を食べる原因にもなります。

　最後に，パッセージは LCS を料理に便利なものにしているいくつかの利点に言及しています。しかし教授は，ハチミツやメープルシロップのように，料理に使える天然の素材にもたくさんの種類があると指摘しています。天然の素材は LCS ほど甘くないかもしれませんが，より甘くてもそれは必ずしもよいことではありません。なぜなら強い甘さには慣れてしまいうるからです。そのため，より安全な天然の素材から作られた甘味料を選ぶべきである，と教授は述べています。

解説　解答例では，最初の段落でパッセージと講義の概要，第 2〜4 段落でパッセージと講義が対立する 3 つのポイントについて述べている。課題で重要なのは講義の内容なので，講義を確実に聞き取るようにし，書く際も講義の内容を中心にする。正確に聞き取るためには，講義に入る前にパッセージの内容をできるだけ正確に読み取り，どのようなことがテーマであるか把握しておくことが重要で，もし読みきれなくても，3 点の概要だけでもつかんでおきたい。

3 つのポイントを「パッセージ」→「講義」の順に挙げると，①「LCS 使用者は健康的な食べ物を選ぶ傾向にある」→「LCS は絶対に安全であるとは言えず病気を引き起こすかもしれない」，②「LCS を使う人々は健康的なライフスタイルになり減量に成功する」→「かえって食欲が増し体重増加につながる」，③「LCS は料理にも便利である」→「天然の素材にもさまざまな種類があり用途に応じて選ぶことができる」である。

解答例では First, Second, Finally という語で論理の流れをわかりやすくしながら，上記 3 点を正確に記している。講義で述べられた論点を要約し，パッセージで示された論点に教授がどのように疑問を投げかけているかをはっきり説明できており，内容や関連性を伝える上で，不正確・不的確な記述はない。

オンラインでのディスカッションを模した形式で，教授からのトピックの説明と質問，それに対する学生2人の意見を読んだ上で自分の意見を書く課題です。ここでは企業が海外進出する際の課題について問われています。肯定的な意見と否定的な意見が出されているので，それらを参考に自分の立場を明確にしましょう。

設問訳 あなたは授業を受けていて，教授が経営管理について話している。メッセージの投稿により教授の質問に答える必要がある。投稿では，裏づけとともに自分の意見を述べ，自身の考えを使って議論に付け加える必要がある。推奨される長さは最低100語である。

ディスカッションの訳

ヒューレット教授

今週は，企業が新しい市場，特に海外市場に進出する際に直面する課題について話し合います。こうした（進出先の）国々における存在感が何かしらないと，どんなビジネスもこうした市場では効果的に機能しませんので，企業は国際的な支社を設立する必要があります。こうした海外オフィスでは，多くの課題が生じます。そのうちのいくつかについてはすでに考えたことがあるでしょう。こうした部門を設立するときに最大の課題は何か，皆さんの考えを聞かせてください。

ステファニー

そうですね，わかりやすい意見かもしれませんが，コミュニケーションは私が考える最大のハードルです。言葉の壁は，効果的な事業運営にとって大きな妨げです。確かに，複数の言語を話せるスタッフを雇用して事業計画や企業方針のようなものを翻訳してもらうことはできますが，毎日のコミュニケーションの量は膨大なもので，海外支社の間で物事がどうなったのかわからなくなってしまうこともありえます。生い立ちが異なる人同士がちょっとしたことでお互いを誤解しかねないことは言うまでもありません。

フェルナンド

私はそれが最大の課題だというステファニーの意見には賛成できません。一貫性のあるビジネス文化を作り出すのは，苛立たしいことがあります。時間を厳守することや社内の交流はどれくらいが適切なのかについては，国によって期待されることが異なります。比較的堅苦しくない国の従業員は，厳しいドレスコードのようなものに憤る可能性がありますし，もしそうしたことに厳しくないなら，比較的堅苦しい国の従業員は，他国の支社はあまりにも多くのことを許されていると感じるかもしれません。

Both issues are definitely challenging, but I think I agree with Stephanie. It might not be necessary to make business culture consistent between countries. If it's appropriate for the country a branch works in, they likely won't care too much what another country's branches do. Communication difficulties are going to be a far more common occurrence than something like determining what a branch's dress code will be. With the speed that modern business moves at, it's unlikely your translators will have time to check every email sent out by management. Even though instant AI translation is becoming more common, it's still not good enough to prevent misunderstandings. When some orders are inevitably missed, it can have extreme consequences.

(118語)

訳 どちらの問題も間違いなく難題ですが，私はステファニーに同意します。異なる国同士でビジネス文化に一貫性を持たせる必要はないのかもしれません。ある支社が活動している国で適切ならば，別の国の支社がしていることなどあまり気にしない可能性が高いでしょう。コミュニケーションにおける難点は，ある支社のドレスコードがどのようになるかを決めるといったことよりも，はるかによく起こることです。現代のビジネスが動くスピードでは，経営陣によって送られるメールをすべてチェックする時間など翻訳者には持てそうもありません。すぐに翻訳してくれる AI 翻訳がより一般的になりつつありますが，まだ誤解を防ぐほど優秀ではありません。ある命令が必然的に見逃されれば，極端な結果を招きかねないのです。

解説 ディスカッションのテーマは企業が海外進出する際の課題について。ヒューレット教授がその最大の課題について学生に意見を求めている。ステファニーの意見では，最大の課題は言葉の壁である。日々のコミュニケーションまでいちいち翻訳するのは現実的ではなく，支社間でやり取りするなかで何かが抜け落ちてしまう可能性もあると述べている。一方，フェルナンドの意見によれば最大の課題は一貫性のあるビジネス文化の構築である。国によって文化や考え方は異なるが，ビジネス文化まで違うとなると，異なる国の社員間で不満が生じかねないと指摘している。

これらの意見を踏まえ，解答例はステファニーと同じ立場をとっている。まず，フェルナンドの意見に関連して，別の国の支社がしていることを気にしている人はいないかもしれないと述べ，むしろ言葉の問題のほうがよく起こると言っている。また，ステファニーが膨大な量のコミュニケーションに言及していることを受けて，経営陣が送るメールを具体例として挙げ，意見をサポートしている。さらに想定される反論として AI 翻訳の利用について触れ，まだ誤解を防ぐほど優秀ではないと断じている。

そのほかの意見としては，優秀な現地社員の採用，企業活動に大きな影響を与える政治の動向を見極めることなども考えられる。いずれの場合も，自分の意見を述べるだけ

にとどまらず，ステファニーやフェルナンドの意見にも言及しつつ，自分の考えを述べることで，ディスカッションに貢献したい。

表現面では，解答例はまず Both issues are definitely challenging, but I think ... と譲歩の表現を使って自分の意見を強調している。また，条件節や比較表現を使って，ビジネス文化と言語の壁とではどちらのほうがより大変かをわかりやすく説明している。想定される反論については，even though や still といった表現を用いることで，相手にわかりやすく自分の考えを伝えている。

MEMO

TOEFL® テスト大戦略シリーズ

自分に合った参考書を選んで,目標スコアを獲得しよう!

| **iBT対応**
英語力に自信がなく,
基礎から力を
つけたいなら | **0 超基礎からの TOEFL® テスト入門**
アゴス・ジャパン 岡田徹也,松園保則 著
定価:1,980円(本体1,800円+税10%) |

パソコンで体験できる! Web模試 ＋ダウンロードコンテンツ特典付

| **iBT対応**
試験形式を知りたい,
模試を解きたいなら | **1 はじめてのTOEFL® テスト完全対策**
Paul Wadden, Robert Hilke, 松谷偉弘 著
定価:2,530円(本体2,300円+税10%)　音声ダウンロード付 |

ダウンロードコンテンツ特典付

| **iBT&ITP対応**
ボキャブラリー
対策をしたいなら | **2 TOEFL® テスト英単語3800**
神部 孝 著　定価:2,530円(本体2,300円+税10%)

3 TOEFL® テスト英熟語700
神部 孝 著　定価:1,980円(本体1,800円+税10%) |

パソコンで体験できる! Web模試特典付

| **iBT対応**
セクションごとに
試験対策を
したいなら | **4 TOEFL® テスト リーディング問題270**
田中真紀子 著　定価:2,310円(本体2,100円+税10%)

5 TOEFL® テスト リスニング問題　音声ダウンロード付
喜田慶文 著　定価:2,640円(本体2,400円+税10%)

6 TOEFL® テスト スピーキング問題　音声ダウンロード付
島崎美登里, Paul Wadden, Robert Hilke 著
定価:2,640円(本体2,400円+税10%)

7 TOEFL® テスト ライティング問題100
Paul Wadden, Robert Hilke, 早川幸治 著
定価:2,310円(本体2,100円+税10%) |

| **iBT対応**
本番形式の模試を
何度も解きたいなら | **8 TOEFL iBT® テスト本番模試**
旺文社 編
定価:3,080円(本体2,800円+税10%)　音声ダウンロード付 |

TOEFL iBT® テスト
本番模試

3訂版

別冊・問題編

旺文社

Contents

Test **1**

ウォームアップ模試

問題

※ウォームアップ模試では，Reading Section は 1 パッセージのみ，Listening Section は会話と講義を 1 つずつ，Speaking Section は 2 問（No. 1 と No. 3）のみ，Writing Section は 1 問（Integrated task）のみ出題しています。実際の試験での問題数は本冊 p. 12「TOEFL® テスト Information」でご確認ください。

※音声の使用法については本冊 p. 10「音声について」をご覧ください。

Passage 1

■解答解説 p.65～71

Whales: Majestic Sea Mammals

1   Whales are among the most fascinating creatures in the world. They spend their entire lives in the water like fish and yet they are mammals. As a group, which includes porpoises and dolphins, they are one of the most intelligent creatures, and the largest of them are about as large as the biggest dinosaurs from Earth's past. The most intriguing thing about whales may be that they evolved from small land animals into one of the most magnificent sea-dwelling creatures on the planet.

2   Over 50 million years ago the ancestors of whales were semi-aquatic carnivores with hooves. Initially, they lived and hunted both on land and in the water. However, eventually they spent more time in the water, perhaps because food was more plentiful there and they could escape predators by diving under water. Over time, as they became more habituated to aquatic life, their features evolved into what they are today. The nasal openings used for breathing moved from the front of the head to the top and became the blowhole. The front legs became flippers and the back legs shrunk and eventually disappeared. Their tails changed in shape and function to enable them to swim better.

3   At first glance, whales may seem more like fish than mammals. **A** They live exclusively in the water, they have fins, and they are exceptional swimmers. **B** However, when the skull and skeletons of whales are compared with the fossils of their land-dwelling ancestors, we can see similarities in the shapes and structures of the bones. **C** They are homeothermic creatures that breathe air, give birth, and nurse their young on milk. **D** In addition, like other mammals, whales have a spinal cord, a four-chambered heart, a pelvic bone, and even body hair. And unlike fish, whales' tails move up and down rather than side to side.

4   Today, there are around 90 species of whales. Whales, scientifically known as cetaceans, include toothless species such as humpback whales and blue whales, and toothed species such as various dolphins and orcas. Whales also range in size from the largest creatures to ever live on Earth, blue whales, to species of dolphins that are about a meter and a half in length. Perhaps surprisingly, the larger toothless whales such as blue whales live on a diet of microscopic plankton, while the smaller toothed whales such as orcas are adept at hunting fish and even other whales. The lifespan of whales is not conclusively known. Some species live to be over 70 years old and there is evidence of whales living up to 130 years and possibly longer.

5   One of the most noteworthy characteristics of whales is their high intelligence. This intelligence is evident in their physiology. Whales have large brains and other than elephants they are one of the few creatures that are not hominids (a group that includes humans and apes) known to have a fast-communicating type of nerve cell called spindle neurons. In fact, whales have three times as many of them as humans. In some ways the brain of a whale is more capable than that of a human. For example, whale brains are about 10 times as fast at processing sound as human brains are. This makes sense because in water sound travels about four times as fast as it does through air.

6   Whales are highly social creatures that engage in various social activities. They teach each other how to use rudimentary tools, engage in play and other creative activities, and cooperate with each other to better accomplish tasks such as hunting or defending each other from attacks by other animals. Studies of whale communities show that many have their own unique cultures. Some groups of dolphins have taught each other how to beg for food from fishermen, while others have learned and shared how to put sponges on their noses to protect themselves from sharp objects or poisonous organisms. Whales are highly vocal and use sound almost as a language to mate, find each other, and to even express emotions such as grief or happiness.

Scientists continue to discover new facts about these intriguing creatures. One recent discovery is that a whale species called the bowhead whale may live to be over 200 years old. If true, this would make the whale the longest-lived mammal existing today. Another study has shown that whales may use sound to help each other locate food in the dark. Biologists have noted that whales are mostly silent when hunting alone but when searching for food in groups they make a tick-tock noise that may help guide each other to the food source. Their unusual evolutionary history, unique physiology and captivating social behavior make whales among the most amazing creatures on the planet.

1 In paragraph 1, which interesting fact about whales does the author emphasize?

Ⓐ Their enormous size
Ⓑ Their high intelligence
Ⓒ The way they evolved
Ⓓ Their similarity to fish

2 The word habituated in the passage is closest in meaning to

Ⓐ known
Ⓑ confronted
Ⓒ adjusted
Ⓓ generated

3 According to paragraph 3, all of the following are evidence that whales are mammals EXCEPT

Ⓐ that they are homeothermic
Ⓑ that they have fins
Ⓒ that they nurse their young on milk
Ⓓ that they give birth

4 The word adept in the passage is closest in meaning to

    Ⓐ skilled

    Ⓑ incompetent

    Ⓒ inexperienced

    Ⓓ enthused

5 According to paragraph 5, whale brains are

    Ⓐ particularly adapted for long-term memory

    Ⓑ quite different from those of apes and elephants

    Ⓒ better able to process sound than human brains

    Ⓓ larger than elephant brains

6 Which of the following can be inferred from paragraph 6 about the social nature of whales?

    Ⓐ It is mostly limited to hunting.

    Ⓑ It involves a lot of helping each other.

    Ⓒ It does not include the use of tools.

    Ⓓ It is mainly based on vocal communication.

7 Which of the sentences below best expresses the essential information in the highlighted sentence in the passage? *Incorrect* choices change the meaning in important ways or leave out essential information.

Some groups of dolphins have taught each other how to beg for food from fishermen, while others have learned and shared how to put sponges on their noses to protect themselves from sharp objects or poisonous organisms.

    Ⓐ Dolphins avoid instinctual behavior when doing group activities such as hunting because they can teach each other how to get along with humans to survive.

B Dolphins in the same group share knowledge amongst each other, and that enables some groups to gain food from people and others to avoid danger.

C Dolphins across different groups will sometimes meet to share and transfer unique skills, but that does not prevent them from being exposed to danger.

D Dolphins regularly rely on interactions with humans in order to survive, but that may lead to losing their ability to hunt for food instinctively.

8 According to paragraph 7, what have scientists discovered?

A Whales are the longest living mammals in Earth's history.

B Bowhead whales are the only species to live over 100 years.

C Whales communicate to help find food.

D Whales make sounds whenever they hunt.

9 Look at the four squares [■] that indicate where the following sentence could be added to the passage.

Despite evolutionary changes that have allowed them to adapt to life in the sea, whales retain the defining characteristics of mammals.

Where would the sentence best fit?

Click on a square [■] to add the sentence to the passage.

10 **Directions:** An introductory sentence for a brief summary of the passage is provided below. Complete the summary by selecting the THREE answer choices that express the most important ideas in the passage. Some sentences do not belong in the summary because they express ideas that are not presented in the passage or are minor ideas in the passage. *This question is worth 2 points.*

Drag your answer choices to the spaces where they belong.
To remove an answer choice, click on it.

Whales are intriguing sea mammals that went from land to sea and are among the most intelligent and social of animals.

-
-
-

Answer Choices

① Whales are intelligent creatures comparable to elephants and apes.

② Some whales eat tiny creatures called plankton.

③ While whales live in the water, they have the characteristics of mammals.

④ Whales use different sounds depending on the kinds of animals they encounter.

⑤ It has been proved that whales' flippers were legs when they lived on land.

⑥ All whales can trace their ancestry to a land animal.

9

Listening Section

1 What is the conversation mainly about?

- Ⓐ Choosing part-time work that will boost one's résumé and appeal to employers
- Ⓑ Checking for details about employment while on an academic year abroad
- Ⓒ How to manage student debts while out of the country for an extended period
- Ⓓ The importance of making plans for the future

2 According to the counselor, what can a student gain from studying overseas?

Click on 2 answers.

- Ⓐ A set of abilities required for working in a global firm
- Ⓑ Flexibility in new or unfamiliar situations
- Ⓒ An opportunity to acquire higher language fluency
- Ⓓ Increased expertise in the culture of one's own country

3 What does the counselor imply about balancing study and work for international students?

　Ⓐ Working in a foreign employment environment is often not really different from working back home.

　Ⓑ A student will gain less work experience when studying abroad.

　Ⓒ Focusing too much on work may take away opportunities to enjoy events and create memories while overseas.

　Ⓓ Having fun, making new friends, and personal development are more important than a job.

4 According to the counselor, which of the following is permitted for an international student working at a French educational institution?

　Ⓐ Starting work in August before school begins

　Ⓑ Working without a residency card

　Ⓒ Increasing work hours in between terms

　Ⓓ Choosing not to join the social security system

5 **Listen again to part of the conversation.**
Then answer the question.

What does the student mean when he says this:

　Ⓐ He hasn't encountered any difficulties up to now.

　Ⓑ He has avoided mixing work and studies as a freshman.

　Ⓒ He has passed all his tests with high grades.

　Ⓓ He has joined the university boat race team.

Literature

6 What is the lecture mainly about?

- (A) A unique writing style that was popular during the 1960s
- (B) How John Williams became popular later in his life
- (C) Why literary critics have recommended John Williams' work for years
- (D) Why the passage of time allowed a modern audience to appreciate John Williams' writing

7 What did Williams use as inspiration for *Stoner*?

- (A) The failure of his 1948 novel
- (B) The knowledge gained from his studies
- (C) His experiences as an academic
- (D) His real-life relationship with his daughter

8 According to the professor, what is a unique characteristic of *Stoner*?

- (A) Its beautiful telling of an ordinary life
- (B) Its accurate portrayal of the life of an academic
- (C) The degree with which it portrays the sadness of life
- (D) The lack of emotion from its main character

9 Why does the professor mention the competing literature of the time?

   Ⓐ To highlight the competition between the writers

   Ⓑ To explain how the events of the era affected *Stoner*

   Ⓒ To contrast *Stoner* with the other works of the time

   Ⓓ To give examples of works with themes similar to that of *Stoner*

10 **Listen again to part of the lecture.**
Then answer the question.

What does the professor imply by saying this?

   Ⓐ He thinks today's readers may have an easier time relating to *Stoner*.

   Ⓑ He believes society had changed in a way that made *Stoner* harder to accept.

   Ⓒ He feels the novel may have overemphasized life's quiet struggles.

   Ⓓ He worries that media will make the story into a "footnote in history."

11 **Listen again to part of the lecture.**
Then answer the question.

What does the professor imply about why the novel has been reevaluated today?

   Ⓐ The novel is an accurate portrayal of a bygone era.

   Ⓑ People today are attracted to its focus on inner identity.

   Ⓒ Critics are impressed by the writing despite the lack of a plot.

   Ⓓ Williams came to be respected as a hero of the simple life.

Speaking Section

When you complete your studies, would you rather work for a large international company or a small local firm? Include reasons and examples to support your choice.

> Preparation Time: 15 seconds
> Response Time: 45 seconds

No. 3 🔊 track 15

The Decisive Moment

When an image captures the true essence of an event, the photographer can be said to have produced his or her decisive moment, a term coined by Henri Cartier-Bresson. What is needed in particular for this are two key elements: intuiting and knowing. Intuiting is the ability to feel something instinctively, or to take a picture without thinking about it. Knowing refers to perfect knowledge of our surroundings and our subject, as well as the technical know-how. The perfect balance of these will give a narrative to a photograph and leave us something that can be viewed, studied, and admired time and again.

Using details and examples from both the reading and the lecture, explain what a decisive moment in photography is.

> Preparation Time: 30 seconds
> Response Time: 60 seconds

※ Test 1 Speaking Section の 2 問目ですが, 実際の試験の No. 3 の形式になっています。

Writing Section

■解答解説　p. 91 ～ 95

Integrated task

Reading Time: 3 minutes

College sports in the U.S. can be traced back to 1843. Since that time, amateurism has been a persistent component of college sports. Student athletes are given scholarships but are not paid a wage or salary. However, today college sports are a big business, and some people feel the athletes contributing greatly to them are not being compensated enough.

Universities gain a lot of money thanks to their sports programs, so people argue that part of that money should go to the athletes. The most popular and profitable sports, like football and basketball, generate a lot of revenue from TV, advertising, ticket sales, and merchandising. The schools also benefit because having popular sports teams attracts new students and donations from graduates. The university uses this money to pay for operations and new facilities, to expand its academic offerings, and even to pay sports coaches and staff. However, none of this money goes to the athletes.

Student athletes spend long hours practicing and playing in games, often at the expense of academic pursuits, and bring in millions of dollars for the universities, so the case can be made that they should be sufficiently rewarded. Even though many of these athletes are compensated with scholarships, this is often not enough to cover all their living costs. In addition, they must follow strict guidelines to receive scholarships and are restricted from working part-time jobs. This is not a fair situation.

Finally, the concept of amateur sports has evolved in recent years. Critics mention the spirit of college sports, which promotes the idea that sports should not be concerned with money. It may have been a popular idea in the 19th and early 20th centuries, but the world of sports has dramatically changed since then. One important role of amateur sports is to promote all kinds of sports to more people. To achieve this, it now may be necessary to spend money for rewarding the players and increasing the sports' popularity.

◀〔 **track 16**

> You are given 20 minutes of time for preparing and writing your reply. Your reply will be graded on the writing quality and your ability to address the lecture points along with their connection to the short passage. The recommended length is approximately 150-225 words.

Question: Summarize the points made in the lecture, being sure to explain how they cast doubt on specific points made in the reading passage.

Test 2

フル模試 ①

問題

※音声の使用法については本冊 p. 10「音声について」をご覧ください。

Passage **1**

■解答解説　p. 100 ～ 113

Color Perception and Language

1　　Has the human ability to perceive color evolved over time and with cultural advancement? Examining ancient literature, British statesman and scholar William Ewart Gladstone theorized in 1858 that it had, touching off a debate over the relationship between language and biology that took decades to resolve.

2　　In the Greek epic poems *The Iliad* and *The Odyssey*, Homer (writing no later than 700 B.C.) describes physical objects and environments with exacting detail of shape and texture. **A** But he most frequently deploys color in very vague terms: brightness vs. darkness, or values along the white-black range. **B** When he does use other colors, the effects are alien. **C** Even if we concede that a poet may embellish observed scenes with imagination, what are we to make of Homer's depictions of "green" honey, "white" sky, and "purple" sheep? **D** Despite writing about a coastal Mediterranean agricultural society, he never uses a word that can be understood to mean "blue" (even for the sea) and almost never applies "green" to plant life.

3　　Gladstone proposed a bold explanation: Homer was imprecise in his use of color because he and his contemporaries couldn't see most colors distinctly. Gladstone cleverly observed that the range of colors Homer saw would have been limited by necessity. In nature, distinguishing white-ish light from black-ish shade helps in tracking the position of the sun, weather patterns, and movements of predators. Picking out red against a backdrop of other colors helps in identifying bleeding injuries and certain poisonous plants.

4　　 Furthermore, a number of other colors are rare in nature. Surprisingly few flowers, fruits, and stones are pure, true blue, and even the sky and sea change color depending on conditions. Additionally, few native people of the Mediterranean have blue eyes. Gladstone thus concluded that the ability to identify such colors as blue contributed little to the Greeks' ability to survive, and therefore that they had not yet developed it. What they could not perceive they did not name.

5   Gladstone's theory was rejected as outlandish when published, and ancient Greek eyesight was impossible to test. But his ideas were suggestive. Other ancient texts showed similar imprecision when describing colors. Also, anthropologists knew that the languages of some isolated, pre-industrial modern tribes made only rudimentary distinctions among colors besides black, white, and red. The possibility remained that some societies use non-specific language for colors because they lack the ability to distinguish among them.

6   As the physiology of the human eye revealed itself to later scientists, it neither proved nor contradicted Gladstone. The retina lining the interior rear wall of the human eyeball was discovered to contain two basic kinds of light receptors. The 120 million rods of the eye perceive light and dark. The 7 million cones perceive color, with 64% attuned to red light, 32% to green, and a tiny 2% to blue. This preponderance of receptors for brightness and then red hues held true across ethnicities, but the possibility remained that some groups had weaker nerve activity and thus lower visual acuity.

7   In 1875, Swedish physician Frithiof Holmgren developed the test based on Gladstone's theory that would settle the issue of physiology. To assess color perception in railway employees, he used skeins of wool yarn in a range of colors. By showing one skein and asking each subject to choose the closest match from a group of others of different colors, he demonstrated that some could not distinguish red from green (subsequently shown to be a common type of color blindness). Anthropologists seized on the Holmgren test and later used it to study tribes in South America, Australia, and New Guinea. First, they noted that the people expressed

color as imprecisely as Homer had. Often, the same word was used for blue and green, or for brown and purple. Yet, when the test was administered, members of those tribes easily detected and matched the colors of skeins of wool, even when choosing from a set of similar color values. Clearly, vague distinctions in a language did not mean that its speakers lacked the physical ability to see different colors.

8   The mechanism by which groups of people make the leap to giving names to all the colors of the visible spectrum has not been determined, though the most favored explanation is a partial nod to Gladstone. Researchers suspect that it is not until they develop technologies to manufacture dyes and pigments that societies begin to name all the hues they can see. Distinctly purple fabric and blue-painted jars emerge as integral parts of the environment. Language then adapts to the need to describe them, though physiology remains constant.

1 The word concede in the passage is closest in meaning to

    Ⓐ acknowledge

    Ⓑ enjoy

    Ⓒ doubt

    Ⓓ discover

2 Which of the following can be inferred from paragraph 2 about Homer's writing?

    Ⓐ He writes about color more vaguely than other ancient Greek poets.

    Ⓑ It provides evidence that he saw the color of the sky as blue.

    Ⓒ His color descriptions were based on imagination.

    Ⓓ He describes color less specifically than other physical characteristics.

3 In paragraph 4, why does the author mention that few people from the Mediterranean have blue eyes?

  (A) To support the claim that blue objects were rare in the Greeks' environment.

  (B) To explain why Gladstone concluded that the Greeks came from elsewhere.

  (C) To provide evidence that Homer almost never described people's eyes as blue.

  (D) To provide evidence that the Greeks used flowers, fruits, and stones to identify colors.

4 The word rudimentary in the passage is closest in meaning to

  (A) highly developed

  (B) historically rare

  (C) visual

  (D) basic

5 Paragraph 6 supports which of the following statements about rods and cones?

  (A) Gladstone relied on them for evidence of his theory.

  (B) Some ethnic groups can see only red hues.

  (C) There are more types of cones than types of rods.

  (D) They occur in similar proportions in most ethnic groups.

6 According to paragraph 7, all of the following are true about the Holmgren test EXCEPT

(A) It was adapted for use by anthropologists.

(B) It can identify visual perception that is not expressed in language.

(C) It was developed to test Gladstone's theory.

(D) It can reveal at least one type of color blindness.

7 In paragraph 7, what does the author imply about Gladstone's theory?

(A) It shows Gladstone's lack of knowledge about the making of dyes and pigments.

(B) It applies more directly to the ancient Greeks than to modern people.

(C) Researchers have found all aspects of it to be incorrect.

(D) It has been useful for researchers studying eye physiology among tribes.

8 Which of the sentences below best expresses the essential information in the highlighted sentence in the passage? *Incorrect* choices change the meaning in important ways or leave out essential information.

Researchers suspect that it is not until they develop technologies to manufacture dyes and pigments that societies begin to name all the hues they can see.

(A) Researchers conclude that societies can see colors more clearly in manufactured dyes and pigments.

(B) Researchers believe that societies name visible colors after they begin producing them artificially.

(C) Researchers believe that societies may name the colors of dyes and pigments they plan to start producing in the future.

(D) Researchers doubt that the development of dyes and pigments affects how societies name colors.

9 Look at the four squares [■] that indicate where the following sentence could be added to the passage.

And the colors Homer does not use raise still more doubts.

Where would the sentence best fit?

Click on a square [■] to add the sentence to the passage.

10 **Directions:** An introductory sentence for a brief summary of the passage is provided below. Complete the summary by selecting the THREE answer choices that express the most important ideas in the passage. Some sentences do not belong in the summary because they express ideas that are not presented in the passage or are minor ideas in the passage. *This question is worth 2 points.*

> Drag your answer choices to the spaces where they belong.
> To remove an answer choice, click on it.

Scholars have debated whether the ability to perceive color develops as societies advance.

-
-
-

Answer Choices

① Some societies use the same word for blue and green, or for brown and purple.

② William Ewart Gladstone believed that Homer's poetry demonstrated that the ancient Greeks could not see all the colors we can in modern times.

③ Introducing new technologies for producing dyes and pigments may not help isolated societies expand their vocabulary for color.

④ The ancient Greeks may have had words for colors that Homer never used.

⑤ The Holmgren test demonstrates that people can distinguish colors for which their native languages do not have distinct names.

⑥ Study of the human eye has shown that the number and type of color receptors is consistent across ethnicities.

26

Passage 2

Regenerative Medicine

1   One of the most exciting new medical fields is regenerative medicine. This involves using scientific breakthroughs along with the resources already available in the human body to treat illnesses and medical conditions. Regenerative medicine relies on tissue engineering and molecular biology to accomplish its goals. Recently, this branch of medicine has been making use of 3D printing. The so-called ink, in this case, is human tissue.

2   In 2002, Dr. Makoto Nakamura noticed that inkjet printer ink droplets and human cells were about the same size. Using this concept, he devised the first working 3D bio-printer in 2008. Nakamura's printer could use tissue cells to create tubing similar to a blood vessel. A year later, Organovo, a company in San Diego, created their own commercial bio-printer called the NovoGen MMX. With the NovoGen MMX, scientists first harvest human cells from organ biopsies or extract autologous cells, commonly referred to as iPS cells, from bone marrow. These cells belong to the person receiving the treatment. So, rejection of these cells is not a possibility, unlike transplanted cells from a donor. During the printing procedure, scientists first load the cells into one cartridge for the bio-ink and then put a bio-paper material mixture into another cartridge. Next, the printer sets down the pattern layer by layer: first ink, then paper, then ink again, and so forth until a completed three-dimensional mass has formed. Over a period of just a few days, the cells finally merge together naturally to become tissue and the bio-paper disappears in the process.

3   Dr. Anthony Atala, a prominent expert in the field, arranges tissue engineering into four levels of complexity. At the simplest level, there are flat structures, such as skin, with only one cell type involved. Next, blood vessels and other tube-like body parts have two cell types and are the second easiest to engineer. Following that, empty, non-tube-like organs

like the bladder and stomach have two or more cell types, giving them greater complexity. Finally, solid organs such as the heart, kidney or liver are the most complex because they have many cell types and also need blood supply.

4   With this in mind, in terms of internal organs, one of the best applications of bio-printing seems to be the bladder. Empty inside, it only has two cell types, compared to a kidney, for example, which is solid and consists of some 30 different kinds of cells. Actually, doctors have been reshaping bladders using cells from the intestines to correct problems caused by various bladder diseases for the past 100 years. While they have succeeded in improving bladder function with this technique, it has often led to an electrolyte imbalance, kidney stones or even related cancer. The basic explanation of why this occurs is that the function of the intestine is to absorb nutrients, while the purpose of the bladder is to excrete. This mismatch of tissue leads to disease. To avoid any unwanted effects, creating a whole new bladder from the patient's own cells is currently the ideal solution.

5   Between 1999 and 2001, nine children received tissue-engineered bladders at Boston Children's Hospital, thanks to Dr. Atala's research. Seven of the children were available for follow-up and all the bladders tested performed normally. Speaking as the lead researcher, Atala said, "This is one small step in our ability to go forward in replacing damaged tissues and organs."

6   Tissue engineering seems to be filled with promise. **A** Although it would seem safe to assume that using autologous cells would avoid any moral objection to the methodology, some still oppose it. **B** One such view is that tissue engineering is akin to altering nature. **C** Others, however, are ecstatic to see what seemed like science fiction a few short years ago become a reality. **D** Perhaps the next generation will order spare or customized body parts online the way people order books and clothing today.

1 In paragraph 1, why does the author mention molecular biology?

   Ⓐ To show what was involved in the creation of the bio-printer

   Ⓑ To indicate the various branches of science that use bio-printing

   Ⓒ To describe another interesting development in tissue engineering

   Ⓓ To explain the scientific influences behind regenerative medicine

2 In paragraph 2, what does the author imply about Dr. Nakamura's printer?

   Ⓐ It never actually became capable of making any body part.

   Ⓑ It was only able to create one specific body component.

   Ⓒ It was purchased by a large company soon after its debut.

   Ⓓ It was too expensive to be used over the long term.

3 Which of the sentences below best expresses the essential information in the highlighted sentence in the passage? *Incorrect* choices change the meaning in important ways or leave out essential information.

So, rejection of these cells is not a possibility, unlike transplanted cells from a donor.

   Ⓐ The body accepts its own cells better than other cells.

   Ⓑ Cells that are transplanted are never rejected.

   Ⓒ The chance of the body not accepting new cells is low.

   Ⓓ The body may reject all types of cells.

4 The phrase sets down in the passage is closest in meaning to

    Ⓐ considers

    Ⓑ places

    Ⓒ seats

    Ⓓ retires

5 According to paragraph 2, the bio-paper

    Ⓐ is removed by scientists after printing

    Ⓑ is made up of a different kind of tissue

    Ⓒ eventually comes together with the cells

    Ⓓ consists of actual bits of regular paper

6 According to paragraph 3, which of the following is NOT something that makes tissue engineering complicated?

    Ⓐ Containing many cell types

    Ⓑ Being made up of solid tissue

    Ⓒ Needing a blood supply

    Ⓓ Being non-tube-like

7 In paragraph 4, why does the author mention kidneys?

Ⓐ To emphasize that people with bladder problems often have bad kidneys

Ⓑ To describe case studies with more complicated examples of bio-printing

Ⓒ To contrast the simplicity of bladders with the complexity of kidneys

Ⓓ To illustrate the different capabilities of different bio-printer models

8 The word spare in the passage is closest in meaning to

Ⓐ conservative

Ⓑ frugal

Ⓒ unwanted

Ⓓ additional

9 Look at the four squares [■] that indicate where the following sentence could be added to the passage.

In addition to work with bladders, regenerated skin for burn victims is also an area that is blossoming.

Where would the sentence best fit?

> Click on a square [■] to add the sentence to the passage.

10 **Directions:** An introductory sentence for a brief summary of the passage is provided below. Complete the summary by selecting the THREE answer choices that express the most important ideas in the passage. Some sentences do not belong in the summary because they express ideas that are not presented in the passage or are minor ideas in the passage. *This question is worth 2 points.*

> Drag your answer choices to the spaces where they belong.
> To remove an answer choice, click on it.

Regenerative medicine is advancing day by day thanks to successful tissue engineering methods involving the patient's own cells.

-
-
-

Answer Choices

① Scientists are now able to use 3D bio-printing to engineer tissues.

② Tissue engineering can be straightforward or complex depending upon the organ.

③ The NovoGen MMX has greater capabilities than Dr. Nakamura's machine.

④ Skin is fairly easy to engineer, making it the best candidate for all forms of tissue engineering.

⑤ Engineering bladders is achievable and better than other bladder disease treatments.

⑥ Nine children received lab-grown bladders in Dr. Atala's original trial.

Listening Section

1 What is the main reason the student is talking to the academic counselor?

　Ⓐ She wants help deciding her major.

　Ⓑ She wants to change her major midway through.

　Ⓒ She is having difficulty with a math course.

　Ⓓ She is trying to choose between biology and anthropology.

2 What does the counselor do first?

　Ⓐ Tells the student to study harder

　Ⓑ Advises the student to get a tutor

　Ⓒ Suggests that the student take a math course

　Ⓓ Asks the student what subject she is good at

3 According to the conversation, why does the counselor suggest that the student take math and science courses?

> Click on 2 answers.

    Ⓐ Math and science jobs pay more.
    Ⓑ The student is good at biology.
    Ⓒ Taking those courses may expand her options.
    Ⓓ She might start to enjoy those subjects.

4 Why does the counselor tell the story of a former student?

    Ⓐ To discourage the student from taking risks
    Ⓑ To point out that science is better than the humanities
    Ⓒ To show the student the benefit of exploration
    Ⓓ To encourage the student to choose a science major

5 **Listen again to part of the conversation.**
Then answer the question.

What does the counselor imply by saying this:

    Ⓐ The student is going to compete with other students.
    Ⓑ The student's concern is not all that uncommon.
    Ⓒ Finding a job today is difficult.
    Ⓓ The student should avoid becoming a history major.

Environment

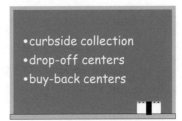

6 What is the lecture mainly about?

- Ⓐ New ways to recycle goods
- Ⓑ The idea of buying fewer goods
- Ⓒ Why the drop-off center is the best way to recycle
- Ⓓ The facts of and issues with recycling

7 According to the lecture, what are the positives of recycling?

> Click on 2 answers.

- Ⓐ It costs less than throwing things away.
- Ⓑ It encourages people to buy less.
- Ⓒ It allows us to use fewer resources.
- Ⓓ It reduces the amount of waste to be thrown away.

8 What is mentioned as encouragement for people to recycle?

- Ⓐ Better education about recycling
- Ⓑ Difficult times such as war
- Ⓒ Digging up ancient sites
- Ⓓ Better curbside collection services

9 What is the problem with buy-back centers?

    Ⓐ It costs too much to produce recycled material.

    Ⓑ The process is too time consuming.

    Ⓒ The technology has developed too fast.

    Ⓓ They are still too few in number.

10 Why do some think recycling is not necessary?

    Ⓐ People are consuming less and less.

    Ⓑ There is plenty of space for waste.

    Ⓒ New technologies are making recycling obsolete.

    Ⓓ The condition of the environment is improving.

11 **Listen again to part of the lecture.**
Then answer the question.

What is the professor's opinion about recycling?

    Ⓐ Recycling is the only realistic solution.

    Ⓑ Recycling encourages people to buy more things.

    Ⓒ Consuming less is the best way to help the environment.

    Ⓓ Consuming less is good but that alone is not enough.

Philosophy

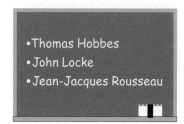

•Thomas Hobbes
•John Locke
•Jean-Jacques Rousseau

12 What is the main idea of the lecture?

Ⓐ Why people enter into social contracts

Ⓑ What the differing opinions of government and rights are

Ⓒ How people can protect the rights that they have

Ⓓ Whose idea of the social contract is the best

13 According to the professor, what is the social contract?

Ⓐ A document every adult in a society signs

Ⓑ An idea forced upon us by the government

Ⓒ An exchange of rights for certain benefits

Ⓓ An old political philosophy that has little importance today

14 What is Hobbes' view of the world?

Ⓐ People are born with natural rights.

Ⓑ People are inherently moral creatures.

Ⓒ Democracy is the best type of government.

Ⓓ The natural state is not easy to live in.

15 Why did Rousseau believe direct democracy would be just?

   Ⓐ Because everyone has rights that cannot be taken away.

   Ⓑ Because the laws would be decided upon by everyone.

   Ⓒ Because the United States had proven him correct.

   Ⓓ Because it would protect individuals from the state of nature.

16 On what point did the three philosophers disagree?

   Ⓐ Whether or not the social contract actually exists

   Ⓑ The necessity of giving up certain rights

   Ⓒ The degree to which the people should be in control

   Ⓓ Whether sometimes a state of nature is better than society

17 **Listen again to part of the lecture.**
Then answer the question.

What does the professor imply when he says this?

   Ⓐ He expresses disagreement with some aspects of social contract theory.

   Ⓑ Individuals are more important than the social contract.

   Ⓒ Believing in the social contract requires a belief in God.

   Ⓓ It is clear and evident that without the social contract humans would revert to a state of nature.

1 What is the student's purpose for visiting his professor?

 Ⓐ To tell her he is taking a summer course on film production

 Ⓑ To ask her to take a look and give comments on his work

 Ⓒ To find out if he has been accepted to work on a film crew

 Ⓓ To get help with organizing the college film festival

2 What is the student's concern with his short film?

 Ⓐ He is not happy with the camera's quality.

 Ⓑ He is not confident in the acting.

 Ⓒ He did not shoot enough footage.

 Ⓓ He had difficulty with the editing.

3 What does the professor imply about taking the summer course on film production?

 Ⓐ It is good but hands-on experience is better.

 Ⓑ It is mostly a waste of the student's time.

 Ⓒ The student should gain real world experience first.

 Ⓓ She does not think the instructor is very good.

4 Which of the following is NOT mentioned as a summer option for the student?

 Ⓐ Working on a film crew
 Ⓑ Taking a summer production course
 Ⓒ Going home for the summer
 Ⓓ Helping the professor with a project

5 **Listen again to part of the conversation.**
Then answer the question.

What does the professor imply by saying this?

 Ⓐ It is difficult for a student to work on a film crew.
 Ⓑ Most directors prefer students with some experience.
 Ⓒ The director is supportive of people interested in filmmaking.
 Ⓓ The student might have a better chance next year.

Biology

 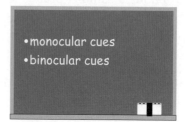

6 What does the professor mainly discuss?

    Ⓐ The importance of a single eye in depth perception
    Ⓑ The development of depth perception
    Ⓒ How the brain functions in order to see depth
    Ⓓ How illusions affect our notion of reality

7 How does the professor organize the beginning of the lecture?

    Ⓐ By defining the terminology and telling a personal story
    Ⓑ By talking about types of visual cues and giving his opinion
    Ⓒ By listing key terms and giving examples
    Ⓓ By making comments and prompting students to ask questions

8 What are aspects that are exclusive to binocular cues?

> Click on 2 answers.

    Ⓐ Determining depth by seeing different angles of an object
    Ⓑ Analyzing depth from distance, size and motion
    Ⓒ Seeing parallel lines merge when looking far ahead
    Ⓓ Receiving depth cues from shadows

9 What does the professor imply about depth as he talks about seeing with one eye?

 Ⓐ The brain never ceases to calculate depth.
 Ⓑ The world gradually looks more two-dimensional over time.
 Ⓒ The eye always turns inwards to see depth.
 Ⓓ A person should be constantly moving to understand depth.

10 Why does the professor mention the Congo?

 Ⓐ To review a concept that was introduced in class
 Ⓑ To reinforce a point by mentioning a historical account
 Ⓒ To encourage students to do fieldwork under similar conditions
 Ⓓ To contrast the story with the example of the distorted room illusion

11 **Listen again to part of the lecture.**
Then answer the question.

What does the professor mean when he says this: 🎧

 Ⓐ He is telling the students what he would like them to remember.
 Ⓑ He is calling on the students to respond to his point.
 Ⓒ He is referring to an idea mentioned previously.
 Ⓓ He is giving the opening of a story.

Speaking Section

■解答解説　p. 148 ～ 161

Many universities require that first year students live on campus in order to adjust to college life and to focus on their studies. Do you agree or disagree with the requirement that first year students live on campus?

> Preparation Time: 15 seconds
> Response Time: 45 seconds

University to Invite Fast Food Chains to Campus

In an effort to respond to complaints about the quality and lack of variety of university food services, the administration has decided to invite several well-known fast food chains to open branches on campus and to offer menu items in the campus cafeterias. In order to lessen concerns about health, the administration hopes to make sure healthier items such as salads are featured in the menus. The administration has also stated that it does not intend for the fast food restaurants to replace the regular cafeteria service. Instead, the intent is to increase choice and competition in the hopes that both will increase food quality.

The woman expresses her opinion of the university's plan to invite fast food to campus. State her opinion and explain the reasons she gives for holding that opinion.

Preparation Time: 30 seconds
Response Time: 60 seconds

Abstract Art

Abstract art uses colors, shapes and lines to create images that differ, sometimes drastically, from the way that things look like in the real world. Abstract art began in the 19th century in response to the previous art styles that emphasized visual accuracy and realism. Abstract art largely emerged in the 20th century as a result of industrialization. Industrialization brought along new materials that had not been widely available for artists to experiment with previously. It also contributed to technological development, which encouraged artists to develop unique, obscure painting styles.

• Marcel Duchamp
• Paul Cézanne
• Pablo Picasso

Explain the two factors that resulted in the emergence of abstract art in the 20th century.

Preparation Time: 30 seconds
Response Time: 60 seconds

Using points and examples from the talk, describe two ways that driverless cars could affect the economy.

> Preparation Time: 20 seconds
> Response Time: 60 seconds

Writing Section

■解答解説　p.162 ～ 170

Integrated task

Reading Time: 3 minutes

The Nazca Lines are a series of giant shapes in southern Peru created by the Nazca culture around two thousand years ago. The lines were made by digging up a layer of reddish rocks that covered much of the land in the area, which revealed yellow soil underneath. Many are simple straight lines while others form geometric shapes and other patterns. The most impressive are giant depictions of animals, plants, and humans, some longer than 300 meters in length. While hundreds of these lines have been found, their purpose remains a mystery.

One possibility proposed is that the lines were constructed by visiting aliens to use as runways of a sort for their craft. When viewed from the air, the lines do often look like the lines painted on runways to guide airplanes to their landing. This theory is based on how large and complex these lines were, which some believed were beyond the capabilities of this ancient civilization.

An explanation advocated by archeologists such as Paul Kosok and Maria Reiche is that the lines were constructed to chart the movements of astronomical bodies to keep track of the calendar. Lines would point to where certain stars and planets would emerge from the horizon when particular holidays would occur. This would allow the Nazca people to maintain their religious observances accurately.

Since the Nazca civilization lived in an arid climate, researchers like Stephen B. Mabee and Donald Proulx have theorized the lines were for the more practical purpose of tracking water sources. They would point to or run alongside faults in the ground where water would collect. This theory also accounts for the large figures of animals and plants, most of which were associated with rainfall or fertility in Nazca myths.

You are given 20 minutes of time for preparing and writing your reply. Your reply will be graded on the writing quality and your ability to address the lecture points along with their connection to the short passage. The recommended length is approximately 150-225 words.

Question: Summarize the points made in the lecture, being sure to explain how they cast doubt on specific points made in the reading passage.

You are in a class and the professor is giving a talk about political science. You need to reply to the professor's question by writing a post. In your post, you need to state your opinion, along with support, and add to the discussion using your own ideas. The recommended minimum length is 100 words.

Professor Bhatt

So we've talked about barriers that prevent people from applying for necessary permits or accessing public services such as welfare payments. One of the most common complaints is that the requirements are too burdensome to fulfill for most people, and require lots of old-fashioned paperwork. This can cost time and money to visit government offices or use up paper to mail forms. Many people think that these processes should transition to electronic filing. What do you all think: should these systems be overhauled and be digitized? Why?

Steve

I think requiring paper forms filled out by hand is just too archaic at this point. Most people are far more used to filling out electronic forms in their everyday lives, and it will significantly ease sharing files and speed up approval processes. Electronic forms are also far more legible, especially when people's handwriting is becoming worse as people handwrite less.

Naomi

While I agree that electronic filing is more convenient for most people, that's not true for everyone. Elderly people are less familiar with these new systems and poorer people might not have access to the technology. Government services need to be available for everyone, and that includes people who don't use the same technology that people like us take for granted.

Test **3**

フル模試 ②

※音声の使用法については本冊 p. 10「音声について」をご覧ください。

Passage 1

■解答解説　p. 176 ～ 189

Black Holes

1　　Of all the phenomena in space, black holes may be one of the most intriguing. Even those of us who are not scientists or have never really studied about black holes know that they are immensely powerful. But many people do not know exactly what black holes are.

2　　Simply put, a black hole is what remains after a massive star dies. When most stars die, they become relatively small, dense masses called white dwarves. However, stars that are 10 to 15 times the size of our sun become black holes after they perish. At the end of one of these stars' lives, it explodes in what is called a supernova. The explosion scatters the mass of the star with such force that only a dead center remains. This dead center produces so much gravity that it begins collapsing on itself. This gravity is so strong that any and all light produced by what remains of the star is sucked in. The absolute darkness that results is what gives the black hole its name. Black holes are extremely dense, but most are actually quite small. Even a black hole at the center of a galaxy is only 4 times the size of our sun. If our sun could become a black hole, it would end up being less than 6.5 kilometers wide. The darkness and diminutive size of black holes are why they cannot be directly seen.

3　　The first person to think of black holes was the English philosopher John Michell. In 1783, Michell imagined a mass so dense for its size that even light could not escape its gravitational pull. A few years later, the French mathematician Pierre-Simon Laplace came up with a similar idea about black holes. However, it is unknown whether or not he thought of this on his own or was influenced by Michell. Either way, the idea was so ahead of its time that it was largely ignored. Although the idea of black holes would resurface several times, it would not be widely accepted by scientists until Einstein's theory of general relativity was developed in

1915. Einstein's theory showed that gravity can bend light and that stars leave behind extremely dense objects when they reach the end of their lifespans.

4   Although black holes cannot be seen, scientists can come close to confirming their existence through the powerful effect they have on the things around them. First, scientists discovered neutron stars. They can have twice the mass of our sun but are only the size of Manhattan. A neutron star is similar to a black hole in that it is created by the death of a star and produces a massive amount of gravity, but is smaller. Neutron stars, as a result, are not large enough to explain certain phenomena such as the absorption of all surrounding light. However, whenever an object gets sucked into a black hole, radiation is emitted. In 1962 an X-ray detector discovered something emitting radiation that was too big to be a neutron star. Later, scientists discovered the "gravity lens effect," in which a black hole in between the Earth and a star bends light causing there to be two images of one star. Thus, even though scientists cannot see black holes, they can see their effects.

5   Black holes are complex phenomena and not all scientists agree on their characteristics or how they work. One puzzling question is what happens to the matter of anything that gets sucked into a black hole. **A** If black holes never died, the matter would just stay trapped inside the black hole. It is said that black holes perish by slowly emitting an energy called Hawking radiation. **B** Scientists still do not know where the matter has gone. Another interesting controversy about black holes is whether or not a type of black hole called a wormhole exists. **C** If so, a wormhole would be a tunnel in space that connects two faraway points together. Its existence might make it possible for us to travel to faraway places in our universe nearly instantaneously. **D** Although we have learned many things about black holes in recent years, there remain many questions for scientists to answer.

1 The word immensely in the passage is closest in meaning to

   Ⓐ interestingly

   Ⓑ mysteriously

   Ⓒ tremendously

   Ⓓ meticulously

2 According to paragraph 2, all of the following are characteristics of black holes EXCEPT:

   Ⓐ They can be formed from stars of any size.

   Ⓑ They absorb all light.

   Ⓒ They are invisible to visual detection.

   Ⓓ Their density is extremely high.

3 According to paragraph 3, Michell's idea of an extremely dense mass in space

   Ⓐ was immediately popular

   Ⓑ was followed by a similar idea by Laplace

   Ⓒ was criticized as unscientific

   Ⓓ was quickly proven false

4 According to paragraph 3, Einstein's theory of general relativity helped establish the idea of black holes by

   Ⓐ showing gravity could have an effect on light

   Ⓑ helping to find the closest black hole

   Ⓒ explaining the formation of black holes

   Ⓓ giving scientists a way to measure black holes

5 According to paragraph 4, why are black holes known to exist?

(A) They are created by the death of stars.

(B) They are near our solar system.

(C) They are extremely bright.

(D) They affect surrounding objects.

6 The word confirming in the passage is closest in meaning to

(A) enhancing

(B) negating

(C) proving

(D) demanding

7 Which of the sentences below best expresses the essential information in the highlighted sentence in the passage? *Incorrect* choices change the meaning in important ways or leave out essential information.

A neutron star is similar to a black hole in that it is created by the death of a star and produces a massive amount of gravity, but is smaller.

(A) The massive amount of gravity produced by a black hole can affect a neutron star, but the effect is relatively small.

(B) A black hole is formed as a result of the death and destruction of a neutron star, which generates a massive amount of gravity.

(C) Aside from its size, a neutron star is like a black hole in its formation and effects.

(D) A neutron star is a type of black hole that produces tremendous gravity, but exists under more limited circumstances.

8 Which of the following can be inferred from paragraph 5 about black holes?

   Ⓐ One type of them might have practical uses in the future.

   Ⓑ They are not as bizarre as they first seem.

   Ⓒ We are close to directly confirming their existence.

   Ⓓ We have a good understanding of what happens inside of them.

9 Look at the four squares [■] that indicate where the following sentence could be added to the passage.

And yet this radiation contains no information about what was inside the black hole.

Where would the sentence best fit?

> Click on a square [■] to add the sentence to the passage.

10 **Directions:** An introductory sentence for a brief summary of the passage is provided below. Complete the summary by selecting the THREE answer choices that express the most important ideas in the passage. Some sentences do not belong in the summary because they express ideas that are not presented in the passage or are minor ideas in the passage. ***This question is worth 2 points.***

> Drag your answer choices to the spaces where they belong.
> To remove an answer choice, click on it.

Black holes interest many people, but most have very little understanding of the phenomenon.

-
-
-

Answer Choices

① The massive gravitational pull of black holes means they have a strong effect on their surroundings.

② Scientists have long speculated on the existence of black holes.

③ If black holes exist, then wormholes that allow for space travel must also exist.

④ The study of neutron stars is closely tied to the study and understanding of black holes.

⑤ The gravity lens effect is currently the only way we have to confirm black holes.

⑥ The study of the supernova is the key to further understanding black holes.

Behind Charles Darwin

1   It is now highly accepted by scientists that life forms are adaptable. However, prior to the 19th century, it was commonly held that species were biologically immutable. They would therefore reproduce with little or no fundamental alteration. The rise of paleontology, a field of study focused on the collection, organization and study of fossilized, long-extinct life forms, resulted in scientific challenges to this consensus. A growing fossil record created an especially distinct challenge to existing ideas on whether species were in fact unchanged. Some scientists, such as Georges Cuvier, sought to explain extinctions through environmental catastrophes that wiped out some species and allowed others to arise. Cuvier's catastrophe-based model of extinction also accommodated many major religious teachings. At the same time, however, a number of other scientists were rejecting the validity of this type of thinking.

2   The most notable of these was Charles Darwin. Darwin developed the theory that species changed — or evolved — fundamentally over many thousands of years. This evolution was the result of mutations, or biological breakaways from the norm. The webbed feet of ducks or other water birds, according to Darwin's theory, are likely the result of a long-ago mutation away from non-webbed feet. This divergence gave the descendants of webbed-feet ducks an advantage, since they could better thrive in their aquatic environment. This biological advantage was substantial enough that eventually these webbed-feet descendants' survival rate surpassed that of other ducks, replacing them completely. This process of mutation affecting species' ability to flourish was termed "natural selection." Similarly, Darwin saw extinction as a gradual process, with any particular species or subspecies eliminated if its evolutionary course rendered no environmentally competitive advantage. To Darwin, survival or extinction were neither predestined nor dependent upon any catastrophe, but were instead logical potential outcomes of natural

selection.

3   The theory of natural selection was both comprehensive and impressive, but not created without reference to the pioneering work that others had been carrying out. Perhaps chief among these was Charles Lyell, who had an early and deep impact on Darwin. Lyell had developed the theory of Uniformitarianism. This theory suggested that the earth was many millions of years older than was believed at the time, with its present geology being the result of the gradual operation of immense internal forces such as pressure and heat. Lyell's research on volcanoes, for instance, established that they were the product of layers of superheated rock, in the form of magma, slowly pushing upward. This and other core concepts appeared in Lyell's seminal work, *Principles of Geology*. Encapsulated there, they had a transformative effect on his field. His core assertion — that of gradual change over many millennia — was one that showed up clearly in Darwin's work. Darwin and Lyell were, in fact, close associates, although Lyell only reluctantly came to accept that theories of gradual change applied to organisms as well as geological formations.

4   Another scholar whose thoughts influenced Darwin was Jean-Baptiste Lamarck. Lamarck's research led him to believe that organisms could change over generations, and that such change was based on use or disuse of certain organs or appendages. For instance, Lamarck postulated that the earliest giraffes likely had shorter necks, which were slightly extended as the animals strained ever-upward to grasp higher leaves. The slightly longer necks of such giraffes were passed on to their descendants, who likewise strained upward to grasp higher leaves and had longer-necked offspring. The end result is the modern giraffe, able to consume vegetation at treetop height. Taking this idea one step further, Lamarck postulated that life always developed from simpler to complex forms. This went against the fixed ideas of many scholars of his field. To those contemporaries, Lamarck's theories were radical in that they implied organisms changed through natural processes in response to their

environments.

5   While both Lyell and Lamarck provided important scientific contributions, neither person achieved Darwin's level of recognition. This may have been because of significant flaws in some of their theories. **A** Lyell, for instance, believed that geological forces remained the same over time. Based on this, he insisted that "the present is the key to the past" insofar as geology is concerned. One could therefore infer the past shape of a surface simply by carefully studying its current state, because the forces acting on that surface had been consistent. **B** For his part, Lamarck failed to see that the source of change in animals over time was not in physical exertion of one type or another but, rather, as Darwin identified, mutation. **C** Contrary to Lamarck's assertion, a giraffe cannot elongate its neck through effort. **D** Moreover, the level of complexity in an organism is a function of its environment, with simpler organisms not always becoming more complex.

1 According to paragraph 1, which of the following best characterizes scientific beliefs about species before the 19th century?

(A) Organisms only fundamentally changed to avoid extinction.

(B) Reproduction depended on resources available within an environment.

(C) Animals and plants retained their original forms over time.

(D) Scientists largely ignored the significance of fossilized life.

2 What can be inferred from paragraph 2 about mutations along with their potential effects on a species?

(A) They can increase the survival rate of an organism.

(B) They may help eliminate some competitor species.

(C) They are a particularly slow biological process.

(D) They are an unusual part of a natural evolutionary course.

3 Which of the following best describes the organization of paragraph 2?

    Ⓐ A comparison of competing analyses

    Ⓑ A theory followed by criticism

    Ⓒ A series of logical arguments substantiated by data

    Ⓓ A theory supported by examples

4 Which of the sentences below best expresses the essential information in the highlighted sentence in the passage? *Incorrect* choices change the meaning in important ways or leave out essential information.

To Darwin, survival or extinction were neither predestined nor dependent upon any catastrophe, but were instead logical potential outcomes of natural selection.

    Ⓐ The species which survived extinction were logically more dependent upon the principles of natural selection.

    Ⓑ The survival of a species depended on catastrophes that were predestined by the laws of natural selection.

    Ⓒ Species' survival or extinction were natural outcomes within an environment rather than predestined.

    Ⓓ Nothing in nature could ever be truly predestined except when natural selection played a role in its outcome.

5 The word encapsulated in the passage is closest in meaning to

    Ⓐ chosen

    Ⓑ adapted

    Ⓒ informed

    Ⓓ summarized

6 According to paragraph 3, Charles Lyell developed new theories on all of the following EXCEPT

    Ⓐ the basic speed of earth's rotation
    Ⓑ the internal forces of the planet
    Ⓒ the approximate age of the earth
    Ⓓ the factors behind volcano formation

7 Which of the following best represents the view of generational change within species associated with Jean-Baptiste Lamarck?

    Ⓐ A tiger cub learning how to hunt from its mother
    Ⓑ Generations of turtles naturally growing protective shells
    Ⓒ Bears eating less prey than is available within their territories
    Ⓓ Antelopes trying to run faster than they normally would

8 The word contemporaries in the passage is closest in meaning to

    Ⓐ peers
    Ⓑ messengers
    Ⓒ clients
    Ⓓ officials

9 Look at the four squares [■] that indicate where the following sentence could be added to the passage.

Later findings proved that although these forces indeed acted extremely slowly, their speed and type of operation was not in fact necessarily unchanging.

Where would the sentence best fit?

> Click on a square [■] to add the sentence to the passage.

10 **Directions:** An introductory sentence for a brief summary of the passage is provided below. Complete the summary by selecting the THREE answer choices that express the most important ideas in the passage. Some sentences do not belong in the summary because they express ideas that are not presented in the passage or are minor ideas in the passage. *This question is worth 2 points.*

> Drag your answer choices to the spaces where they belong.
> To remove an answer choice, click on it.

Charles Darwin built at least part of his theory of natural selection on the works of other scientists of his time.

-
-
-

Answer Choices

① Darwin's theory of natural selection centered on mutation providing a potential competitive advantage to a species.

② In his research, Georges Cuvier removed any references to the role of mutations because it was opposed by many religious leaders.

③ Charles Lyell only accepted Darwin's ideas with great reluctance.

④ Both Charles Lyell and Jean-Baptiste Lamarck developed unique ideas on change that influenced Darwin.

⑤ Darwin became a close associate of both Lyell and Lamarck through the years.

⑥ Darwin's work is more recognized than Lyell's and Lamarck's, possibly due to flaws in their research.

Listening Section

Passage **1-1** 🔊 track 61-66

■解答解説　p. 190 〜 221

1 What is the woman's problem?

- (A) She does not know where the laboratory is.
- (B) She needs some advice on where to park her car.
- (C) She wants to find out where to pay for tickets.
- (D) She has had her car locked in place.

2 What does the officer confirm by looking at the student's car registration?

- (A) How much paperwork he will need
- (B) How long the student has owned the car
- (C) Who owned the car before the student
- (D) When and where the car was registered

3 What does the officer say he wants the student to do in the future?

- (A) Get a special parking pass
- (B) Arrange to have the boot removed
- (C) Pay the fine immediately
- (D) Visit the campus police office

4 What does the officer imply about the parking lots he knows?

    Ⓐ They are often used by the faculty.

    Ⓑ They are usually available.

    Ⓒ They may be difficult to find.

    Ⓓ They are popular with students.

5 **Listen again to part of the conversation.**
Then answer the question.

What does the student imply when she says this:

    Ⓐ She forgot about receiving a warning about the boot.

    Ⓑ She is having trouble communicating with the officer.

    Ⓒ She explained the situation to the officer before.

    Ⓓ She has never received any warnings.

Politics

 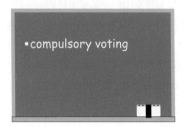

6 What is the lecture mainly about?

   Ⓐ Whether or not some countries should end compulsory voting

   Ⓑ Whether or not freedom of speech is more important than voting

   Ⓒ Various perspectives on compulsory voting

   Ⓓ How best to implement compulsory voting

7 According to the professor, what are the positives of compulsory voting?

> Click on 2 answers.

   Ⓐ It protects people's freedom of speech.

   Ⓑ It reduces voter discrimination.

   Ⓒ It increases the legitimacy of the elected government.

   Ⓓ It gives the minority power over the majority.

8 What is a reason people sometimes do not vote?

Ⓐ They want to show their dissatisfaction with the system.

Ⓑ They do not care if they are punished.

Ⓒ They cannot take time off from work.

Ⓓ They are threatened with violence.

9 What is an argument against compulsory voting?

Ⓐ It can infringe on people's religious beliefs.

Ⓑ It makes elections more difficult to execute.

Ⓒ It often punishes people who live overseas.

Ⓓ It only works in countries with few people.

10 What does the professor say about Belgium?

Ⓐ It requires citizens to carry a card proving they've voted.

Ⓑ It requires that a ballot be marked.

Ⓒ It may withhold government jobs from non-voters.

Ⓓ It has a high fine for citizens who do not vote.

11 **Listen again to part of the lecture.**
Then answer the question.

What does the professor mean when he says this?

Ⓐ Compulsory voting is vital to a healthy democracy.

Ⓑ Support for compulsory voting depends on one's values.

Ⓒ The need for compulsory voting is increasing.

Ⓓ Legitimacy is more important than freedom.

Astronomy

12 According to the professor, how did the Earth develop a breathable atmosphere?

    Ⓐ Volcanic eruptions produced a great deal of oxygen.

    Ⓑ The cooling of the planet reduced carbon dioxide.

    Ⓒ Plants released oxygen into the atmosphere.

    Ⓓ The greenhouse effect trapped the oxygen.

13 What is NOT true about Mercury's atmosphere?

    Ⓐ It is the hottest in the solar system.

    Ⓑ It contains a high percentage of oxygen.

    Ⓒ It is affected by solar winds.

    Ⓓ It is highly unstable.

14 What is a sign that Mars may have life?

    Ⓐ Its atmosphere is high in carbon dioxide.

    Ⓑ Its atmosphere is similar to Venus'.

    Ⓒ It is not affected by the greenhouse effect.

    Ⓓ Its atmosphere has some amounts of methane.

15 What is a characteristic of Saturn?

    Ⓐ It is the coldest planet in the solar system.

    Ⓑ It is described as an ice giant.

    Ⓒ It has extremely high-speed winds.

    Ⓓ It has a giant storm the size of three Earths.

16 Which of these is mentioned as a feature or characteristic of gas giants?

> Click in the correct box for each sentence.

	Yes	No
(1) They consist of hydrogen and helium.		
(2) They have massive cores.		
(3) They are made mostly out of gas and other non-solids.		

17 **Listen again to part of the lecture.**
Then answer the question.

What does the professor mean when she says this:

    Ⓐ Venus may have plant life similar to Earth's.

    Ⓑ Venus has conditions that make it very hot.

    Ⓒ Venus' atmosphere is full of oxygen.

    Ⓓ Venus has only recently become warmer.

1 Why does the student meet with the professor?

   Ⓐ She wants to change her major to social work.

   Ⓑ She is worried about what to do after graduation.

   Ⓒ She received a poor grade on a test in math.

   Ⓓ She is having trouble in a science class.

2 What caused the student's grade point average to go up?

   Ⓐ Taking more math classes

   Ⓑ Changing majors

   Ⓒ Adding science classes

   Ⓓ Taking fewer courses per term

3 Which of the following suggestions does the professor make?

Click on 2 answers.

   Ⓐ Appeal to get the grades changed

   Ⓑ Give an explanation for the low grades

   Ⓒ Get a related job before graduate school

   Ⓓ Get a second bachelor's degree

4 Listen again to part of the conversation.
Then answer the question.

What does the student imply when she says this:

(A) She is surprised and wants to hear more.

(B) She is scared and wants to start over.

(C) She is discouraged and ready to give up.

(D) She understands and is happy to leave.

5 Listen again to part of the conversation.
Then answer the question.

What does the professor imply when he says this?

(A) Taking classes can help her chances in more ways than one.

(B) There are a wide range of courses that are available in her chosen field.

(C) Instead of improving her GPA, she should decide if this is really the right field.

(D) If she can't get her GPA up, she can explain her strong commitment to her field.

Marketing

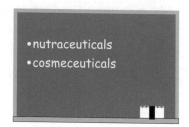

- nutraceuticals
- cosmeceuticals

6 What is the main purpose of the lecture?

Ⓐ To review a prior lecture about trends in healthcare
Ⓑ To describe the growing popularity of nutraceuticals
Ⓒ To introduce the idea of functional food and beverages
Ⓓ To explain the economic impact of self-directed healthcare

7 According to the professor, what is now competing with low-calorie food and drink products?

Ⓐ Creams and lotions that provide nutrition topically
Ⓑ Instant breakfast formulas for a speedy morning meal
Ⓒ Highly nutritional and natural or organic products
Ⓓ High-protein supplements to add to food products

8 Which of the following are industry trends described by the professor?

> Click on 2 answers.

- Ⓐ Higher consumption of mushrooms
- Ⓑ Food products with increased purpose
- Ⓒ Fewer government regulation of products
- Ⓓ Replacement of drugs by supplements

9 What does the professor imply about breakfast?

- Ⓐ People prefer traditional foods to health bars.
- Ⓑ Nutraceutical products encourage people to eat it.
- Ⓒ It does not play a role in the nutraceutical market.
- Ⓓ It is a meal that traditionally has too much fat and salt.

10 What may be surprising when one tries to categorize cosmeceuticals as a subset of nutraceuticals?

- Ⓐ Cosmeceuticals have been around longer than nutraceuticals.
- Ⓑ Cosmeceuticals do not serve to enhance function as nutraceuticals do.
- Ⓒ Nutraceuticals have nothing in common with cosmeceuticals.
- Ⓓ Cosmeceuticals claim a much larger market than nutraceuticals.

11 **Listen again to part of the lecture.**
Then answer the question.

Why does the professor say this?

- Ⓐ To explain why it is not dangerous to use nutraceuticals
- Ⓑ To describe how some prefer nutraceuticals to pharmaceuticals
- Ⓒ To predict sustained growth in the nutraceutical market
- Ⓓ To illustrate how the Internet affects self-care these days

Speaking Section

Some people believe that apartment buildings should not allow pets because they may disturb the neighbors. Others think that pets have a positive influence on people and should be allowed in apartments. Which do you believe and why?

> Preparation Time: 15 seconds
> Response Time: 45 seconds

University Stadium to Get Facelift

Over the next several semesters, the university stadium is to receive $1.5 million of long overdue renovations. The last overhaul of the stadium was completed 20 years ago, and in the past few years, cracks have begun to show. Since the donations ran out, there has not been a fund for this purpose. With the renovations, we will be able to hold more games and events, and the number of spectators is expected to double. That will bring profit to the university.

The man expresses his opinion about the plan to renovate the university's athletics stadium. State his opinion and explain the reasons he gives for holding that opinion.

> Preparation Time: 30 seconds
> Response Time: 60 seconds

Positive Thinking

The power of positive thinking has been touted for decades, but significant research indicates that keeping a positive outlook might be a matter of life or death. From 1991 to 2006, Dutch researchers conducted a longitudinal psychological study of elderly people (ages 65 to 85) which, along with subsequent research, found a strong link between positivity and mortality. Adjusting for various factors, including diseases, gender, smoking, drinking, researchers now believe there is as much as a 71% likelihood that elderly people with negative attitudes will die sooner than those who think positively.

Using the example of the nun study, explain the link between positivity and living longer.

Preparation Time: 30 seconds
Response Time: 60 seconds

Using points and examples from the talk, describe the differences between intensive distribution and selective distribution.

Preparation Time: 20 seconds
Response Time: 60 seconds

Writing Section

Reading Time: 3 minutes

Low-calorie sweeteners (LCS) have been getting more and more popular on the market these days. There is always suspicion when artificially produced products hit the market, but a recent study has uncovered an interesting phenomenon about LCS. This research shows a relationship between LCS users and a positive lifestyle.

First, the study shows that people who use LCS tend to choose healthy food. Researchers found that 30% of the respondents that said they used LCS were actually making healthier eating choices in general. They were eating more whole foods such as vegetables, fruits, dairy, whole grains, meat, and beans than non-users. Moreover, the group using LCS actually took in fewer calories from "SoFAAS," solid fats, alcoholic beverages, and added sugars.

Second, the research also states that LCS users enjoy a healthy lifestyle, in addition to eating healthy food. They are more likely to be involved in physical activity than non-users and are actively working on losing or maintaining weight compared with non-users. One of the key questions has been whether or not the use of LCS helps with weight loss, and new evidence suggests that it does. LCS users are also less likely to drink or smoke as well, so they are striving to be healthier in various aspects of their lives.

Finally, in addition to these facts, it is well known that LCS are extremely convenient. Some types of LCS have no aftertaste, and are stable when heated, so they can be used for baking. Moreover, they are stable at different pH levels, so they can be added to something like lemon juice and still remain sweet. The fact that LCS are so easy to use, in both cold and hot dishes, shows how versatile they can be.

You are given 20 minutes of time for preparing and writing your reply. Your reply will be graded on the writing quality and your ability to address the lecture points along with their connection to the short passage. The recommended length is approximately 150-225 words.

Question: Summarize the points made in the lecture, being sure to explain how they cast doubt on specific points made in the reading passage.

You are in a class and the professor is giving a talk about business management. You need to reply to the professor's question by writing a post. In your post, you need to state your opinion, along with support, and add to the discussion using your own ideas. The recommended minimum length is 100 words.

Professor Hulett

This week we're going to be discussing challenges businesses face when expanding into new markets, particularly ones overseas. No business can effectively work in these markets without some kind of presence in these countries, so these companies need to set up international branches. There are a multitude of challenges these overseas offices create, some of which I can imagine you've thought about already. I'd like to hear what you all think would be the biggest challenge when establishing these divisions.

Stephanie

Well, it might be an obvious observation, but communication would be the biggest hurdle I can think of. Language barriers are a huge impediment to efficient business operations. Sure, you can hire multilingual staff to translate things like business plans and company policies, but there's such a huge volume of everyday communication that things can get lost between overseas branches, not to mention the subtle ways that people from different backgrounds can misunderstand each other.

Fernando

I disagree with Stephanie that's the biggest challenge. Creating a consistent business culture can be frustrating. Different countries have different expectations concerning things like punctuality or how much in-office socialization is appropriate. Employees in more informal countries can resent things like strict dress codes, and if you're more lax with them, then employees in more formal countries might feel branches in other countries get away with too much.